SANJIN SHIHUA CONGSHU
《三晋史话》丛书

三晋史话·晋城卷

主编 张志仁

山西出版传媒集团
山西人民出版社
三晋出版社

《三晋史话》丛书编委会

编委会主任　胡苏平
编委会委员　李高山　王　蕾　杜学文
　　　　　　刘英魁　尹天五　董晓林
　　　　　　朱新才　吕芮宏　王宇鸿
　　　　　　梁宝印　琚林勇　陈河才
　　　　　　马　斌　陈义青　张敬平
　　　　　　黄耀春　杨永生　王辅刚
　　　　　　张志仁　黄翠莲　于　波
编　　务　　崔　力　武献民　谢振中
　　　　　　高小勇　赵　玉

丛书总主编　胡苏平

《三晋史话》丛书学术顾问

渠传福　山西博物院研究员

赵瑞民　山西大学历史文化学院教授

李书吉　山西大学历史文化学院教授

王灵善　山西出版传媒集团重点出版工程办公室主任、编审

降大任　山西省社科院研究员、三晋文化研究会特聘专家

高春平　山西省社科院历史研究所副所长、研究员

巨文辉　中共山西省委党史办公室副主任、研究员

《三晋史话·晋城卷》编委会

主　编　张志仁
副主编　宋丽云
编　委　樊　烨　冯裕民　史小军　焦　勇　侯虎胜
　　　　贾长生　乔　欣　秦海轩　姚　剑　秦雪刚
撰　稿　乔　欣　秦海轩　姚　剑

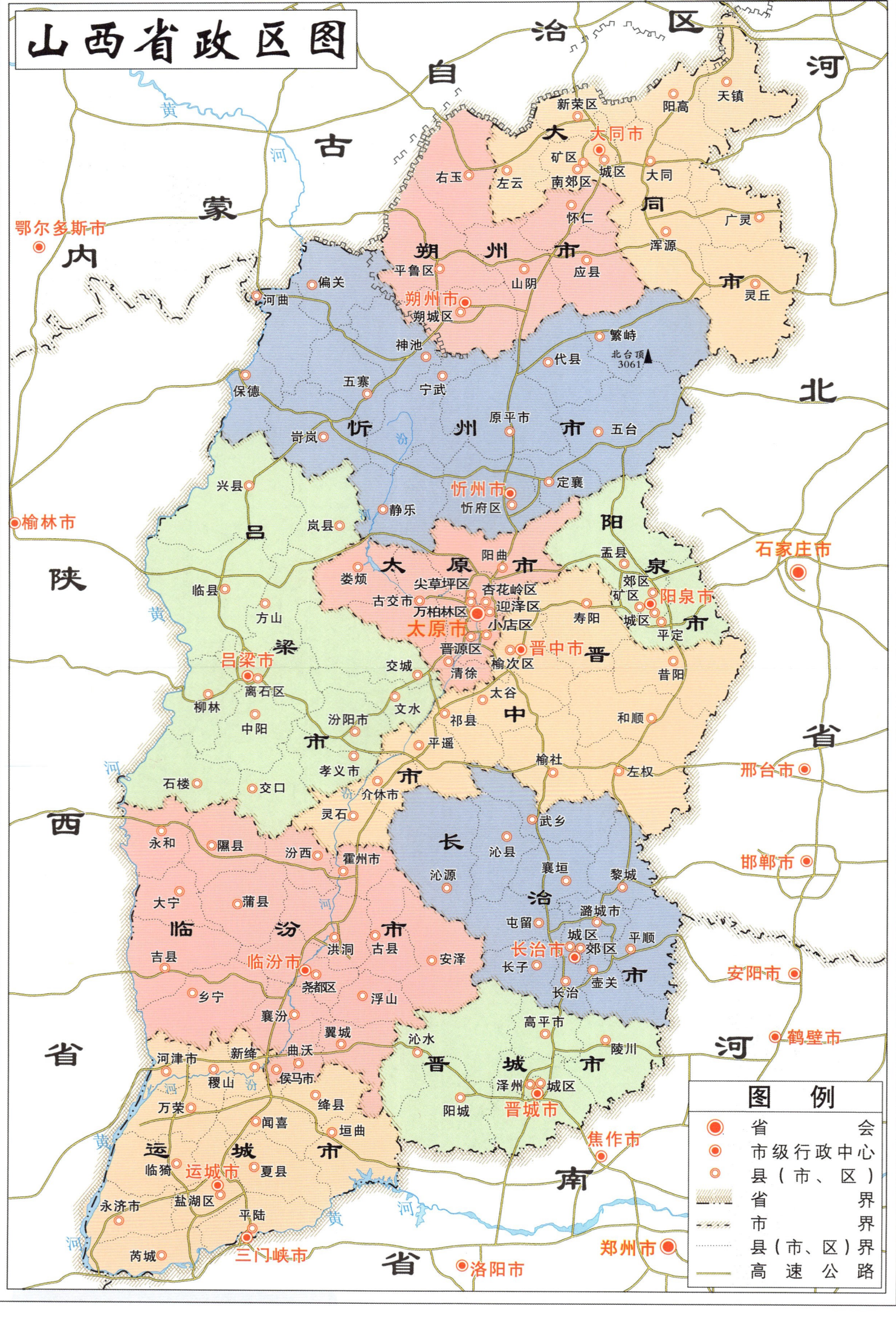

总 序

中共山西省委常委、宣传部长

胡苏平

近年来，越来越多的人走进山西，领略表里山河的壮美风光，感受一脉相承的历史文化。山西这块古老而厚重的土地，充满了神奇。如何为这些远道而来的客人们提供帮助，给他们留下一个简要、生动而又难忘的记忆，这就促使我们萌发了编撰一套介绍山西历史文化丛书的想法。

经过大家的努力，《三晋史话》丛书终于和读者见面了。这套书总体成套、分体成册，图文并茂，好看、好记、好用也好带，能够把山西最具历史文化价值、最想告知读者的精华展示出来，让朋友们能够在较短的时间里对山西的历史文化有一个大致的了解。

参与编撰的各位作者和专家以严谨认真的态度，对历史负责、对民族文化负责的精神，精心设计，反复研讨，认真修改，完成了这套12卷200余万字的丛书。这是我省文化建设的又一重要成果，也是向社会宣传介绍山西悠久历史与文化贡献的珍贵典藏。

在此,我向参与丛书编撰、出版工作的同志们表示由衷的感谢!

山西表里山河,物华天宝,历史悠久,人文荟萃,是中华文明的重要发祥地。省委书记王儒林同志将山西历史文化的特色概括为"三个一":一是"一缕曙光",即距今约4500万年前,山西垣曲就有被专家称之为"类人猿亚目黎明时的曙光"的曙猿存在,它不仅证实了人类远祖很有可能起源于中国,并且把类人猿出现的时间向前推进了1000多万年;二是"一堆圣火",大家知道火的使用是人类历史的开端,而距今约180万年前,山西芮城西侯度就出现了古人类活动的身影,先民们在这里点燃了第一把圣火,留下了中国最早的人类用火遗迹;三是"一座都城",近40年的考古探明,距今4300年左右,尧帝在山西襄汾陶寺建都,陶寺就是尧都,山西南部所在的"中土之国"是"最早的中国","古中国"正是从这里走来!

在中华文明发展的历史进程中,山西作为中原农耕文明的核心区域,早在人类揖别洪荒之初,神农炎帝就在晋东南高平羊头山一带播五谷、尝百草,实现了从渔猎到农耕、从游牧到定居的重大历史转折,开创了延续几千年灿烂的农耕文明。尧都平阳、舜都蒲坂、禹都安邑凸显出"古中国"的遥远和厚重;夏县及周边丰富的夏文化遗存、垣曲及周边确凿的商文化遗存,生动展示了夏商时期河东大地在文化演进中扮演的不可替代的角色。西周春秋时期,晋国延续600余年,对推进华夏文明的进程发挥了主导和引领作用。战国时期,韩、赵、魏都源出山西,胡服骑射、围魏救赵、长平之战等重大事件,都直接影响着中国的发展进程。秦汉以降,山西始终发挥着民族熔炉的作用,谱写了中华民族大融合的辉煌篇章。宋元时期,山西新的经济、文化发展元素不断滋生,杂剧演出繁荣兴旺,成为中华戏曲的摇篮。明清时期,晋商把山西人的智慧与勇气推向了极致,让世人认同了"无西不成商"的历史事实。抗日战争时期,党领导的八路军三大主力在山西创立晋察冀、晋绥、晋冀鲁豫三大敌后根据地,成为全国抗战的重要战略支点,为民族解放和新中国的诞生,建立了不朽功绩。

山西历朝历代的杰出人物灿若星辰,影响深远。炎黄二帝、尧舜禹等英雄先祖,奠定了中华民族的人文精神与基本价值体系。后世山西,名人辈出,诸如称霸中原的晋文公,胡服骑射的赵武灵王,抗击匈奴的卫青、霍去病,经营西域的班超,忠义仁勇的武圣关云长,推行改制的冯太后,杰出女皇武则天,再造大唐的郭子仪,精忠报国的杨家将……仅闻喜裴氏一门就有宰相59人,大将军59人,正史立传者600余人,名垂后世者不下千余人,七品以上官员多达3000余人。还有狄仁杰、司马光、杨继宗、傅山、于成龙、陈廷敬、栗毓美、祁寯藻、徐继畲等一大批廉吏能臣,卫夫人、法显、王通、王绩、王勃、王维、王之涣、王昌龄、王翰、柳宗元、白居易、卢纶、温庭筠、米芾、马远、元好问、关汉卿、郑光祖、罗贯中等名垂青史的文化名人。

山西多样性的历史文化具有不断变革和进步的鲜明特色,许多影响中华文明的改革,首先是在山西地区孕育、展开,进而推动了社会进步。著名的"曲沃代翼",为晋国的全面发展掀开了崭新篇章;"郭偃之法",为晋国称霸中原提供了思想源泉;三家分晋、李悝变法、魏文侯改革,顺应了历史潮流。以子夏、荀子为代表的儒家,以李悝、韩非子为代表的法家,以吴起、尉缭子为代表的兵家,以公孙龙、惠施为代表的名家,以苏秦、张仪为代表的纵横家,在中国思想史上写下了浓墨重彩的篇章。秦汉以后,均田制及全面"汉化"的政策,从根本上改变了天下政治的格局和发展方向。隋唐以后的一些著名政治人物如柳宗元、司马光等,致力于社会改革与改良运动,为中华文明进程的延续提供了动力,也为后人留下深刻印记。

山西这块土地上留存着多姿多彩的文化遗产,是观瞻5000年中华文明的"金色名片"。目前,山西境内已发现各类不可移动文物5万余处,其中有五台山、平遥古城、云冈石窟3处蜚声中外的世界文化遗产。全国重点文物保护单位有452处,数量居全国第一。旧石器文化遗址有464处,早、中、晚期自成序列,为全国仅有。新石器时期各种文化类型在我省都有发现。最值得注意的是,全省现存各类古建筑共计28000余处,时代连续,品类齐全,全国仅有的四座唐代木结构建筑都在山西,元以前的木结构建筑占到全国存量的75%左右,素有"中国古代建筑博物馆"之称。全省现存古壁画24000余平方米,彩塑12000余尊,素有"东方艺术博物馆"美誉。全省现存大小石窟石刻1112处,东汉以来各类碑碣5万多通,在全国占有重要地位。全省现存古民居、古城池9300余处,高平中庄村元代姬氏民居是我国现存最早的民居实例,襄汾丁村民居、灵石王家大院、祁县乔家大院、太谷曹家大院及定襄阎锡山旧居等,集中反映了我国明、清和民国时期北方民居的建筑艺术特色。全省现存历代长城1400多公里,涉及战国、汉、北魏、东魏、北齐、隋、宋、元、明、清等多个朝代,是我国保存长城朝代跨度最大的省份,其中东魏、北齐、隋、宋4个朝代的长城为我省独有,雁门关、宁武关、偏头关、娘子关、平型关等关隘至今仍回荡着战争的声响。全省现存革命旧址和纪念建筑1466处，武乡八路军总部旧址、五台白求恩模范病室旧址、晋绥边区政府旧址、平型关战役旧址、百团大战旧址等承载着抗战胜利的伟大记忆。经国家有关部门认定，山西有国家级历史文化名城6座、历史文化名镇8个、历史文化名村32个。四大梆子、民间歌舞、锣鼓艺术等国家级非物质文化遗产116项，国家舞台艺术精品工程8部，均居全国前茅。山西荣获中国戏剧大小梅花奖的演员有217位，在全国遥遥领先。文化产业蓬勃发展，山西文博会已成为在全国具有很高美誉度的知名展会。

　　山西从北到南，根据各地文化遗产的禀赋和特点，分为五大特色文化区：北部（大同、朔州、忻州）边塞佛教文化区，通过充满沧桑的边关、长城，见证中华民族融合的历史风云；透过享誉世界的云冈石窟、应县木塔、悬空寺、五台山，体悟博大而深邃的佛学文化。中部（太原、晋中）晋商文化区，通过闻名遐迩的乔家大院、王家大院、曹家大院、渠家大院、常家庄园等晋商大院展示晋商的辉煌；透过一间间店铺、一座座票号、一本本字据等实物遗存展示诚信的魅力。南部（临汾、运城）根祖文化区，通过西侯度、匼河、丁村、陶寺等重要考古遗址，领略文明源头的震撼；透过德孝天下的尧舜文化、义薄云天的关帝文化和荡气回肠的大槐树文化，品味华夏血脉的传承。中西部（吕梁山脉及沿黄地带）黄河民俗文化区，通过悠悠的临县碛口古渡、河津龙门古渡、芮城风陵渡、永济蒲津渡等古镇、古渡口，追溯逝去的华章；透过娓娓的民歌、民舞和民间技艺等非物质文化遗产，倾听历史的回声。东南部（长治、晋城及阳泉)太行生态文化区,通过王莽岭、太行大峡谷、皇城相府、沁河古堡、娘子关等自然人文景观,见证迷人的太行风光;透过女娲补天、精卫填海、后羿射日、愚公移山、神农尝百草等神话传说领略历史的变迁。也正是依托这些厚重绚丽的文化,山西逐渐形成了华夏之根、黄河之魂、佛教圣地、晋商家园、边塞风情、关公故里、古建瑰宝、太行神韵八大文化品牌,立体式、全景观地展现了华夏文明看山西深厚的文化内涵。

  行走在三晋大地,你随时随地都能感受到山西悠久的历史、灿烂的文化,也能感受到山西人民淳厚善良、忠义仁勇、坚韧执着、乐于奉献的优秀品格与崇高精神。回顾并梳理山西的历史文化,可以从一个极为重要的角度了解中华文明及其对人类文明的伟大贡献,找回民族文化之根,延续优秀文化之脉,增强我们创建现代文明的自信心与自豪感;特别是弘扬源远流长的法治文化、博大精深的廉政文化、光耀千秋的红色文化,能使我们从中汲取强大的精神动力与无穷智慧,对我们展示山西形象,促进富民强省,建设小康社会,具有十分重要的现实意义。

  是为序。

2016年5月于太原

概 论

　　一个地区的自然条件,在一定程度上决定着这个地区的历史走向和文化形态。地理、气候、物产是人类赖以生存的基本条件,这一点从世界古文明集中在北回归线附近,就可见一斑。同样,一个民族的生存方式,也在一定程度上决定着这个民族的心理结构。也就是说,生产力、生产方式以及心理结构构成了一个民族生存发展的三重变奏。近年来,学界试图以这样的方式重新审视以往的历史和文化。如果把这种方法运用到对地域文化的研究中,相信我们历史文化的原野上会更加色彩斑斓。

　　在中国的版图上,晋城不过是占千分之一的地方。晋城的历史和文化不是孤立地形成和发展的,五千年来,它和整个中华民族的命运息息相关。同时,晋城由于其特殊的地理、气候、物产,形成了自己独有的生产方式、经济结构,这不能不影响人们的思维方式和心理结构。而这并非一成不变,随着生产力的进步、生产方式的转变、活动范围的扩大、文化和贸易的融通,固有的心理结构会逐步发生变异。当然,与生产力和生产方式相比,心理结构的形成与变异是相当长期缓慢的过程,其转变每每滞后于社会变迁,而且,心理结构被解构的过程同时也是其重构的过程。

那么,晋城历史文化的独特性体现在哪里呢?

一

独特的地理环境、气候条件和丰富的物产,是晋城历史走向曲折和文化形态丰富的先决因素。

晋城位于山西的东南端,也是黄土高原的东南端,对中原形成俯瞰之势。晋城境内的太行山、中条山与陕西的秦岭俨然构成一道巨大的屏障,横亘在黄河中下游。北方的寒流与南方的温湿气流在此交汇,成为中国南北气候的分界线。晋城境内西南部的原始森林,是晋东南、豫西北大地呼吸着的"绿肺"。茂密的森林、丰沛的雨量和相对温暖的冬天,是猴类分布的北线,大鲵、红豆杉、银杏等原产于亚热带的古生物的分布到此为止。气候变迁是古人类迁徙的主要原因,南方蛮越部族受洪水驱赶而北移,北方游牧民族因干旱困顿而南迁,黄河中下游成为争夺生存权的要地,所谓"八方风雨汇中原"是也。晋城年平均气温在7.9℃到11.7℃之间,夏无酷暑,冬无酷寒,四季分明,温和宜人,最适合人类生活。现有的资料表明,最迟在两万年前,晋城就有古人类的活动。如果说沁水县下川遗址是中国黍作农业的先声,那么,陵川县塔水河遗址则是古人类选择居所的标本。山西大学刘毓庆先生曾经撰文说,晋东南地区是中华文明的孵化器,此说未必准确,却也不无道理。晋城是中原通往西北的交通要道,境内险关要隘林立,自古就有"表里山河"之称。秦汉以来的中国历史表明,得中原者得天下,欲得大中原,必控南太行,居高临下方能势如破竹。秦如此,唐如此,宋如此,元如此,解放战争亦如此,就连日本侵略者也是先攻山西而后取中原。这样,晋城在中国历史上的军事地位就显得愈加突出。

中国的手工业发端于西周,孕育于井田体制。不过,那时的手工业产品不是用于交换而是自己使用。随着井田制的瓦解和自耕农的出现,农民才有时间、有需求从事手工业生产。到了春秋初期,手工业已经从农业中分化出来。《诗经·氓》就生动地描写了一个男子抱着布换丝的情景。春秋末年,工商业已经很繁荣,范蠡离开越国北上经商,终成一代巨商陶朱公。在青铜时代,铜是生产资料,也是战略物资。当时黄河中下游地区唯一的铜矿在晋城西南的中条山,争夺铜资源是商汤率兵西进的重要目标。不过那个时代的冶铜是国家行为。沁水煤田是中国最大的优质无烟煤田，冶铜炼铁离不开煤炭，虽然我们无法确定中国的冶铜炼铁最早是否起源于山西南部，但是，至迟在汉代，晋城的铁器已是国内同行业之翘楚。晚近，泽州大阳镇号称"九州针都"，其生产的针远销中亚诸国。仅仅在泽州县犁川一个村庄就有36家铸造犁铧的炉主。20世纪50年代，晋城"五小工业"闻名全国，其支撑点也有赖于晋城发达的传统手工业。汉代以降，丝绸之路闻名世界，驼队载着丝绸，络绎于大漠绿洲、雪山草原，其中晋城丝绸占了相当的份额。晋城的瓷土贮量丰富，烧制的珐华和琉璃曾名满天下。

晋城，真是大自然所赐的一方厚土。

二

极其丰富的史前神话传说表明，晋城这一方土地从远古至今，气候变化不大，适合人类繁衍生息。因此，无论是旧石器时代，还是中华文明曙光初露的时代，这里都是中华民族的先祖们赖以生存的地方。如伏羲、女娲、神农的籍贯问题，全国各地都有传说，有些还是近年"挖掘"出来的"传说"。在全国，也只有晋城的"三皇"传说有文献记载，古已有之，深入民心。晋城磨儿山有伏羲洞和女娲窟，祭祀的香火缭绕了千年，相传磨儿山就是因伏羲女娲"滚磨成婚"而得名。晋城高平有神农冢，据明朝宗室朱载堉《羊头山新记》一文所载，至迟在明代以前，"当地官府，岁有祭祀"。关于神农和炎帝，在司马迁的《史记》中，两者并非一人，先是"神农世衰"，而后有炎黄部落的崛起。把神农与炎帝并为一人的是两汉之际的刘向父子，后人以讹传讹，遂成定俗。晋城处于夏和商两大军事部落之间，必然是夏商争夺的重点区域。在青铜时代，谁拥有中条山丰富的铜矿资源，谁就拥有君临天下的资本。商灭夏有鸣条之战，周灭商有牧野之战，鸣条在晋城之西的中条山下，牧野在晋城之东的太行山下。商文化耽于幻想、崇尚鬼神，因而商汤有桑林祷雨之举。这在商代是著名事件，很多历史学家都在探寻"桑林"的准确位置。2012年中国先秦史学会年会在阳城县召开，与会专家学者确认，汤王祷雨之桑林在阳城的析城山。夏文化着眼实际，大禹有治水之劳；夏文化与法家渊源颇深，春秋著名法家尽在三晋，而晋城是唯一曾先后隶属过韩、赵、魏的地区。商文化源起于东方，发端于齐鲁的儒家，必然受到商文化的熏陶。在晋城市所属县市区中，阳城民间的汤王崇拜，沁水民间的虞舜崇拜，高平民间的神农崇拜，泽州民间的女娲崇拜，其历史存续的久远和规模的宏大，在全国来说也是绝无仅有的。古代的著名神话传说"女娲补天""精卫填海""后羿射日""大禹治水"和"愚公移山"，在晋城及其周边均有遗迹可寻，因为远古神话传说隐藏着历史的影子。

三

晋城所处的位置，使之成为中国历史上各种文化激荡、碰撞、融合的前沿。

公元前6000年前后，现今晋城的周边地区，存在着不同类型的文化形态。就近是仰韶文化，东部是大汶口文化，东北部是红山文化，更远一些东南部是良渚文化、屈家岭文化，西北部是马家窑文化。这是当时具有影响和特色的重要文化形态。此外，还有许多衍生的亚文化形态。由于气候变迁的原因，为了生存，周边各族群，南蛮、东夷、西戎、北狄不能不向中原靠拢。其文化向中原渗透的过程中，不能不和中原文化发生冲突。如果把上述这些文化地域连成线，晋城恰好就在这诸多文化的交叉点上。上述这些文化最后以仰韶文化为主体，融合为龙山文化。龙山文化是中国古代文明的主脉，尧、舜、禹、夏、商、周都是在龙山文化的大框架中的。

夏商之交，晋城以西的河东地区是夏文化的大本营，晋城以东的安阳地区是商文化的发源地。商汤伐夏桀的大军就是经过晋城，翻越太行山、中条山，到达河东"大夏"，发起鸣条战役的。夏朝五百年繁华由此黯淡收场，商朝五百年辉煌由此闪亮登场。商周之交的情况基本也是如此，晋城以西是周人的势力范围，周人的祖先后稷族群所在地稷，公刘所迁移的邠地，都在晋南一带。晋城以东是商的地界，商人虽然频频迁都，最后的商都朝歌在太行山东麓与陵川县毗邻的淇县境内，晋南、淇县都与晋城毗邻。周武王的军队在牧野将商纣王帝辛的七十万大军一举歼灭，牧野就在晋城东南部的太行山下。

东周以后的春秋时期，中国文化呈现四种形态：晋城东部是高度发达的齐鲁文化，其成就是儒家学派，以完善道德、宣扬仁恕为己任。晋城所在的晋国，以法家人物众多而闻名于世，法家以权术计谋为手段、以富国强兵为目标。长江流域是楚文化，浪漫瑰丽。西北部是草原文化，原始粗犷。四种文化均以进军中原为目标，晋城就在这四种文化的结合部。战国是法家纵横驰骋的时代，有名的法家几乎都来自三晋文化圈。如果读者有兴趣的话，可以考察一下，春秋时代的法家、战国时代的纵横家,籍贯均在以晋城为中心的周边地区。历史上著名的长平之战,秦国大军从沁水西境东进,沿着东西坞岭、杏河、沁河,到沁水东境老马岭,进入长平。这是秦国统一中国最重要的一场战争。秦国最后统一天下,三晋纵横家居功至伟。汉、唐、宋、明,中原政权的主要威胁都来自于北方的少数民族,这是草原文化与农耕文化的长期的较量与融合,晋城就处于两种文化较量与融合的前沿。由于受历史上各种文化流风所及,晋城民风坚韧朴实,文化崇尚实用。既有草原文化的彪悍豪放,又有中原文化的温文尔雅。

历史证明,被多种文化元素冲击、震荡的文化具有强大的生命力。中华文化几千年中无数次经历过这种冲击与震荡,具有强大的免疫功能,因而绵绵延续至今,而古埃及文化在尼罗河谷"养尊处优",虽能辉煌一时,终难以抵御罗马人的铁蹄扫荡,消失在漫漫黄沙之中。以这样的视角看待晋城文化的内涵,我们对晋城历史上的精彩,就有了更深的认识。

四

晋城是文物大市,在国务院已公布的文物保护单位名录中,晋城市文物古迹达1100多处,其中国家级重点文物保护单位就有65处。尤其是现存宋、金、元基本保存完好的木结构古建筑,约占全国的三分之一。国家公布的中国历史文化名村共计167处,晋城市拥有15处,一般性的古堡古村落更是星罗棋布,俯拾皆是。这些古堡、古刹、古村落是晋城市文物遗存的重要部分。历史上,晋城虽是锁钥中原的军事重地,但是金元以降,晋城境内只有局部战争,没有发生过大规模的战役,原因是晋城的战略位置太重要。所以,宋、辽、金、元、明、清时代的古村落、古堡、古刹没有受到战争毁灭性的摧残。国宝唐代青莲寺、宋代开化寺、府城玉皇庙得以保存至今,让人能够在千年以后感受到唐风宋雨。而那些坐落在田畴山野间的古村落,以其古朴的形制诉说着历史的沧桑。

近千年相对平静的环境,使晋城的教育体系得以比较完整地保存下来。宋时,程颢知晋城、创办书院倡导于前;元初,郝经讲经学、著书立说发扬于后。到了明清时期,晋城出现了文风蔚然、官宦累世、商贾云集、名人辈出的洋洋大观。明初茞臣茹太素、成化朝第一清官杨继宗、万历改革中坚王国光,大清名臣陈廷敬、廉吏田从典以及清末督抚两广的封疆大吏祁壦等等,明清两代走出晋城,官至尚书的国家能吏重臣难以一一尽述。他们在法家传统的地域接受着儒家精神的熏陶，所以，当他们一旦步入政坛，便以"修身、齐家、治国、平天下"为己任。修身以正己，治国诚无私。

晋城保存完好的古村落以古堡群为代表，已引起海内外的广泛关注。专家认为，晋城古城堡群内中西合璧的建筑特色和走廊式的藏兵洞，在中国北方十分罕见。明末清初，晋城沁河流域各种堡寨多达54处。一个令人深思的问题是，其时为何独有晋城乡村能够起而自保？有专家指出，宦海游历的广阔视野，煤铁河运的经济优势，军事战略的防御意识，血缘家族的凝聚精神，才是这里形成明清时期北方最大的古城堡群的内在因素。

我们从现存古庙宇的壁画、泥塑、石雕、木刻上可以窥见晋城艺人的技艺。青莲寺的唐代佛像法相庄严，国内现有唐代寺庙泥塑仅有三处，青莲寺是其一。府城玉皇庙宋代泥塑生动传神，可与晋祠仕女像媲美，而元代二十八宿泥塑更是海内硕果仅存。还有高平开化寺宋代壁画，千年之后还如此惊艳，令人叹为观止。由此可知，在古代，晋城的确是一个具有创新意识的地区。东汉建安年间，高平出了中国三大医圣之一的王叔和，他的医学专著《脉经》，奠定了中医脉学诊断的基础。晚唐五代，沁水荆浩开创北方山水画派新天地，成为一代宗师。北宋熙宁年间，晋城艺人孔三传在京师创制诸宫调，这种唱中夹白的说唱形式，是歌舞向戏剧演变的前奏，诸宫调是元杂剧的滥觞。

五

如前所述，古代晋城是多个民族杂居，多种文化激荡、碰撞、融合的地区。在长期融合过程中，形成了中华民族的主体意识、家国意识。和平年代，他们与土地为伴，安分守己，耕读传家，一旦遇到外敌入侵，先天强悍的基因便会爆发出惊人的力量。抗日战争期间，晋城人民奋起抗争，中条山战役之后，国民党中央军南去，阎锡山晋绥军西往，只有共产党领导的八路军在晋城等地坚持敌后抗战。其时，朱德、彭德怀、邓小平、刘伯承、陈赓、徐海东等老一辈无产阶级革命家均在晋城战斗生活过。晋城人民以英勇不屈的精神筑起了保卫家乡的血肉长城。1945年8月，日本宣布无条件投降，晋城随之全境解放，建立了共产党领导的人民民主政权。纵观全国，在日本侵略军占领区，这是唯一一个在1945年就回到人民手中的连片地区。在随后进行的三年解放战争中，晋城是中国人民解放军最稳固的后方。晋城出干部、出兵员、出粮食、出民伕，刘邓大军挺进中原,晋城是出发地和物资补给地之一。从1946年到1948年,太岳区抽调晋城数千县、区、村干部支援东北、晋南、豫西、福建新解放区。更多的晋城健儿随刘邓大军参加了淮海战役、强渡长江战役和解放大西南战役,他们中很多人牺牲在战场上,长眠在异乡的大地。晋城人民为中国革命事业所做的牺牲和贡献,将永远镌刻在历史的丰碑上。

阳城县皇城相府

目 录

总序
概论

第一章　山河襟带　文明肇始
（上古时期）

概述 / 001
左丹右沁　三山交汇 / 003
远古神话的核心发生区 / 008
塔水河遗址 / 013
下川遗址 / 016
神农播谷羊头山 / 018
舜耕历山 / 026
夏桀居垂与夏文化遗址 / 028
商汤桑林祷雨 / 031
箕子谋棋棋子山 / 035

第二章　中原门户　诸侯争战
（春秋战国时期）

概述 / 039

齐庄公袭晋 / 041

孔子回车 / 044

莒山蔺相如墓与祠 / 048

影响中国历史走向的
　　重大战役——长平之战 / 050

蒙骜拔高都 / 061

第三章　三省通衢　两郡分属
（秦汉三国时期）

概述 / 063

秦始皇东巡与晋城交通 / 065

刘秀三战天井关 / 068

曹操北上太行山 / 074

铁制农具的生产和使用 / 077

曹魏摩崖碑与沁河古栈道 / 079

医圣王叔和 / 081

第四章　群雄逐鹿　民族融合
（十六国南北朝时期）

概述 / 085

刘渊争晋城 / 087

石勒与陵川石勒墓 / 090

慕容垂奇袭建兴郡 / 094

拓跋焘与晋城奇树 / 097

高欢、高洋建州对抗宇文泰 / 102

羊头山石窟与藏阴寺造像碑 / 108

第五章　**盛世辉煌　兵家必争**
　　　　（隋唐五代时期）

概述 / 111

隋初泽州名吏伊娄谦、房恭懿 / 113

高僧慧远与佛都青莲寺 / 116

唐室宗亲在晋城 / 120

李德裕平刘稹 / 125

五代梁晋争泽州 / 130

巴公原之战 / 136

唐塑、唐塔与唐碑 / 143

北方山水画派鼻祖荆浩 / 146

第六章　**和战之间　文风鼎盛**
　　　　（宋辽金元时期）

概述 / 149

大宋开国第一战 / 151

程颢兴学与晋城书院 / 159

宋代铁钱 / 162

孔三传与上党宫调 / 165

003

源远流长的八音会 / 169

玉皇庙泥塑与开化寺壁画 / 173

中国"古建博物馆" / 179

"三晋异才"刘羲叟 / 185

山水画大师萧照 / 187

抗金义士王彦、梁兴 / 189

金代七状元 / 191

忽必烈"三召两诏"李俊民 / 195

元好问求学陵川 / 197

郝经出使南宋 / 199

第七章　**人才辈出　经济勃兴**
（明清时期）

概述 / 203

泽潞大移民 / 205

明末农民军攻破泽州 / 208

铁货丝绸行天下 / 213

范铸活化石：阳城犁镜 / 217

泽州商帮 / 220

沁河古堡 / 224

王国光与万历革新 / 232

清初能臣陈廷敬 / 235

第八章　全民抗战 民众支前
（抗日战争与解放战争时期）

概述 / 239

晋东南最早的中共党组织 / 241

抗日根据地建设 / 242

町店浴血战与东坞岭大捷 / 245

"十二月事变"在晋城 / 249

朱总司令在晋城 / 251

武士敏沁水殉国 / 254

高平阻击战 / 257

抗战名曲《在太行山上》/ 259

英国友人艾伟德在阳城 / 261

抗战胜利　晋城全境解放 / 266

太岳区领导机关移驻阳城 / 269

李先念率部晋城休整 / 271

晋城干部支援全国解放 / 273

人民作家赵树理 / 275

参考文献 / 282

后　记 / 284

编后记 / 285

高平羊头山北魏造像

第一章

山河襟带　文明肇始
（上古时期）

■ 概述

人们对史前时代的认识，一般有两个来源：第一，英雄时代遗留下来的神话与传说。它们或保留在古代典籍里，或流传于民间传说中。第二，地下遗存。现代考古学为认识人类的起源与文明的肇始提供了较为可靠的资料。但是，无论现代人如何想象，对于那个若明若暗的蒙昧时代，恐怕也很难及真实于万一。人们对人类几千年的历史尚且难以了解周全，更何况几百万年呢？时至今日，能够对古代国家的起源与群落状态进行真实描摹，最早可追溯到四千多年前，也就是尧舜禹时代。女娲、伏羲、神农，号称"三皇"，时代更早，但对他们的认识靠神话和传说来支撑。在没有发现文字记载以前，这些神话和传说无疑依然是认识远古时代的重要手段。

距今四千多年前，是尧、舜、禹时期。据《尚书》记载，当时天下分为九州，此时的晋城在冀州之域，尧、舜、禹三代帝都都在今晋之南、豫之北，所以上古时代，晋城所属地域是所谓"帝都畿内"之地。

晋城地理位置优越，地形地貌特殊，气候温和，物产丰富，为人类的生存提供了得天独厚的条件。

晋城地区历史悠久，开发较早，是华夏文明重要的发源地之一。太行山区的四大神话传说——女娲补天、精卫填海、后羿射日、愚公移山,在这里家喻户晓。晋城因此被文化部命名为"远古神话核心发生区"。远古洪荒时期的神话故事是以口传形式流传下来的,是我们的先祖与天奋斗真实生活的写照,并非仅仅是存在于神话传说中的虚幻的艺术形象。这是远古人类在传说时代和英雄时代的共同特征,考古发现能证明这一点。晋城西瑶泉、塔水河等遗址,表明早在旧石器时代这里已有古人类生存。下川、析城山、浮山等遗址出土的旧石器时代晚期的石器,表明华北地区细石器工艺已臻成熟,代表了旧石器时代石器制作技术的最高水平。在遗址中发现的石磨盘、石磨棒,是我国现有最早的反映农业形成的萌芽阶段的考古资料。

神话传说中神农氏在羊头山播谷,晋城初现农耕文明之光。晋城先民已从远古漂泊不定的渔猎、采集生活走向定居的以农业为基础、兼有畜牧的氏族社会。舜耕历山、大禹治水、夏桀居垂、商汤祷雨、箕子谋棋、周穆王巡狩等历史传说不仅在这里广泛传播,人们耳熟能详,而且留有丰富的文化遗存。迄今为止,晋城市发现了300多处古文化遗址。这些古遗址分布在丹河和沁河两大河流之间。从时间上来说,这些古文化遗址涵盖了仰韶文化、龙山文化以及春秋和战国文化,确凿证明了晋城历史的悠久和农耕文明的先进。

晋城的传统手工业在仰韶文化(大约距今7000年—5000年)时期已经发端,到龙山文化(距今约4600年—4000年)时期已有相当高的水平。晋城遗址中的陶器、陶片,跨越时代长,品种繁多,其中不乏制作精美者。矿产在夏代时已开始开发,《管子·山权数》载:"禹以历山之金铸币。"当时所说的金,就是现在的铜。顾琅和周树人(鲁迅)经考证,在其合著的《中国矿产志》中说,夏时锡矿产地在山西有四处,其中有两处在晋城(阳城、沁水各一处)。晋城出土的西周青铜鼎,表明当时的冶炼技术已经很高。"历山之金"是文献中最早的造币记载,商代"贝币"的出土是商代晋城出现货币的明证,标志着商业的发展。

晋城由于地处"帝都畿内",交通开发很早。在大禹治水时"陆行乘车,水行乘舟"和"随山刊木",洪水治理了,道路也就开通了。晋城的交通在夏初大禹时代应该已现雏形,西周时晋城地区已为四达之地。周穆王驾"八骏"出巡阳城,表明晋城当时的道路已很通畅。

左丹右沁　三山交汇

晋城位于山西省东南隅、太行山南麓。地理坐标为：东经110°55′—113°37′，北纬35°11′—36°04′。面积9490平方公里，人口228万，下辖城区、泽州、高平、阳城、陵川、沁水六县（市、区）。晋城古称泽州，管辖范围大体与今同，有晋城、高平、阳城、陵川、沁水五县。新中国成立后划归晋东南行署管辖。1985年5月，经国务院批准，晋东南地区分为长治市和晋城市，实行市管县体制，晋城市成为地级市，管辖范围与古泽州版图大致相同。

晋城地处太行山、太岳山、中条山三山的交界处，沁河、丹河纵贯全

沁河

境,南端的崇山峻岭是华北平原和黄土高原的分水岭,形成了气势峻拔的自然地理景观。它"肘京洛而履蒲津,倚太原而跨河朔"(杜牧《贺中书门下平泽潞启》),势结太行之雄,支分太岳之秀,气联中条之奇。三山盘结,群峰环扣,龟蛇成形,虎踞龙盘;丹水绕左,沁河雄右,金水结聚,众流漾洄;峡谷条条,溶洞成群,千流呈秀,万山拱翠。一方巨镇,形胜之奇,可谓是上苍赐予山西的一方宝地。

晋城东为太行山南端,太行山是山西与河北、河南两省的天然界山,自古被视为中华龙脉。它形成于吕梁造山运动,经过频繁的地壳活动,形成东部陡峭、西部徐缓的地貌特征。巨大的褶皱和断层造就了太行山独特的风景:高耸入云的险峰,刀削斧劈的悬崖,千奇百态的山石,幽深莫测的峡谷。陈毅《过太行山抒怀》诗云:"太行山似海,波澜壮天地。山峡十九转,奇峰当面立。"生动地描绘了太行山磅礴的气势。

太岳山东连沁潞高原,西降汾河中下游谷地,为山西三大河流——汾河、沁河、漳河的分水岭。它气势磅礴,与太行山东西相视而立,是山

西境内的一条重要山脉。氏族社会时代，人们曾以为这座拔地而起的大山是华夏第一高峰，故冠以"太"字。《史记》称之太岳山，又名霍山。太者，大也；岳者，高大之山也。太岳者特别高大之山也。太岳山在晋城境内的宇峻山，与太行山支脉丹朱岭等山势相连，构成晋城北部屏障。

山西南部东西走向的中条山，位于太行山与华山之间，依黄河而行，山势狭长，故名中条。它呈朝拱伏案之形，很有曲趣之情，可谓山西的朝案之山。其主峰历山与老鳏山、云蒙山等，构成了晋城的西南屋脊。中条山脉之王屋山，位于晋豫交界处，"山有三重，其状如王者之屋，故名王屋"，是中国古代九大名山之一，其主峰天坛山、鳌背山，皆在阳城县境内。

沁河古称洎水、少水，是山西省内仅次于汾河的第二大河流，也是晋城市境内最大的河流。沁河全长458公里，流域面积1.29万平方公里。其中晋城市境内河长160公里，流域面积4606平方公里。它支流众多，较大的有47条，其中河长大于25公里的有30条。《水经注》说沁河

太行山

"左右近溪，参差翼注之也"。沁河入晋城后，流经沁水、阳城、泽州三县，河床平均宽260米，河床底为火山岩层，平均流量每秒42.15立方米。沁河不仅流量大，自净能力也很强。由于沁河流域及其主要支流植被覆盖率高，河水含沙量年均每立方米6.95公斤，为山西省八大河流中含沙量最低的河流。

丹河，古称丹水，是我国最早出现的河流名字之一。它从高平丹朱岭发源，由北向南经高平市、泽州县进入太行山峡谷，出峡后流经冲积平原，南行17公里于河南省沁阳市北汇入沁河。河道长169公里，其中晋城市境内129公里；流域面积3152平方公里，其中晋城市境内2981平方公里。丹河是晋城的母亲河。晋城最大的两个盆地——高平盆地与泽州盆地，是丹河冲积而成的小平原，成为林禾丰茂、产量稳定的泽州粮仓。

三山交汇，沁丹纵流，形成了晋城独特的地理风貌。晋城最高的山峰海拔2358米，最低处的谷底海拔296米。东西高耸，傲视中原；中间平缓，天设粮仓；南北雄关，自成天险。宛若巨龙的太行山，蜿蜒曲行到这里，折而西向。太行山重要支脉太岳山，由北向南，俯冲而来；另一支脉中条山，龙尾高翘，横亘于南，自成天险。三山相会，形成了诸多奇山异峰。这里千峰耸立，万嶂列翠，给人一种排山倒海、雄视天下的感觉。王莽岭、马武山、黄围山、珏山、析城山、云蒙山、历山等众多山脉，景色各异，山山称奇。由于晋城东南两面以大断层与华北平原、黄河谷地相

晋城地貌

接,强烈的断层作用和水流切割,地势高差大,奇峰兀立,绝壁万仞,由此形成了众多奇秀峡谷。蟒河、杨柏、锡崖沟、勤泉、马圪当、凤凰谷、聚寿山、月院山等峡谷,谷谷称秀,峡峡叫绝。沁河、丹河携同诸多支流,左环右绕,转山萦壁,奔流于高山峡谷间,加之飞瀑、流泉、幽洞、茂林,婀娜多姿,奇秀无比。这里凝聚着太行之精灵,展示着太行的雄、险、奇、秀,是最具特色的太行风光。1986年,世界多国地质专家组考察晋城王莽岭、棋子山等地地质后,称之为"世界地质形成的博物馆"。如今,晋城已有省级以上地质公园6处,我国北方山岳型自然景观的典型代表王莽岭,被建立为国家地质公园,成为国家级国土资源科普基地,并获"中国最具潜力的十大地质公园"称号;棋子山、红豆杉大峡谷、丹河蛇曲谷、析城山、历山成为省级地质公园。

晋城属暖温带湿润大陆性季风气候区,四季分明,雨热同季,温和宜人。年平均气温7.9℃—11.7℃,年平均无霜期为185天。年降水量在580毫米—650毫米之间,年平均降水日数为90天—98天,水资源总量为21.49亿立方米,是华北地区相对的富水区。本市在全国"长日照地区"范围之内,年日照时数在2393小时—2630小时之间,平均为2563小时。土壤以褐土为主,间有红黏土、棕壤土、淋溶褐土、新积土等,呈现出多样化特征。这里林木茂盛,植被良好,动植物资源丰富,被誉为"华北地区动植物资源宝库"。这里是山西野生动物比较集中的地区,仅鸟类种类就占到全省的54%,有国家级珍稀动物16种,区内还有属于热带、亚热带的菜花蛇、长尾山椒鸟、大鲵等,是我国亚热带动植物分布范围的最北线。这里有华北地区面积最大、保存最完整的原始森林,有华北地区比较完整的高山草甸。其植物区系具有亚热带向暖温带过渡的特点,与秦岭北坡的植物种类相似,多属温带植物,但也有亚热带植物出现,如红豆杉、领春木、四照花、连香树、野茉莉等。境内省级以上自然保护区有5个,即历山国家级自然保护区、蟒河国家级自然保护区、阳城崦山省级自然保护区、泽州猕猴省级自然保护区、陵川红豆杉省级自然保护区。

晋城独特的地理位置、地质地貌和气候条件,形成了其独特的自然景观,使之成为一处适宜人类居住的福地。

远古神话的核心发生区

晋城是我国远古神话的核心发生区，太行山区古代的四大神话故事在这里广为流传。在刀耕火种的旧石器时代，人的生存十分不易，但他们奋力与自然抗争，寻找和创造生存的条件。女娲补天的胆略、精卫填海的志气、后羿射日的抱负、愚公移山的毅力，正是中华民族的先祖们与天奋斗的写照。

"女娲补天"，是中国远古神话中最为撼人心魄的故事，也是母系氏族社会发生的重大事件。对于《淮南子·览冥训》中关于女娲补天神话的精彩描述，中国地震局研究员王若柏等通过大量调查研究，认为"应当是一次规模宏大的陨石雨撞击的全过程"。依据近代对陨石撞击的研究，"这次远古陨石雨的撞击范围相当广，应当从山西北部到河北平原中部，甚至更向东，延伸到渤海湾南部一带"。①王若柏《华北平原的"古文化空缺区"之谜》一文中说："这是人类有史记载以来从来没有经历的灾难……家园遭到巨大的破坏而被废弃，人员大量死亡，幸存者外迁，更有可能是对古代的先民心理的创伤和由此产生的神话和禁忌等等。"②

在中国，有女娲补天传说的地区很多，但学者比较认可的是太行山区。因为太行山曾有过"女娲山"和"皇母山"的别名，"女娲补天"是太行山最古老的传说之一。近年考古发掘又有明确的证据，证明女娲和女娲补天的神话遗迹主要存在于太行山一带。这些遗迹的地理分布恰恰位于王若柏提出的撞击区的南部和西部地区。

① 王若柏、谢觉民:《"女娲补天"源自史前一次陨石雨撞击》,《光明日报》,2004年8月3日。
② 王若柏:《华北平原的"古文化空缺区"之谜》,《北京林业大学学报(社会科学版)》,2006年第1期。

晋城境内的磨儿山上有女娲窟、伏羲洞和女娲宫，以及"女娲氏炼石处"的摩崖石刻。磨儿山是浮山东侧的一座山峰。因当地有女娲、伏羲"滚磨成婚"的传说，故把它称为磨儿山。磨儿山下，丹河环绕而过，形成一个"U"形大回环。丹河两侧，植被茂盛，天然封闭，非常有利于远古人类的生存。半山腰是一个百余丈的簸箕状的平台，青山环抱，宛若天设之神龛，娲皇宫正建于此。该庙创建于隋开皇年间，女娲端坐在大殿正中。因当地还有女娲、伏羲"滚磨成婚"以及女娲通媒的传说，故女娲被当地人尊为送子神、媒神，旧时香火很盛。

女娲补天雕塑

大殿的后面，便是"女娲窟"和"伏羲洞"。《泽州府志·山川》载："县东南三十五里，插入天汉，高若云浮，形家谓为天马。上有伏羲庙，北谷娲皇窟，中虚如囊，相传炼石补天处。"娲皇窟是一个天然形成的石崖山洞，洞顶左侧有一条宽约20厘米、从地面贯穿到顶部的巨大裂缝，深不可测；正前方的洞顶也有一条10厘米多宽的水平裂缝，横亘东西。很明显是由于古代发生过巨大的地层断裂活动而造成的。由此使人联想到"女娲补天"神话中天顶坍塌的可怕情形。伏羲洞在女娲窟的一侧，也是一个天然的崖石山洞。洞外面陡峭的山崖上有一层"五花石"，黑、白、黄、赤、青相间，洞壁上有一株顶天立地的树干化石。女娲宫北侧的山崖上，有唐代"女娲氏炼石处"的摩崖石刻，字迹苍劲有力。这是我国现存唯一一处有关女娲补天传说的摩崖石刻，弥足珍贵。

摩崖石刻附近的山崖上，还有一些大小不一的洞穴，有的长达几公里。洞中和洞前的台地，遗留有原始人类生活的堆积土层。这处洞穴群，正是上古时期人类部落的聚集居住地。那时，人类主要居住在洞穴之

晋城磨儿山女娲窟三清殿

中。洞内冬季可以防寒,夏季又可防暑;既能防备野兽袭击,又可防止洪水侵蚀。况且,这里林木茂盛,山果遍野,水源丰富,气候温和,正是古代人类理想的栖身之地。难怪《大清一统志》、《泽州志》、《泽州府志》、《凤台县志》等典籍中都说,这里曾是中华民族伟大母亲女娲氏和她的部落生活聚居之地。虽然明清史料不足以证明远古之事,但也说明了"女娲补天"的故事在这里流传甚广。近年在浮山以及附近的河东村,发现了旧石器晚期遗址和新石器早期遗址,出土了石磨盘、石磨棒等石器。这些发现证明了母系氏族社会时期,浮山一带就有人类活动,为"泽州先民"在此长期生存提供了考古学依据。这些遗迹使女娲的形象更加鲜活起来。

"精卫填海"的故事在上党流传甚广。故事发生地在晋城与长治交界的发鸠山。

发鸠山是上古历史名山,海拔1646.8米,山势矗立,雄伟壮观,蜿蜒南北，横跨三县。山由三座主峰组成，奇峭的山峰逐次排列，像三尊傲立苍穹的巨人。《山海经》曰："发鸠之山，其上多柘木，有鸟焉，其状如乌，文首、白喙、赤足，名曰精卫，其鸣自詨。是炎帝之少女，名曰女娃。女娃游于东海，溺而不返，故为精卫，常衔西山之木石，以堙于东海。"为此，"鸠山暮雨"成为高平古八景之一。

在民间，人们称女娃为"灵湫神"，称精卫鸟为"志鸟"。《述异记》记述："昔炎帝女溺死东海，化为精卫……一名冤禽，又名志鸟。"历代文豪中不少人写有赞美精卫的诗作。高平女婿、唐宋八大家之首的韩愈，在《精卫衔石填海》诗中以"鸟有偿怨者，终年抱寸诚""人皆讥造次，我独赏专精"言志。更早一些，陶渊明在《读山海经》诗中云："精卫衔微木，将以填沧海。刑天舞干戚，猛志固常在。"他把区区精卫小鸟与顶天立地的巨大刑天相提并论，一种悲壮之美，千百年来震撼着人们的心灵。

"后羿射日"是太行山古代四大神话传说之一，故事发生于三崚山。

三崚山是古代确指的一个地理名称。《淮南子》记载："尧使羿射九乌于三崚之山，杀九婴于凶水之上，缴大风于青邱之泽。"意思是，羿曾经为民除害，杀过九婴，也杀过大鹏，当然最主要的是在三崚之山上射杀了九乌，后人立庙祀之，上党地区现存三崚庙数十处。古三崚山，今著名的有两处：一在今屯留县上莲乡境内，一在今晋城市区东北15公里处的泽州县高都镇境内。

泽州兴隆山，旧称三崚山，山上建有规模宏大的三崚庙。后周柴荣对后羿曾进行敕封。北宋徽宗崇宁年间（1102—1106），传说中射九日的羿被敕封为"灵贶王"神，明洪武三年（1370）改称"三崚山之神"。现存金天眷元年（1138）所立，进士卢璪撰书的《三崚庙记》曰："然三崚之神，典祀载之旧矣！俚俗莫究……历代相传曰'善射之羿也'。"又云："方陶唐垂拱之世，六月六日生于三崚山下，始七岁而勇烈出众，人咸异之。时方苦旱，十日并照，烁石流金。神十八岁乃能弯弧，射九□，□除民害。尧嘉其功，封其'有穷君'。"三崚庙气势恢宏，构思奇妙。大殿正中塑有后羿像，相传是后羿办公的地方。而庙的后面辟有花园，建有后羿的寝宫，还塑有嫦娥、玉兔等形象。灵贶神在当地民间被格外尊崇，人们亦称其为三崚老爷。庙中大殿下还有一天然石洞，石洞中用铁链拴着一巨魔。这个魔头就是传说中助桀为虐的鬼臼。为防魔头逃出山洞为害民间，洞上还用巨石封顶。不过,每年仍让他在后羿的监督下出来放一次风。三嵕山每年都要在六月初六举行一次庙会,这也是晋城地区规模最大的庙会之一。庙会有48社参加。每到这天,邻近乡村的村民蜂拥而来,甚至邻省邻县异土之众,也于此时长途跋涉,络绎不绝,前来祭祀。人们还把后羿供为山神,六月六日家家祀山神,以辟虎狼。

"愚公移山"本来是《列子·汤问》里的一篇寓言,在晋城则是一个家喻户晓的老祖宗的故事。有"先锋电影诗人"之美誉的荷兰人尤里斯·伊文思,20世纪70年代在中国用五年时间拍摄了一部长达763分钟的纪录片,就叫《愚公移山》,他觉得只有这个片名才能反映出中国人的精神。

晋城是愚公的故里,是愚公移山寓言的发源地。愚公当年要移的山,一座是太行,一座是王屋。从地理位置上看,只有晋城面临二山,太行居于左,王屋盘于右。愚公当年移山,是要走出大山的包围,沟通、连接外面的平原。从生存环境上看,晋城在太行、王屋的包围之中,走出大山是晋城人祖祖辈辈的心愿。

愚公移山的故事在晋城早已深入人心。晋城先民把愚公移山与二郎神搬山的故事紧密结合起来,说愚公挖山不止的精神感动了天帝,于是天帝派二郎神下凡,帮愚公及乡亲们搬走了两座大山。有的传说是担山,有的则是赶山,比文献记载中的愚公移山寓言更为周详。陵川古郊乡境内有两座窟窿山,两山相隔数十里。此地传说愚公感动天神,天神派二郎神用担杖把大山挑走,行到陵川东郊时,西边的山由于没有挑好,孔开了,二郎神就把山放到这里。由于一边的孔开了,所以西窟窿山就留下了一个豁口,而东窟窿山则是一个完整的圆孔,那个圆孔就是二郎神挑山时用来挂担杖钩子的。高平建宁乡境内有两座遇仙山,远望酷似一对双胞胎。传说二郎神担山到此,鞋子里面的土太多,就停下来将鞋子里的土往外一倒,就形成了这两座一模一样的山,当地百姓称之为双生子山(意为双胞胎)。在城区、泽州、阳城、沁水等县区,也都有着类似的传说。而在晋城盆地中的乡村,民间又有大量的二郎神赶山的传说。太行、王屋原来挤在一起,二郎神用神鞭赶二山后退,于是在两座大山中造就了晋城盆地。由于愚公是平常人,而二郎神则是天上的神,所以在晋城之地,人们建有许多二郎神庙,以祀这位为他们创造家园的神仙。

愚公移山的故事激励着一代又一代的晋城人自强不息、艰苦奋斗,创出了一个又一个奇迹。锡崖沟的挂壁公路,就是真实的写照。

塔水河遗址

建筑文化是晋城的文化亮点之一。建筑文化首先体现在选址上。"依山傍水,藏风聚气",是聚落建筑选址的基本原则。简单地说,就是要逐水而居,环境优美,阳光充足,清风柔和,温度适宜。晋城先人努力探求建筑的择地、方位、布局与天道自然、人类命运的协调关系,解决建筑的选址乃至建造,创造了晋城东、西、南、北、中各具特色的传统村镇布局、传统建筑形式及建筑景观,因地制宜,美不胜收。令人惊奇的是,早在旧石器时代,生活在陵川塔水河峡谷中的古人类,在选址上就展现出

陵川塔水河遗址远景

塔水河遗址刮削器

塔水河遗址石片

塔水河遗址动物化石

自己的智慧。

塔水河遗址，位于陵川县城南约45公里处的夺火乡塔水河村，是国务院公布的第六批全国重点文物保护单位。1985年到1988年，山西省考古研究所发现并试掘，发掘出人类颅骨化石碎片和石制品2000余件。学者们根据对地层岩石性质的观察、动物化石的分析和石制品的初步研究，认为该遗址的时代应属于旧石器时代晚期。根据骨化石标本测定，该遗址距今约2.6万年。陈哲英在《陵川塔水河的旧石器》一文中提出，塔水河遗址中发现的原始细石核，很可能是华北细石器文化的源头。

塔水河遗址最值得研究的就是它的地理位置。"依山傍水"是人类追求的优质生活环境，也是风水最基本的原则之一。山体是大地的骨架，水域是万物生机之源泉。遗址在塔水河上游左岸的"Z"字拐弯处，分布在玛朗山的一处山岩上。塔水河为丹河支流，河谷内气候温暖，树木茂盛，至今还生存着很多在南方才能生长的红豆杉。玛朗山上又盛产种类繁多的野果，还有黄羊、豹子等野生动物出没。对于以采集、狩猎获取食物的古人类来说，这里就是他们天然的食品库。

"背风向阳"也是古人聚落选择的一大要求。坐北朝南,便于采光,可以取暖,同时还为了避北风。早在《史记·律书》中就提到冬季的"不周风""广莫风"和早春的"条风"。实际上也就是来自西伯利亚

塔水河遗址烧土块

的寒流。塔水河遗址坐北朝南,背靠玛朗山。严冬的西北风被阻挡在玛朗山后。面南是一个较为宽阔的峡谷谷口,即使在日照较少的冬天,也可以享受到充足的阳光。遗址前面有一片平坦开阔的约500平方米的冲积阶地,是一块非常好的活动场区,为古人类的户外生活提供了便利。

"易守难攻"也是塔水河遗址的一个特点。远古时期,古人类不得不考虑野兽及其他部落的袭击。岩棚距地面两三米高,长约30米,宽约10米,顶高约30米,上部伸出,底部后缩。在蛮荒的旧石器时代,这里不仅可以遮风避雨,且易守难攻,确是古人类生活的理想之所。所处的玛朗山以及附近的天门山,又可在危难时刻作为逃生之处。

塔水河岩棚遗址可以说是一个非常优越的居住选择。当然,在2.6万年以前,古人类还没有进化到改造自然、筑巢而居的水平,更不可能有风水意识,但他们出于本能的选择却包含着许多的合理性。这些合理性究竟是古人类认识自然的经验总结,还是一次偶然的巧合?在今天人们选择宅第、建设村落的众多原则中,依然可以在塔水河岩棚遗址中找到一些痕迹。吴希莲《塔水河密码》一文说:"这正是这一'国保'区别于同时期同类遗址的最大特征和文物价值之所在。"

聚落是人类聚居和生活的场所,是人类有意识开发利用和改造自然而创造出来的生存环境。它的形成和发展必然与自然和人文地理环境有着密不可分的关系。塔水河遗址对研究聚落的起源,有着一定的意义。

下川遗址

人类文明的曙光始于农业文明。埃及发现的南埃及尼罗河流域的农耕文化遗址,是世界上关于农业形成的最古老的考古文化遗址,时间距今约 1.83 万年至 1.7 万年。在我国,现有最早的反映农业形成的考古资料出现在历山,这就是沁水下川旧石器时代晚期文化遗址中出现的石磨盘、石磨棒。

下川是历山东麓的一个山间盆地,盆地南北走向,长 4.5 公里,东西最宽处 2 公里,海拔 1550 米。下川遗址主要分布在以下川为核心、纵横二三十公里的山岳地带,面积 4.8 万公顷,1970 年被命名为"下川文化",经碳 14 测定,距今 2.4 万年至 1.6 万年。1974 年至 1978 年,经山西省文物工作委员会与中国社会科学院考古研究所先后发掘调查,认定下川遗址为旧石器时代晚期后一阶段以细石器为主要特征的石器文化。

下川文化以打制石器为代表。在这些石器品种中,以砂岩、石英岩、脉石岩为原料的粗大石器仅占种数的 4.7%,而以燧石为原料的细石器,则是下川文化的主体。细小石器器物类型达四十余种之多,有锥状、

沁水县下川遗址

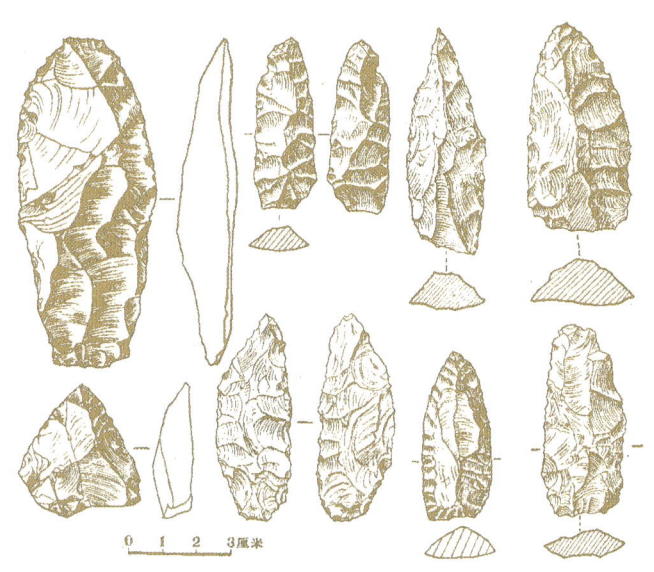

沁水县下川遗址尖状器

柱状、楔状和漏斗状等各种类型的典型细石核,还有细石叶和各种刮削器、尖状器、雕刻器,以及琢背小刀、箭镞、锯、锥钻等。许多器物加工细致,特征鲜明,制作技术相当成熟。琢背小刀,刀背经过轻敲细琢,使其变钝变厚,而刀刃则保持石片固有的锋利边缘。锯是在石片的一侧或两侧做出几个齿,有的还带短把。雕刻器制作精细,尖刃明显,器型固定,为其他旧石器时代晚期遗址出土者所不及。三棱小尖状器和扁底三棱尖状器是制作最精细的微型尖状器,实为石器工艺之上品。石核式刮削器在下川遗址大量发现,这也是下川文化细石器的一大特征。工具类型有尖状器、刮削器、砍砸器、石锤、石磨盘等;刮削器有锛刃状、椭圆形和直刃等多种,表明远在旧石器时代晚期,华北地区的细石器工艺已经成熟,代表了旧石器时代石器制作技术的最高水平。下川文化上承峙峪文化和小南海文化,下开新石器时代早期高度发达的细石器工艺之先河,在华北地区细石器工艺传统的发展史上具有十分重要的地位,为探讨细石器工艺传统的起源与发展提供了新的例证。

下川大量出现细石器,说明当时已经普遍地使用刀、锯、短剑、弓箭、标枪等复合工具,生产力进一步提高,社会经济开始了新的飞跃。尤其令人兴奋的是,在遗址中发现了石磨盘、石磨棒。这是我国现有最早的反映农业形成的萌芽阶段的考古资料。石磨盘中间由于多次研磨而下凹,显然是加工谷物的痕迹。它在下川文化中的出现,代表着黄河流域黍作文化的先声,是我国饮食文化的前奏。

历山文化遗址与埃及尼罗河流域的农耕文化遗址的年代不相上下。正如美国芝加哥大学何炳棣教授在《中国农业的本土起源》一文中所说,中国农业和文明的中心发源地是半干旱的黄土高原区。

神农播谷羊头山

神农氏是中华民族的人文始祖,中华文化中的一些基本特色是从神农氏时代开始显现的。在中国古老的大地上,流传着无数个关于神农氏的传说。近年来的考古发现与文献上有关神农的记载,说明在新石器时代,我国就有了原始农耕文化的产生和发展,令人信服地证明中国历史上确实存在一个神农时代。神农氏是中华农耕文明的开拓者和奠基人,对中华民族的发展繁荣和炎黄子孙的繁衍生息做出了开创性的伟大贡献。

在高平羊头山一带,流传着许多关于神农氏的传说。

在晋城先民古老的记忆中,是神农氏发明了黍作农业。神农氏"三岁而知稼穑般戏之事"(宋·罗泌《路史》),从小就开始研究农业。当时的太行山区,海水一度上涨,一步一步漫延到太行山脚,原来在平原生活的先民,也被海水逼上了山,人的吃饭成了问题。神农氏看见丹雀衔来的九穗禾掉在地上,就拾起来播于土壤中,次年长出了黍。黍是多穗作物,其特点是耐旱,成熟期短,可长期储存。于是年复一年扩大种植,解决了人们的生活问题。对于这种说法,晋代学者王嘉在《拾遗记》中亦有记载。丹雀有可能是精卫鸟,后来成为神农氏女儿女娲部落的图腾。在农业文明的进程中,神农氏最大的贡献莫过于生产工具的发明和改革。《易·系辞》载:"包牺(包同伏)氏没,神农氏作。斲木为耜,揉木为耒,耒耨之利,以教天下,盖取诸益。"当时已有了松土整地用的石铲、骨铲,有了砍伐灌木丛林的石斧,有了收割农作物的石刀、石镰。神农氏还发明了九井相连的灌溉技术。

在晋城先民古老的记忆中,陶器也是神农氏的重大发明。有了陶器,人们可以蒸煮食物,更充分地吸收食物中的各种营养成分,同时又可以储存液体,用以灌溉农田。新石器遗址中出土的陶器虽然有一些生产工具,但主要还是生活用品,如灶、鼎、釜、盆等炊具,还有瓮、罐等储存东西的用具。陶器上的纹饰告诉我们,当时人们已有了几何知识。人们经营农业之后,便能生产自己所需要的食物,从而促进定居生活的日趋稳定。在神农的教化下,人们盖起了简单的房子。又织麻为布,开始制作、缝补衣服,改变了用树叶、兽皮遮身的原始状况。正如《商君书·画策》所记:"神农之世,男耕而食,妇织而衣。"这是人类由蒙昧社会向文明社会迈出的重要一步。神农氏也是商业神,他辟市场,倡贸易,鼓励大

高平羊头山神农庙

家互通有无,调剂余缺,以提高生活质量,开了商业的先河。

在晋城先民古老的记忆中,是神农氏发明了医药。在晋城地区,神农尝百草的故事几乎无人不晓。神农氏是一位极仁慈、极具爱心的神。他为解决百姓感染瘟疫、疾病缠身、跌打损伤等苦痛,亲尝百草,以身试药。平均一天之内,遇毒 70 次。幸亏他头上的双角具有抗毒和解毒功能,一旦中毒,立即用手摇角,毒自然解去。但有一种叫"断肠虫"(太行山区叫它百角虫)的药物,奇毒无比,神农氏刚一吞下,来不及摇角,肠子已经断了,就此长眠于羊头山上。神农氏尝百草而始有医药的传说故事,流传久远。神农氏"始尝百草,始有医药"。《淮南子·修务训》、《世本》、《通鉴外纪》、《搜神记》等典籍,对神农氏在药物的原始发现过程中所做的贡献都予以肯定。

在晋城,不仅有着诸多的关于神农氏的传说,而且还有众多相关遗迹。高平市神农镇,就是一个文物繁密、种类齐全、内容丰富、品位极高的神农文化区。

高平神农镇炎帝行宫

羊头山是神农文化的中心区域之一。羊头山又名首阳山,位于泽、潞交界处。"羊头夕照"为高平八景之一。羊头山名的来历,一说因山顶北魏四面造像,塔基的巨石似羊头而得名;一说因神农氏族为羊图腾而得名。图腾是原始社会氏族的一种标志。图腾信仰是一种非常原始的信仰。关于神农氏族的图腾,有学者认为是鱼图腾,有学者认为是羊图腾,也有人认为是火图腾,在太行山古老的传说中则认为是羊图腾。

羊头山西山巅上旧有神农城。神农城建于何时、毁于何时均不详,但现存有石柱、石阶、石质井架,原建筑轮廓依稀可

高平神农镇炎帝陵碑

辨。在神农城下60步处有白、清二泉,左泉白,右泉清。泉侧有井,谓神农井。二泉南流20步相合而南。《太平寰宇记》载:"神农尝五谷之所,上有神农城,下有神农泉。"神农二泉下流30米处还有五谷畦,又称井子坪。《风土记》载:"神农城在羊头山,其下有神农井,皆指其地也。地名井子坪,有田可种,相传神农氏得嘉谷于此,始教播种,谓之五谷畦。"神农井与五谷畦构成一个原始的灌溉系统,与神农氏发明九井相连的农业灌溉技术的传说是基本吻合的。"九井"并不一定单指九眼井,而是"多"的意思,是依据山势地脉、水源流向开凿泉井,然后把水源汇到一处,集中进行灌溉的一种做法。1986年,在羊头山脚下的海拔1020米处,发现了旧石器文化遗址。采集的石制品有石核、石片、刮削器、雕刻器、楔形器等80多件,经鉴定为旧石器晚期文化遗址。表明在神农氏之前,这里就有人类活动。

神农镇庄里村有炎帝陵,俗称"皇坟"。陵区周围东、西、南三面沟壑

纵横，北面丘陵起伏，青山映翠。《太平寰宇记》明确记载："羊头山东南相传为炎帝陵，石瓮尚存。"明《羊头山新记》中载："山之东南曰故关村，村之东二里曰换马镇，镇东南一里许有古冢，垣址东西广六十步，南北袤百步，松柏茂密，相传为炎帝陵，有石栏石柱存焉，盖金之物也。""炎帝陵"碑现嵌于五谷庙上院东厢房之后墙中央。这里原是个亭子，石碑立于亭中。石碑系明万历三十九年（1611）所立。碑高95厘米，宽66厘米，厚30厘米，虽然体积不大，却堪称举国无双。在"炎帝陵"碑的后面，原有地道直通墓穴中。地道中还有一盏石制的万年灯，常年不熄。每年四月初八，历朝历代，岁岁致祭。过去，无论县或府，都要派员到庄里炎帝陵祭祀，并且还要为万年灯添油。

炎帝陵后有五谷庙，又称神农殿。庙坐北朝南，分为上下两院，建筑规模宏大。庙院内原来碑石林立，有四五十通。院中有已伐古柏树根盘，周长6.2米，生长期当达两三千年。据此可知此庙建筑年代甚早。现仅存正殿和东西厢房。正殿为元代所建，明代时进行过较大的维修。屋顶正中脊刹上，正面刻有"炎帝神农殿"，背面刻有"大明嘉靖六年"的题记。殿内神台为宋金遗物。神台上原有暖阁，正中塑有炎帝像，两边为后

高平神农殿炎帝塑像

妃、太子。东西两边的山墙上绘有精美壁画，壁画的内容相传是神农种五谷、制耒耜、尝百草等，毁于"文化大革命"期间。每年四月初八为五谷庙庙会，传说这一天为神农氏的诞辰，因而也就成了炎帝陵、五谷庙的祭祖节。相传这种祭祀活动早在轩辕黄帝时就有了，"封参卢于潞，守其先茔，以奉神农之祀"（《路史》）。据明嘉靖年间《续修炎帝后妃像增制暖宫记》碑载："炎帝神农氏陵庙，历代相传，载在祀典，其形势峻峨，林木深阻久矣，吾邑封内之胜迹。"每逢农历四月初八，人们都要在这里举行公祭炎帝神农氏庙会。当地流传着"四月八，神农活，炎帝子孙都记得，祖先种地都靠他"的歌谣。

在神农镇境内还有炎帝行宫，上、中、下清化寺和高、中、下炎帝庙，都与神农的传说有关。上清化寺创建于北魏，初名定国寺，北齐改名宏福寺，隋末寺废，武则天天授二年重修，改今额。现寺不存，在清理遗址的过程中发现了一块天授二年的石碑，碑文记载了炎帝在羊头山居住生活的情况，为炎帝文化的研究提供了极其重要的实物证据。神农镇境内有神农文化遗迹景点40余处，构成了全国极为罕见的神农文化景观。1995年6月在当地出土的一块墓志铭上，刻有"泽州高平县神农乡团池村"的字样，刻石时间为宋元符二年（1099），说明这里很早以前就是神农传说的集中流传地区。

近年来，随着对神农文化研究的深入，关于神农的传说越来越多，关于神农的遗迹发现得也越来越多，但晋城仍是最具特色的神农文化区。沿着晋长二级公路狭长的区域内，共有百余个与神农有关的地名与传说。除了最为丰富的羊头山神农氏遗迹之外，在晋城诸县中，几乎都设有神农坛和神农庙。这些传说相互印证并完整成套，成为可信的"口书"史料。在这一神农文化区域内，还有许多国内之最。如，最古老的神农城——羊头山神农城，神农氏遗迹在全国各地发现得不少，但古老的神农城却只有羊头山一处。最早的五谷庙——庄里五谷庙，庙的正殿为元代建筑，但殿内神台浮雕为宋金遗物。创建年代尽管不详，但院内古柏根盘直径有6米多，生长期当在二三千年，据此可知此庙创建年代甚早，堪称全国现存最早的五谷庙。最早的炎帝陵——庄里村炎帝陵，早在轩辕黄帝时，就"封参卢于潞，守其先茔，以奉神农之祀"。撇开传说，仅陵区内现存的古柏根盘，已有二三千年的历史。这是全国迄今发现的

羊头山炎帝文化广场

炎帝陵墓中年代最为久远的。保存最完整的"炎帝陵"碑——庄里炎帝陵碑,此碑尽管体积不大,年代也不是太久远,为明万历年间立,但却堪称全国无双。神农庙宇最多的县——高平市,祭祀神农氏的庙宇,据不完全统计,至少有30多处。

晋城之所以拥有如此丰富的神农传说与遗迹,是有特殊原因的。神农氏的农耕文明是以黍作农业为代表的,而太行山南端正是我国黍作农业的代表。

自然环境是人类生存的第一选择。太行山南端有山脉、丘陵、盆地、湖泊、河流,丰富多彩的地形地貌为远古人类生存提供了多种类型的环境,是远古人类从旧石器时代早期就扎根在这里,并促成这里史前文化源源不断发展的基本条件之一。

气候条件是黍作农业起源的关键。太行山南端气候春秋温暖,夏季炎热,冬季寒冷,四季分明,非常适合黍类作物的生长。优越的气候条件和独特的土壤结构,使之成为黍作农业的极佳地区。古人对黍有着特别的崇敬,甚至以黍作为度量衡标准,黍尺又被当作定音律的标准。《汉书·律历志》载:"以上党羊头山黍度之为尺,以定黄钟。"《隋书·律历志》言:"上党之黍,有异他乡,其色至乌,其形圆重,用之为量,定不徒然。……即以调律钟,并用均田亩。今以上党羊头山黍,依《汉书·律历志》度之。"明代杰出的自然科学家、律历学家、音乐家朱载堉到羊头山实地考察,写出了《律吕精义》,第一次将十二平均律用等比级数划分,对黄钟定律进行了精确的分类,并将羊头山黍定为大黍、中黍和小黍。用羊头山黍以定黄钟大吕,足可表明这里黍类作物的优良。

文化的积累,是农业起源的内因。晋城地区已发现多处旧石器文化遗址,如西瑶泉洞穴遗址、塔水河遗址、晋庙铺遗址、浮山遗址、索泉岭遗址、羊头山遗址、李家庄遗址等旧石器晚期文化遗址,都同新石器早期文化遗址相衔接。毫无疑问,悠久的旧石器文化传统是太行山南端史前黍作农业产生的文化背景。在这里,还存在一个较大的新石器时代文化聚落遗址群,从目前发现的聚落遗址情况看,其年代与神农氏时代相近,为神农氏在此活动提供了考古学证据。

在晋城关于神农氏的传说与碑刻中,有的称之为神农氏,有的称之为炎帝,有的又以"炎帝神农氏"或"神农炎帝"相称。这样很自然使人想到一个问题:神农氏是否即炎帝?司马迁在《史记》中认为,"神农氏衰",才有炎帝和黄帝的崛起,故在《封禅书》中分列炎帝和神农氏为二人。司马公讲得有道理。从历史发展的脉络来看,两人年代很不相同,神农氏要更早一些,炎帝晚一些。神农氏是指整个以神农氏为首领的氏族部落,是这个群体在漫长实践认识过程中智慧与经验的化身,并不是专指某一个真实的历史人物。与"神农氏"不同,有的史籍是将炎帝作为一个真实的历史人物记述的。在先秦典籍《商君书》、《庄子》、《战国策》、《吕氏春秋》、《逸周书》、《国语》、《左传》中,都记有炎帝的历史事迹。也有学者认为,远古传说中的神农氏与炎帝事迹有很多相同,应为同一人。

舜耕历山

晋城最高的山峰历山,被与虞舜联系在一起。相传舜当年在这里编制了黄河流域的物候历,也是中国最早的结合天文、气象、物候知识指导农事活动的历法——"七十二候",故名历山。

历山是中条山的主峰,也是山西南部最高峰。总面积为100平方公里,最高海拔2358米,与翼城、垣曲、沁水、阳城毗连衔接。山上有华北面积最大、保存最完整的原始森林,被誉为"黄土高原上的绿色明珠"。历山动植物种类之繁多,在中国北方实属罕见,被专家誉为"华北动植物资源基因库"。1982年被国务院确定为国家级自然保护区。

历山最高峰舜王坪,为亚高山草甸。清代诗人张尔墉《登历山》诗

历山舜王坪

云:"古帝躬耕处,千秋迹已迷。"指的就是"舜耕历山"。

舜,名仲华、重华,史称虞舜,为中华民族传说中的五帝之一。在他继尧之位前,曾耕于历山。《史记·五帝本纪》云:"舜耕历山,历山之人皆让畔;渔雷泽,雷泽之人皆让居;陶河滨,河滨器者不苦窳。"舜王坪,因舜当年在此躬耕稼穑而得名。据传说,舜当年伐木造田,遂成此坪。在那平坦广阔的草甸中,至今仍留有五尺宽、三尺深、寸草不生的沟渠,传说是舜当年驾象耕作的犁沟。上有舜王庙、南天门、斩龙台等胜景,周围有汋、汭二泉,以及大洪池、小洪池。历山有上百处著名景观,几乎都与舜的传说有关,如果把这些故事串起来,无疑就是一部舜的历史。"渔雷泽",阳城县西15公里处的澶泽即雷泽。历山西北之"可陶峪",相传为"舜陶河滨处"。说明舜当初的主要活动区域就在沁水、阳城这一带。中国叫历山的地名很多,山东有,河南有,湖北也有,现在大家都说自己的历山是虞舜正统,众说纷纭,莫衷一是。由于20世纪山西襄汾县陶寺遗址的发掘,基本可以证实,华夏族群的唐尧部落或者说唐尧军事联盟的核心地区在今山西南部。古代族群的存在,内靠血缘维系,外靠联盟平衡,族群之间关防甚严。所以,唐尧部落及其联盟的继承人只能是本部

鲜花盛开舜王坪

落、本联盟的有威望首领。若说虞舜祖籍在山东历城就有点怪异了,因为那时山东地界属于东夷集团,虽说东夷集团由于蚩尤败于黄帝,难以再"侵暴诸侯",但是东夷集团依然在东方有强大的势力,随时可能卷土重来。尧作为黄帝之孙颛顼的后人,不可能选择一个东夷集团的人来领导本族群。舜更不可能被尧派往湖北经营,因为那时以尧为首的华夏族群的势力还未曾达到汉水流域,汉水流域是南蛮集团的地盘。传说舜以百岁之身曾经放弃帝位,巡游湖湘,崩于苍梧之野,娥皇、女英千里寻夫,流下斑竹点点泪千行,这都是后人编出来的传说故事。舜登基以后,为了避免与尧的儿子丹朱发生冲突,建都于中条山南麓的蒲坂。据钱穆先生考证,所谓的"苍梧之野"就在中条山。沁水的历山舜王坪是中条山主峰,距陶寺遗址——唐尧王庭,仅有100多公里。从地望上讲,舜王坪应该就是舜被唐尧放逐考验的那一片山林。舜因大孝为后世称道,据说,他的父亲瞽叟和继母以及同父异母兄弟象,几次要加害虞舜,虞舜依然恪尽孝行,无怨无悔。对舜的崇拜在晋城民间已经延续了几千年。

从"下川文化"遗址发现的细石器和古脊椎动物化石分析,下川文化时期,晋城应属于亚热带气候,当时的人们生活在依山傍水的区域。在河湾一带,浅水里生活着螺和河蚌,深水中生活着鱼,近岸的水边长满水草,山上覆盖着茂密的森林,山里生活着大象、犀牛,山前的草原上生活着大群的羚羊、斑鹿、野驴、野马等。这与传说中的舜耕舜渔的情况大体吻合,与历山的地貌亦大体相同。

夏桀居垂与夏文化遗址

"夏桀居垂",是夏末动乱时发生的历史事件。《战国策》载:"夏桀居垂。"《吕氏春秋》讲得更清楚:"夏桀为不道,暴戾顽贪,弃义即谗,诸侯以反,兆民不由,于国始迁于垂。"《路史》云:"夏帝履癸是为桀,始迁于垂。"又云:"履癸始迁于上党之垂。"

夏桀名癸、履癸，"桀"是商汤给他的谥号（意为凶猛残暴）。在夏朝历史上，夏桀王履癸是最勇猛而又最凶残的君王。桀的父亲发在位时夏王朝已呈衰相，内政不修，外患不断，矛盾日趋尖锐。桀即位后，大动干戈，用武力征服邻国。虽然版图迅速扩大，为商朝时的泱泱大国奠定了基础，但天下更加沸沸扬扬，不得安宁。夏国德政衰败，民不聊生，危机四伏。但夏桀不思改革，骄奢自恣。四方的诸侯也多背叛，夏朝面临内外交困的局

高都遗址

高都遗址灰坑

面。汤在伊尹的扶助下起兵伐桀，失去民心的桀众叛亲离，被汤打败，只好逃到"垂"避难。

"垂"即高都南面的垂棘山。正由于夏桀居垂之事，才使貌不出众的垂棘山成为一座历史名山，自此历史上也有了"垂都"的地名。又由于古代非常注重吉祥用语，为与北面的卧龙山相对称，将垂棘山改为凤凰山。历史上，史学家为寻找垂棘山曾经煞费苦心。据文献记载，高都即垂。而垂棘山下的百姓，直到现在仍然叫它垂棘山。山下一古洞口有前人所刻的"夏桀王迁都处"。《凤台县志》注："以今地望考之，为古垂棘无疑。"垂通"陲"，意为边疆、边境。夏时，泽州之地为夏之边陲。垂棘山下的高都，早期被称为"垂都"。《凤台县志》载："《战国策》'秦焚垂都'，即高

高都遗址文物

都也。"

20世纪50年代中期，考古工作者在晋城市丹河进行了广泛的田野调查，发现了以高都遗址为代表的一批新石器时代文化遗址。高都新石器古文化遗址，在垂棘山北不到1公里处，与垂棘山隔河相望。位于高都镇保福村东北隅的寨上，现在仍居住着十余户居民。寨子四周断崖之上，可见其灰褐色文化层堆积厚达1—2.5米，非数千年积累无以至此。灰层、灰坑中，可见大量陶片及动物骨骸，陶质为类砂褐陶、泥质黑陶、泥质红陶三种；器形有罐、鬲、盆、钵、瓶、甑等类；纹饰除粗绳纹、篮纹、素面以外，尚有彩绘、附加堆纹，以及泥条盘筑等工艺；制作方法有手制及轮制两种。生产工具可见磨制光洁的石斧、石铲和骨锥。骨骸多为猪骨、牛骨及食肉类动物牙齿。据考古界有关专家分析，上推可达仰韶文化时期，下延可到商代中期。由于时间上的衔接与内容上的延续，对夏文化的研究有重大意义。泽州的先民已从远古漂浮不定的渔猎、采集生活走向定居的以农业为主、兼有畜牧的氏族社会。

在第三次文物普查中，在垂棘山方圆五公里内又发现了秦庄龙山文化晚期至夏代遗址、漳东夏代文化遗址、东山底夏商时期文化遗址、南义城夏代文化遗址等大量夏代遗址，且面积很大，确切地锁定了此前古史学家对这一传说圈定的故事发生地。在垂棘山周围，除夏文化遗址外，仅丹河一线还有大南社、小任庄、李庄、沙河、南焦庄、北焦庄等商周及其他历史时期的古文化遗址，其密集程度令人惊叹。"夏桀居垂"，对高都具有重要的意义。从高都一带诸多的古文化遗址来看，夏商时期这里已经是人口密集之地。

考古工作者在沁河流域进行田野调查时，也发现了以沁水八里坪遗址为代表的一批新石器时代文化遗址。

八里坪遗址位于沁水县城东 35 公里处的郑庄镇八里村东北台地八里坪。遗址面积约 15.6 万平方米。暴露在地面的灰层、灰坑、石灰面、墓葬等迹象表明，内含遗存比较丰富，时间延续比较长。在遗址内发现三处规整的灰面，在灰层中发现的石器有石核、杏叶状石箭头和磨光石斧、石铲、双孔石镰等；陶器有袋足鬲、小口罐、平口缸、深腹罐、豆、碗等器形。纹饰有绳纹、篮纹、磨光素面、方格纹、附加堆纹；陶质有泥质灰陶、夹砂灰陶以及褐陶和红陶。遗址北部的断壁上有袋形竖穴墓多处。该遗址上还有一处古代夯土墙尚保存完好。

丹、沁两河流域形成密集的夏文化遗址群，展示了新石器时代古泽州先民生产、生活的真实画面，也表明晋城是夏王朝统治的核心区域之一。夏王朝的核心领土范围，大致西起河南省西部、山西省南部，东至河南省、山东省和河北省三省交界处，南达湖北省北部，北及河北省南部。而地处晋豫交界处的晋城，也属于夏王朝的核心统治区域。

商汤桑林祷雨

历史学家对商代的认识远远多于夏代，其原因不仅仅是因为商代距今较近，更为重要的原因是甲骨文的发现与破译。当一些人对《史记》前四卷的真实性表示怀疑时，由于甲骨文的出现，人们惊讶地发现，《史记》关于商代世系的记载竟然与甲骨文的记载基本吻合。"商汤祷雨"是商代建国初期的重要事件,其意义不亚于"伊尹放太甲"。它对于认识商代国家性质和运转方式,以及经济社会和商汤本人,都有极高的价值。

"商汤祷雨"的故事,在晋城流传甚广,史书也颇多记载。《竹书纪年》记载,商汤二十四年大旱,"王祷于桑林"。《吕氏春秋·顺民》载:"昔者汤克夏而正天下,天大旱,五年不收,汤乃以身祷于桑林。"《尸子》云:"(汤)祷于桑林之野。"

商汤打败夏桀,开创了中国用武力夺取政权的先例,昔日的臣子成为今天的君王。然而,新王朝却面临着罕见天灾的考验。商汤即位后,就发生了旱涝灾害,彻底推翻夏桀之后,山西、河南又连续发生7年大旱,草木尽凋,溪河绝流。商汤同夏桀的性格截然相左,在史学家的笔下,他为人宽厚,礼贤下士,有长者风范,更重要的是,他的心里装着自己的子民。

天灾关系到一个国家政权的安危。商汤见民间久旱,数次祀祷也不见效,遂令太史占卦。太史占罢,告之商汤:"若要天雨,必烹一人以祷。"商汤说:"若要一人,那只有我自己当作牺牲了。"遂斋戒沐浴,剪去头发指甲,乘着白车白马,穿着白衣白服,身揣白茅编织的白人,以作牺牲状,来到一个叫桑林的地方祷雨。汤王祈祷上苍,又以六事自责:"政不节邪?使人疾邪?宫室营邪?女谒盛邪?苞苴行邪?谗夫昌邪?"(《荀子·大略》)果然祷来了大雨,解除了旱情。《淮南子·主术训》载:"汤之时七年旱,以身祷于桑林之际,而四海之云凑,千里之雨至。"不管是否巧合,但也体现出商汤的爱民之心和仁德之政。

关于"桑林",史书上颇多记载。《淮南子》高诱注云:"桑林者,社也;桑山之林,能兴云作雨也。""桑林""桑野""空桑""扶桑""桑中"之类地名不少,如《穆天子传》卷五中,提到"桑"的字眼就有6处。至于商汤祷雨之桑林,说法虽有不同,但以阳城桑林之说的影响最大。商汤在成片的桑林中祷雨,那里当是栽桑养蚕较为发达的地区。晋城地区栽桑养蚕有着悠久的历史,是我国文字记载中最早发展蚕桑的地区之一。晋城人民在长期的实践中积累了丰富的经验,晋城成为我国重要的养蚕基地,历史上有"泽州蚕丝之利甲于他郡"的说法。商汤二十五年,也就是商汤祷雨成功的第二年,作《大濩》乐,表示庆贺。《大濩》与《云门》、《大章》、

阳城析城山

《大韶》、《大夏》、《大武》为古代著名的六大乐舞。《大濩》之"濩",用的就是濩泽之"濩"。

阳城古称"濩泽",南部的大片山地古称桑林。古代桑林水(今称涧河)、今之桑林乡均以桑林命名,这一带沿续下来的以"桑"命名的村庄尚有上桑林、下桑林、上白桑、下白桑、桑园沟、桑园河等。桑林村有座汤庙,其大门上匾额写的是"桑林遗泽"。桑林中的析城山,就是商汤祷雨的具体地点。《太平寰宇记》载,析城山"山巅有汤王池,俗传汤旱祈雨于此"。宋徽宗政和六年(1116),《敕赐嘉润公记》中言:"念及析山,汤尝有祷。"明确指出析城山就是商汤祷雨的地方。

析城山是我国最古老的名山之一,也是我国最具地貌特征的山脉之一。《尚书·禹贡》中就记载有析城山,说明析城山可能在夏代就已经得名。此山生得奇特,"草木分析曰析,山峰四面如城","有四门",故名析城山。《水经注》、《太平寰宇记》、《元丰九域志》等地理名著,以及地方志书中都记载了析城山。析城山在古人的笔下屡屡被提及,堪称一座历史名山。

阳城汤帝庙

当年商汤祷雨的地方,自然就被视为灵验之地,因此析城山成了祈雨圣地。山上有汤王祠,坐落于坪的东北角,古代香火不绝。祠前有一水池,人称"娘娘池",清澈如镜,终年不涸。《山西通志》载:"(阳城)县西南七十五里,相传成汤祷雨于此。"宋代皇帝对析城山汤王祠倍加重视,熙宁九年(1076),河东路旱,遣通判王侁祷雨获应,奏封析城山神为"诚应侯"。《宋会要辑稿》中记载:"析城山神祠在泽州阳城县,神宗熙宁十年封诚应侯。"政和六年(1116),诏题殷汤庙额为"广渊",晋封山神为"嘉润公",敕书勒壁。宣和七年(1125)重新进行修建,"合嘉润公祠凡二百余楹"。由于析城山为成汤当年祷雨的地方,加之皇帝的封谥、国家的推广,进一步提升了成汤在泽州的影响力。2012年,中国先秦史学会在阳城县召开年会,与会专家共同认为,阳城析城山之桑林确为商汤祷雨处。

为感谢成汤之德,晋城乡乡都建有成汤庙,村村都要祭成汤,形成了商汤信俗。晋城汤王庙之多,在全国实属罕见。全市现存汤王庙上百处,跨越金、元、明、清各朝代,留下一批珍贵的文物。大阳成汤庙、河底村成汤庙、坪上汤帝庙,被列为国家级重点文物保护单位。

箕子谋棋棋子山

陵川棋子山,与"殷末三贤"之一的箕子联系在一起。相传箕子在这里用黑白两色石子摆卦占方,借以测知阴阳之动,不知不觉演绎出了围棋。另一种说法是,箕子是一个天文学家,掌管历法,陵川棋子山是他观天象的地方,他用黑白石子摆在方图上,用以记载星宿的位置。而现代围棋中许多术语就来源于古代天象学。

箕子,名胥余,殷商贵族,是商纣王的叔父,与比干、微子同列"三公",又称"殷末三贤",曾任太师之职。因封国于箕,爵位为子,故称箕子。箕子生性耿直,才华横溢,在商纣朝内辅佐朝政。纣王整天酗酒淫乐,挥霍无度,还发明了诸如"炮烙""腊""脯""剖"等历史上有名的酷刑,导致民怨四起,将国家推向了崩溃的边缘。箕子作为纣王的父辈,眼看着祖先商汤创下的基业将毁于一旦,忧心如焚。他和比

箕子塑像

干、微子等屡次劝谏纣王，纣王不但不听，还予以惩办，比干被剖心，微子被放逐。箕子装麻风患者，才躲过一难，后来趁动乱逃往陵川隐居。棋子山一带是箕子的封地"箕方"，离殷商的都城朝歌很近，直线距离只有70公里。

棋子山又称箕子山、谋棋山、谋棋岭，属太行山脉南段，位于陵川县城东南20公里处。区内30余座山峰连绵跌宕，面积约25平方公里。淇水发源于棋子山的东北麓，岭西的廖东河则是丹河的支流，分属海河和黄河水系。山岭上有一处奇特的地质地貌，约6万平方米，山体表里皆由一颗颗酷似围棋棋子的卵石构成。天然棋石圆润光洁，正面微凸，底面扁平，弧线自然，造型别致，大小厚薄与现代围棋棋子相似，颜色基本分黑、白两种。这是我国迄今唯一一处发现天然"棋石"的地方。石子不仅颜色符合班固《弈指》一书中关于早期围棋颜色"黄黑阴阳分也"的描述，外观也类于现代《围棋辞典》关于"棋石"属扁圆形、有一面或两面凸起的基本特征。1997年棋子山被定为省级地质公园。

当年，箕子就隐居在棋子山。山上有一个古老岩洞，人们称之为箕子洞。洞深约10米，高约4米，洞内清泉四季流淌，岩石上有一处极似围棋棋盘线条的痕迹并有像围棋棋子印上去的凹痕。相传箕子就是在此推演天文、占卦卜筮，并用那些天然的黑、白两色石子摆卦占方，借以测知阴阳之动，不知不觉演绎出了围棋。根据学者的研究，围棋起源过程中所依据的基本原理，当出自商周先民通过卜筮活动所获得的朴素天象观和原始自然观。"天元""星"之类古代天文名称也就永久地留在了棋盘上，从此陵川便留下箕子履迹的传说。

箕子善卜筮，《后汉书》作者范晔把卜筮之学又称作"箕子之术"，中国民间流传至今的"扶

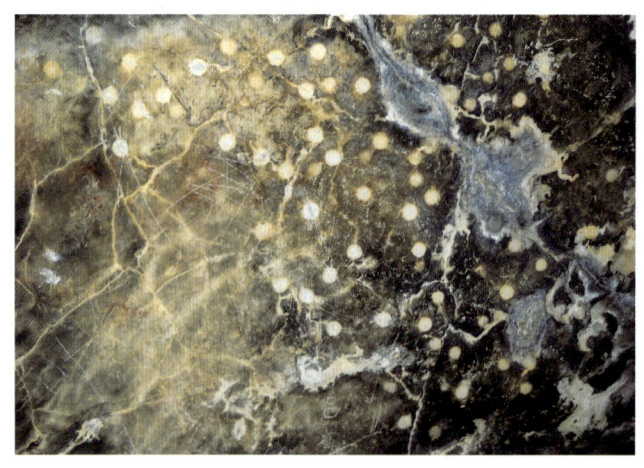

陵川箕子洞天然棋局

棋子山箕子洞

凯"即是其孑遗。沈括在《梦溪笔谈》中称北宋"扶乩"术士"医卜无所不能,棋与国手为敌"。"扶乩"术士竟能在棋艺上与国手匹敌,看来二者有相通之处。《史记》中有周武王灭商纣后请箕子出山与箕子观测天象,授时制历和阴阳卜筮等"箕子之术"的记述。后来,求贤若渴的周武王仰慕箕子的贤德,访道太行,在棋子山找到了箕子,请他出山帮助治理国家。故《山西通志》云:"箕子山……西南山麓石上存巨人足迹。相传箕子避地憩山中,及武王访以治道,于此纳履焉。"

在棋子山下的苇水村,自古就有"观棋烂柯"的传说,村里的李家祠堂原来塑有先祖观棋烂柯的塑像。相传古时村子中有一个勤劳好学的樵夫,名叫李忏。有一天他进山砍柴,误入一个洞中,见两位白须长者正聚精会神地下棋,就在旁边观看。没想到两位老者下着棋吵了起来,最后把棋盘也掀翻了,棋子儿蹦到了洞壁上,就留下了水印。李忏出了洞口,在草丛里找到了自己的斧头。可奇怪的是,斧头已生了一层黄锈,斧柄也腐烂了。李忏回到村里,村中早无人认识他了。一问之下,才知道已过了100年,认识的人早已死光了,他方知道自己遇见了神仙。后来,李忏翻山越岭去寻找下棋的老者，入山修炼，最后也成了仙。

1993年杨晓国《论陵川棋子山与围棋起源》一文，首次提出围棋当起源于商末周初时的太行山南端主峰地区，亦即古代淇水的源头地区（今天陵川县棋子山一带）。他认为围棋起源的哲学机理当与商末箕子所从事的天象卜筮活动有着密切关系，棋子山可能是殷商古人观测天象的地方，民间"占方"游戏是围棋的源头。陵川县一带民间流行一种古老棋类，当地人叫作"占方"或"走方"。这种古"占方"即围棋雏形，它具备了"天元""四时""九星"等后世围棋最基本的布局方位。论文提出的山西陵川棋子山是围棋起源地的观点，在国内外引起了轰动，国家邮电部还发行了棋子山邮票。

2007年，在首届"中国·晋城棋子山国际围棋文化节"上，由中国先秦史学会主办的"中国·晋城棋子山围棋发源地论证会"召开。来自海内外的15位知名专家，经过对棋子山的实地考察以及细致的研究论证，认为古文献有"尧造围棋，丹朱善之"之说，尧和丹朱的故地均在晋东南。晋东南地区在中国文明起源和中华古文化生成方面具有非常重要的历史地位，具有孕育棋文化的深厚土壤。陵川一带各种有关围棋文化的民间传说和遗迹遗存等现有资料表明，晋城陵川棋子山一带是中国围棋文化的重要发祥地。

第二章

中原门户　诸侯争战
（春秋战国时期）

■ 概述

春秋战国时期是中国历史上极其重要的时代，井田制的崩溃、封建制的消减变异、周王朝的解体、新兴地主阶级的崛起、国家意识的初萌、思想文化的百家争鸣，其政治、经济和文化思想的影响涵盖后世两千多年。

晋城地区，春秋时属于晋国，战国初期分属韩、魏，赵国也曾一度占有部分土地。战国末期，分属赵、魏，最终归秦。由于战略位置重要，晋城成为诸侯争夺之地。

春秋时期，群雄纷起，诸侯争霸。晋国以晋南为中心，不断开疆拓土，以强大的实力称霸中原。晋城是晋都的屏障，但境内间有以游牧与狩猎为主要经济活动的余戎。晋献公遣太子申生伐赤狄东山皋落氏，于稷桑（今阳城白桑）打败狄人，巩固了后方。在整个春秋时期，晋城战事相对较少，但却是晋国会盟诸侯和扬兵之地。晋灵公十一年（前610），晋国在黄父（即乌岭，今沁水西北）举行了"蒐"（名义上打猎的阅兵式），以显示军力，然后召集各盟国君主到扈地会盟。晋成公五年（前602），晋、鲁、宋、卫、郑、曹等诸侯参加的"黄父会盟"，以强大的军事力量粉碎了秦、楚欲称霸中原的美梦。"黄父会盟"之后,执政大臣赵盾于晋成公六年,又在此举行大规模的军事演习,而后攻打秦国,俘虏了秦国将军赤。晋顷公九年(前517),赵鞅与十国执政者在黄父会盟,商议平定周室之乱。

三家分晋是中国历史上的一件大事。周威烈王二十三年(前403),韩、赵、魏三家趁着田和篡齐,各自割据,国以原封为号,交通于列国,自此成为三个独立的诸侯国。三卿不仅将晋国土地瓜分,还把晋国宗庙迁出国都,将历代晋君灵位置于高都奉祀,并将晋靖公迁往端氏。晋城之名由此而得。

三家分晋,历史进入了战国时代。上党地区亦被韩、赵、魏三国瓜分。韩、赵、魏都在上党地区占有部分土地,这里遂成为三国对峙的前沿,其战略地位也随之提升。据史料可知,韩、赵、魏三国分别在自己所控制的区域设置有上党郡。三国在上党进行了激烈争夺,晋城几无安宁之日。强秦崛起,对上党虎视眈眈。冯亭将上党献于赵,引发了著名的长平之战。长平之战是先秦时期也是中国古代史上规模最大的战役之一,是一场对中国历史走向有着深远影响的战役,它催生了中国历史上第一个中央集权的大帝国。长平之战后,秦国又两拔高都,最终占领了晋城地区。

在激烈的社会动荡中,西周初年实行的井田制逐步消亡,新兴的地主阶级登上历史舞台,周王朝的权威已经不复从前,社会生产力得到解放。春秋战国时期,农业生产力水平提高的重要标志是铁制农具运用到农业生产中。《诗经》《国语》《左传》《管子》《孟子》等先秦典籍都有关于铁的记载。晋城冶炼业历史悠久,从商周时的铜、锡开采冶炼发展到春秋战国时的冶铁,使农业生产出现了质的飞跃。"陆断牛马,水截鸿雁"的阳阿剑,表明晋城冶炼技术之高。"高都布""高字布""端氏布"等有固定价值的金属货币的出现,标志着晋城工商业有了相当的发展,并且涌现出高都、泫氏、端氏、濩泽、光狼(今高平康营村)等一批具有相当规模的城邑。在秦统一之前,魏已在晋城置高都县。

春秋战国时期,晋城的交通得到改善,已成"四达之地"。晋国发兵东南,往往从晋城而下太行。齐桓公三十五年,齐军"涉流沙、上太行"至于"高粱",干涉晋国内政,齐军曾经到达今临汾一带。齐庄公偷袭晋国,也是从晋城而入,封锁了沁河,并一度打到晋国都城之下。赵国南下取端氏,表明当时高平至沁水的道路业已开通。

春秋战国争战时期,也是思想文化活跃时期。孔子周游列国,适晋回车,留下了"孔子回车"的历史传说。《左传》《穀梁传》《墨子》《韩非子》《战国策》《吕氏春秋》等典籍中,都有对晋城相关事件、城邑、道路、物产等方面的记载。

齐庄公袭晋

周灵王二十二年(前550),齐庄公亲自率兵,偷袭中原霸主晋国。这一次偷袭也算成功,突破险关,登上太行,封锁少水(今沁河),并且打到晋国的都城之下。这是春秋时期远距离偷袭的一次典型战例。

这次战役,实际上是齐国为了报复平阴之战而发动的。周灵王十七年(前555),晋平公为巩固中原联盟,维护霸业,亲自领兵出征,率晋、宋、卫、郑、曹、莒、邾、滕、薛、杞、小邾联军,讨伐背弃中原联盟、意欲代晋称霸的齐国。联军在平阴(今山东平阴东北)重创齐军,并且包围了齐都。此时,楚兴兵攻郑,借以救齐。晋平公恐腹背受敌,遂于次年春与诸侯会盟后撤军。

对于这次平阴之战,齐庄公自然耿耿于怀。周灵王二十一年(前551)秋,栾盈自楚至齐,给他带了个报复机会。栾盈的父亲栾黡与范鞅同为晋国公族大夫。栾黡卒后,栾盈为晋下卿。栾氏与范氏积怨很深。范宣子设计杀害、驱逐栾氏之党,栾盈出逃到楚,次年又自楚到齐,想借

白陉古道七十二拐

齐国之力以报其私人的仇恨。双方很快达成交易。齐庄公认为是个图晋的好机会，但其大夫晏婴与崔杼都劝阻。庄公不听，执意按照自己的想法去办。

齐庄公的作战方略是，先让栾盈潜回晋国纠集人马，制造内乱，而后以精锐的部队施行奇袭，内外呼应，速战速决。齐庄公心里清楚，齐晋两国相距遥远，而晋国又有太行、王屋诸山为之屏障，如不采取这种谋略，则很难达到目的。

齐军组成精锐之师，编为六队，分为左、右两路进军。《太平寰宇记》云："齐侯伐晋，为二队，入孟门，登太行。"这里所说的"二队"，实际上是指齐军进军的左、右两条路线。其中右路沿太行山南麓由东而进，从孟门而入。这条道即太行八陉中的第三陉——白陉。它在悬崖峭壁中呈"之"字形盘折而下，地势险要，行走艰难，故古人称之为"雀道"。孟门地处陵川与河南的交界之地，是白陉古道上最险要的一段，为入晋的隘

陵川县白陉古道

道。白陉虽然是出奇兵的地方,但只有精锐之师方可行走,也只有胆略超凡的人才敢做出这样的决策。

齐国大军神不知鬼不觉地上了太行,进入晋城境内。春秋时期,晋国以晋南为中心,不断开疆拓土。属于晋国版图内的晋城,以华夏族为主,但间有从事游牧与狩猎的余戎。晋献公遣世子申生伐赤狄东山皋落氏,于稷桑(今阳城白桑)打败狄人,巩固了后方。晋城与晋都城相邻,四周又有天险相卫,故晋国历代统治者比较放心。晋献公伐巴蜀(今汾阳市一带),把巴蜀主迁到了晋城。晋成公和晋顷公时代,先后在晋城会盟诸侯。在整个春秋时期,晋城战事相对较少。但这次晋国国君和将士做梦都没有想到,齐国竟然轻而易举逾越险关,进入晋国腹地。

齐国两路大军在太行山上会师后,挥兵西进,一直打到少水边上。少水即今沁河,古时的沁河流量很大,水势滔滔,汹涌澎湃,成为晋国都城绛(今山西翼城县)的重要屏障。齐军也自知深入腹地,如临虎口,不敢再轻易冒进,下令将沁河沿河道路全部封锁,大军原地待命,等候内应消息,一有动作,立即渡河,攻击晋国都城。

栾盈潜入栾氏旧封邑曲沃,事情进展得并不顺利。当时晋室的诸卿都很和睦,对栾盈甚为厌恶,只有魏绛的儿子魏舒和他有交谊。栾盈就到魏舒的封邑,说服他与之联合发动叛乱。该年四月,栾盈率其勇士督戎等进袭晋宫。不料此事已事先被当政的士匄、士鞅所知悉,充当前导的魏舒临阵倒戈。栾盈败退曲沃,闭城固守,以待齐兵来援。

齐军虽然偷袭成功,但却驻兵不前,耽误了攻取晋国都城的宝贵时间。迟迟等不到内应的消息,齐军只好冒险出击,围攻绛城。

晋平公正在高台行乐,一点儿都不知齐军已经入境,并且打到了自己的都城之下。见齐军压境,晋平公怒气冲天,立即仓促组织队伍反击。两军于荧庭(今山西省翼城县东南)交战。尽管齐军杀伤晋军甚众,但事先约定好的晋国内应却仍然没有动静,而自己又是孤军涉险冒进,于是火速撤军。返回途中,将朝歌(今河南省淇县)收入囊中。而困守曲沃的栾盈也最终被晋军攻破,栾氏的族党尽遭歼灭。齐伐晋之战,至此亦告结束。

齐庄公的决策,激怒了晋国。晋平公派使臣到齐国,要齐国重器入贺,否则就要兴兵犯齐。齐庄公劳师动众,虽然偷袭成功,但却没有捞到什么好处。经过晋地一行,齐庄公知道瘦了的骆驼比马大,晋国还是一个非常强大的国家,岂有不允之理?

齐庄公兵犯晋国,对己对彼都造成了不良的后果。晋平公不仅对齐国,而且对其他诸侯国也进行了惩罚,通令列国,各要其重宝来朝,失期者问罪。于是,天下诸侯,皆有叛晋之意。但是,这次袭晋,实为春秋时期最大距离的奇袭突击战,对研究春秋战争史很有价值。

孔子回车

晋城地区民间广泛流传着"孔子回车"的故事。相传孔子周游列国时,曾从郑国出发,前往晋国,当孔子路过晋国边境天井关下的一个山村(在今泽州县晋庙铺镇)时,有几个儿童正用石子筑城做游戏,挡住了去路。孔子请求让路,一个叫项橐的儿童以"只有车绕城,而无城让车"的理由,拒绝让路。孔子无以应对,自愧不如,于是拜项橐为师,绕路而行。走到天井关,有松鼠衔着核桃前来行礼。孔子感叹晋国儿童的聪慧,甚至动物都如此知礼,就打消了到晋国去传播礼治的想法,回车南归。

孔子回车的故事在晋城流传了千百年,事由真伪,莫衷一是,有的人确信有其事,有的人认为是子虚乌有。因为在先秦两汉所有与孔子有关的典籍中如《论语》、《孔子家语》(有人疑《家语》为魏晋时王肃之伪作,但王肃必有所本,不可能是空穴来风的编造,很可能司马迁也看过原本的《家语》)、《孟子》、《左传》、《史记》均无一字记载。钱穆写《孔子传》时尚且认为司马迁笔下的孔子有二十五处疑辨"不可考矣",何况孔子回车?但我们仍然愿意记述孔子回车这一故事。因为从事件的本身来看,晋国小儿开的是玩笑,而孔子以玩笑对玩笑,它所彰显的不仅是晋国小儿的机智幽默,更彰显了孔子的文人风度和天真情怀。

孔子回车的真伪,可以从两个方面来考证:一是从孔子年表来看孔子有没有可能到晋国,二是从孔子周游列国的路线来看孔子有没有可能到晋国。

孔子生于鲁襄公二十二年（前551），二十岁以后三十岁以前在季氏家做管理仓廪和牛马的小官，三十岁以后设馆授徒。鲁昭公二十五年（前517），季氏与昭公翻脸，联合郈氏、孟氏与昭公开战，昭公不得已跑到了齐国。这一年三十五岁的孔子也到了齐国，这是孔子第一次离开鲁国。孔子在齐国住了一年，第二年返回鲁国。鲁昭公二十七年，延陵季札公子为子送葬，地点在嬴博。嬴博靠近鲁国，季札

孔子画像

又是贤人，孔子亲自赴嬴博参加了葬礼，这是孔子第二次出国。鲁定公十年，孔子五十二岁，官居司空加大司寇，随同鲁定公与齐景公会见于夹谷。夹谷应当在齐国的地盘上，当时的情况是齐国强而鲁国弱，两国君主不可能在弱国地盘上会见。这是孔子第三次出国。这三次出国都没有离开今山东省境内，当然更不可能来到晋国，所以孔子回车之事不可能发生在孔子五十二岁以前。孔子在大司寇的位置上只坐了三年，因为推行"堕三都"政策半途而废，被迫去职。"堕三都"的目的是为了巩固鲁国国君的政权，削弱鲁国郈、孟、季三家大夫的势力，由于孟氏顶住了"堕城"，其他被堕的两家对孔子怨言甚多，连鲁定公也对孔子产生了怀疑。于是孔子离开鲁国开始了长达十四年的流亡生活。鲁哀公十一年（前484），孔子以六十八岁衰翁之身才回到了故乡。由这个孔子年表可以推定，若果有回车故事，定然发生在孔子周游列国这十四年间。

结合孔子年表，孔子周游列国的路线如下：孔子离开鲁国第一站先到了卫国，闲住了十个月，无所事事，每天在租住的屋子里击磬自娱或到周边走动。其间晋国的佛肸曾经邀请孔子去晋国任职，半途中因晋国

内乱,孔子只好又返回卫国。孔子在卫国见了卫灵公的夫人南子以后,终于有了职务,每年的柴薪待遇为俸粟六万,与孔子在鲁国的待遇一样。六十岁那年,孔子离开卫国到了曹国,又到了宋国。宋国司马桓魋欲加害孔子,孔子逃到了陈国。孔子在陈国当了三年官,吴国发兵攻陈,孔子可能在此前后离开陈国到了蔡国,此后又经陈国返回卫国。卫出公素慕孔子文章道德,孔子又一次留在卫国做官四年。鲁哀公十一年(前484)孔子回到鲁国,四年而终。从孔子周游列国的路线来看,孔子到晋国的机会只有一个,就是晋国的佛肸邀请孔子赴晋的那一次,其余的曹、宋、陈、蔡诸国与晋国不搭界。卫国与晋国有共同边界,孔子在卫国闲住的那十个月里,曾经到过匡、蒲等地,匡、蒲为晋、卫边界,孔子在晋、卫边界周游,难保不一时兴起就来到如今的晋城。还有就是据说晋国大夫赵简子曾经邀请孔子赴晋。至于孔子为什么终于没有到晋国,历史上说法不一。《史记》中说,孔子本来已经准备入晋,走到半路上听到晋国的两位贤人窦犨、舜华被杀了,非常伤心,说君子最忌讳伤害同类,连鸟兽都懂得躲避,何况我孔子呢?如果这是孔子"回车"不欲去晋的原因,就

天井关孔子回车碑

与流传的孔子回车的故事大相径庭了。从逻辑上说，孔子不可能为了晋国儿童的一个玩笑就放弃了晋国之行。那么《史记》的说法是否正确呢？先说窦犨、舜华一事，这两个人的贤名让孔子都尊敬，看来不是一般人，但除了《史记》，任何先秦古籍上都查不到窦犨、舜华的名字。钱穆在《孔子传》中说："此二人绝不闻有才德贤行之称见于他书，孔子何为闻其见杀而临河遽返？疑此事实不可信。"在当时的晋国，六卿坐大，国势式微。赵简子虎视眈眈，欲兼并范氏、中行氏；范氏佛肸战战兢兢，依靠齐、郑自保。势同水火的两个人都邀请孔子赴晋，这对孔子来说不啻是一道难题。在孔子的理念中，君君臣臣才合乎周礼。赵简子和佛肸都有不臣之心，孔子到晋国的目的原本是想宣仁复礼，恢复晋国原有的秩序。现在看来难以实现，孔子更不愿意卷入晋国的内战，回车之事便是情理中的事情了。

所以，综上所述，孔子回车故事是有可能发生的。时间地点之可能，在孔子闲居卫国的那十个月里，他的确曾经到过卫、晋边界；事由之可能，是因为晋国两位重量级人物的邀请和孔子有到晋国恢复周礼的心愿。到底有没有发生，谁也不知道。至于儿童拦车之事，就更无法考证了。虽然《战国策》、《孔子项橐相问书》等都载有孔子适晋、遇神童项橐拦车而回车的故事，但现在流传的孔子回车的故事应当是晋人的版本，以此说明晋地的人文风尚崇高，用不着孔子来指点迷津。妙的是，这个故事在夸赞晋国小儿的同时并没有贬低孔子，看似孔子无话可说，惆怅而返，其实更能体现孔子的心胸大度与天真情怀。孔子知道与他谈话的是总角小儿，孔子以儿童心理与晋国儿童周旋，宁可看作是忘年间的一场游戏。东汉建宁二年（169），孔子二十代孙、孔庙七子之一的洛阳令孔昱，在今泽州县晋庙铺镇天井关村创建了孔庙。明万历年间，泽州知府冯瑷在天井关村立了一通"孔子回车之辙"的石碑。冯瑷是进士出身，属于孔孟门生，若觉得这个故事对孔子有所不敬，借他十个胆，他也不敢立此碑。

莒山蔺相如墓与祠

莒山是一座历史名山,山上建有蔺相如祠和墓。

蔺相如(前329—前259),战国时名相。司马迁《史记》载:"蔺相如者,赵人也。"清《山西通志》载:"蔺相如,泽州人,战国时仕赵。"《耆老传》中说得更具体:"蔺为莒山村人。"《泽州府志·人物志》把蔺相如排在了凤台县的第一位。

蔺相如是从平民中走出来的英雄。他出身卑微,时到中年也不过是宦官缪贤的一个门客。赵惠文王时,因和氏璧之故,缪贤把蔺相如推荐给了赵王。自此,蔺相如走上了政治舞台,演出了一场场威武壮观的活剧,成了千百年来人民喜欢的英雄。"渑池会""将相和"等故事至今在民间广为流传。

蔺相如最让人称道的莫过于他那忧国忧民的精神和大义凛然的气概。他独身闯入虎穴,机智、勇敢地与强大的敌人进行了坚决的斗争,保护了国家利益,使国家至宝和氏璧安然无损地回到了赵国。在渑池会上,蔺相如针锋相对,寸步不让,宁愿颈血溅地,也要保护国家的利益不受损失,自己的君王不受侮辱,真是惊天地,泣鬼神!

蔺相如又是一个能够从大局出发、胸怀坦荡的人。当他被赵王任用为上卿、位居廉颇之上时,廉颇很不服气,扬言要当面侮辱他。而深明大义的蔺相如,深知两虎相斗,必有一伤,强秦一定会乘虚而入,于是处处忍让,主动与廉颇和好。他这种以国家危难为先、私人恩怨为后的胸怀终于感化了廉颇,两人成为刎颈之交。在他为相期间,正由于和廉颇、赵奢将相和睦,使秦国不敢轻举妄动。

晋城人对蔺相如的崇拜,几乎到了狂热的地步,尤其是莒山周围的百姓,表现得更为淋漓尽致。莒山这座外形并不出众的山,由于蔺相如之故,成为历史名山。

莒山的最北面，高高矗立着蔺相如祠。祠的后墙坐落在今泽州县与高平市的分界线上。旧有传闻曰："天下有一庙，庙有两县大。前坡压晋城，后坡压高平。"前墙坐在山上，后墙则从山后的半山腰修起，有数十米之高。据史书中的描述和老人们的回忆，昔日的蔺相如祠非常壮观，三道大门，百余间房屋，雕梁画栋，金碧辉煌，蔺相如像塑在中央大殿中。抗日战争中此祠被日军毁坏，祠的根基和石碑后来又被山下修工厂时运走，只有残存的石碑、神龟、柱础等遗物。改革开放后，在各方的支持下，终于又修起了蔺相如祠。如今，莒山已是郁郁葱葱，浓荫蔽日，俨然成了旅游休闲的好去处。

祠东南方三四十米处，坐落着蔺相如墓。墓周长有20多米，高3米。墓前竖着一块高约2.5米的墓碑。碑身正文镌刻着"有周赵国上卿蔺大夫之墓"11个大字。碑首由二龙戏珠图拥簇的"奉旨重修"篆额分外醒目。既然是重修，表明原来就有墓，只不过墓地因年久毁坏。碑文由帝师曹秀先之兄、时任凤台县令的曹茂先撰写。

当地人世世代代祭祀蔺相如，并演变成为庙会。相传蔺相如出生于正月初二，逝世于三月十八日。因此每年春天农历三月十八桃花盛开之际，正是莒山庙会之日，四社十八村的社首村长首先要向蔺公敬香四拜，名曰"一拜正气堂堂，二拜忠肝烈烈，三拜相度休休，四拜神灵赫赫"。然后，才开始其他活动。庙宇完好时，远至河南、河北，近至周围数

泽州莒山蔺相如祠正殿

县，人们都要到此进香、游山、贸易、看戏。祠毁之后，会址改到了山下的东张村，但仍叫莒山会，晋城、高平两县群众仍来赶会，除了看戏买东西之外，还要上山祭拜蔺相如，即使在"文化大革命"期间也未曾中断。1994年重新修复祠庙之后，会址又搬上了莒山。可见，一代名相，千古人杰，在人们心目中的地位有多么高！清代泽州知府朱樟咏诗一首："一失连城间道行，前川明月接蒲津。毋劳血溅已归赵，不待鸡鸣早脱秦。瑶草暗迷完璧路，好山犹对负荆人。丛堂灯火邯郸瑟，不及兹乡祷祀频。"诗中也描述了祭祀的盛况。

影响中国历史走向的重大战役——长平之战

秦赵两国先后出动百万兵力的长平之战，是先秦时期也是中国古代史上规模最大、死亡人数最多的战争，也是世界战争史上一次惨烈的战役。这次战争对中国历史走向有着深远影响，催生了中国历史上第一个高度集权的大帝国。

这次战争，是秦国以冯亭献上党于赵为借口而发动的。

雄心勃勃的秦昭王为了一统天下，根据丞相范雎"远交近攻"的战略构想，一边跟齐国、楚国交好，一边攻打临近的小国。于公元前261年攻克野王（今河南沁阳），将韩国拦腰截为两段。消息传来，韩国朝廷上下一片惊恐，慌忙遣使入秦，以献上党郡向秦求和。然而，韩国的上党太守冯亭却不愿献地入秦，而是做出了献上党之地于赵的选择。他的用意当然清楚：转移秦军锋芒，促成赵、韩携手，联合抵御秦国。

赵孝成王接受平原君赵胜的建议，欣然受地，将上党郡并入自己的版图。他派遣平原君赵胜为全权特使，前来接管上党，并赏赐全郡官吏百姓。同时派老将廉颇率兵驻守，以防止秦军出兵进攻赵国本土。赵国的这一举动，无异于虎口夺食。秦昭王非常愤怒，于公元前262年命令秦军一部进攻韩国缑氏（今河南偃师西南），直趋荥阳，威慑韩国，同时

长平古战场大粮山

命令左庶长王龁率领大军扑向赵国,攻打上党。

当然,这只不过是秦国出兵的一个借口,秦赵之间必有一场决战。自从商鞅变法之后,秦国的经济实力和军事实力空前增强。到秦昭王时,秦国已成为首屈一指的超级军事强国。而纵观中原诸国,魏国已经元气大伤,齐国衰势明显,韩国唯求自保,楚国内乱不止,燕国偏处北方,唯一可与强秦周旋的只剩下一个赵国了。《战国策》中记载着当时人们的评价:"当今之时,山东之诸国,莫如赵强。赵地方二千里,带甲数十万,车千乘,骑万匹,粟支十年。"秦昭王非常清楚,要实现一统天下的愿望,必须首先砍掉赵国这棵粗树,扫清东进道路上的这一最大军事障碍。于是趁此机会发动了长平之战。

长平之战前期,双方打得都很艰苦,属于战略相持阶段。

秦军长驱东进,赵国只好兴师应战,以廉颇为帅,率领重兵进行抵抗。

廉颇(约前310—前237),嬴姓,廉氏,名颇,山西太原人。战国末期赵国的名将,以勇猛果敢而闻名于诸侯各国,与白起、王翦、李牧并称"战国四大名将"。

长平之战前期,面对攻势凶猛的秦军,沉稳持重的廉颇巧妙地避其锋芒,采取高筑营垒、固守不出的战术,消磨对方的斗志。

周赧王五十三年(前262)春夏间,廉颇从邯郸兵发上党,立即选择

大粮山廉颇塑像

了进驻长平。无论是秦军要夺取上党,还是要征伐邯郸,这里都是必经的战略要地。赵军以空仓岭为中心,北至发鸠山,南至吾圣山,构建了长约40公里的防线。气势正盛的秦军进行突击,赵空仓岭守军招架不住。秦军步步进逼,于是年七月完全占领了西垒壁。这些失利,主要原因是秦军准备充分,而赵军却是仓促应敌,并非双方实力的真实体现。

老谋深算的廉颇非常清楚秦军的作战方略:他们不以攻城略地为目标,而是以消灭对方的有生力量为重点;持久对峙不是他们的战术,速战速决方是他们的特长。老将军针锋相对,并没有展开争夺,而是马上退守到第二条防线。廉颇在空仓岭附近阻敌只为争取时间,又在丹河东岸,以大粮山、营防岭为中心,北到丹朱岭,南到高平、晋城交界处构筑了第二条防线。丹河当年谷深流急,是难以飞越的天险。同时,为确保后路和邯郸大本营安全,在丹朱岭—羊头山—马鞍壑一线因山走势,构筑了长达百里的简易石长城作为第三条防线。

防线构筑好之后,赵军固守有利地形,以丹河为依托,不管秦军如何挑战都不再出击。《史记·白起列传》载:"廉颇坚壁以待秦,秦数挑战,赵兵不出。"他的计划是要"坚壁高垒以老秦师",待远道而来的敌军疲惫不堪、粮草不继后一鼓作气战而胜之。赵军固守阵脚,以不变应万变,做好了打持久战的准备。

秦军的营垒设在高平的西面,与赵军形成东西对峙状态。两军的营垒分布在南北25公里、东西10公里的范围内。实力雄厚的秦军不断前来挑战,而赵军坚守不出,决不与之正面交锋。急于决战的王龁一筹莫展,始终不能跨越丹河一步。不出老将军廉颇所料,秦军在赵军坚固的防线面前,果然攻势锐减,士气低落,只得停止了进攻。至此,战争进入不分胜负的胶着阶段。这种僵持状态整整持续了3年,秦军始终未能前进一步。

长平之战的僵局被打破,是从两军分别易帅开始的。

秦昭王十分清楚,双方的胶着状态再拖下去,明显对己不利,于是给主持朝政的范雎下达了死任务:不惜一切手段逼迫赵军出垒迎战!范雎在认真分析了前线战况和赵国国情之后,决定施用反间计。他派遣多名间谍携带重金珠宝秘密潜入赵都邯郸,四处散布谣言,说廉颇年老怯战,已失去了昔日的锐气,生怕与秦军决战失败,损折了自己一世英名;说秦军根本不怕廉颇,最怕熟谙兵法的赵括为帅。并用重金贿赂赵王左右侍臣,让他们经常在赵王耳边吹风。赵王果然中计,决定起用赵括代替廉颇。

赵括(?—前260),赵国名将马服君赵奢的儿子,聪明绝顶,口才极好,少时即学排兵布阵之术,谈起行军打仗之事头头是道。但赵奢却认定,赵括不是一块领兵打仗的好料。他对妻子说:"打仗乃生死之战,而括只会夸夸其谈,视战争为儿戏,本就犯了兵家大忌。如果赵国以后不用他则罢,若是委以重任,葬赵军者必是赵括。"真是知子莫如父。然而,赵国的君臣十分迷信和推崇赵奢的战绩与威名,总认为虎父无犬子,把赵括当作赵奢的化身。同时听说秦军畏惧赵括,便任命浪得虚名的赵括出任三军统帅。

秦国竭尽全力让赵括出山,就是因为范雎

长平军釜

赵军阴符

赵括黄钺

赵王仪戈

赵军信号箭

赵国兵器

对赵国国内的情形摸得一清二楚,知道赵括是个只会纸上谈兵的空头理论家。听说赵王要任命赵括为三军统帅,赵括的母亲立即入朝劝阻。卧病在床的蔺相如也派人入宫晋见赵王,转达自己的意见。但赵孝成王一意孤行,还是命赵括为上将军。

秦昭王得到前线敌军换帅的消息后,心中大喜:"天助寡人也!"立即委任威震东方的白起为上将军,秘密赶赴上党,以王龁为副将,并严令全军将士:"有敢泄武安君将者,斩!"

白起(?—前257),郿(今陕西宝鸡眉县)人,楚太子建之子白公胜之后。故又称公孙起,号称"人屠"。

在长平之战中,白起虚虚实实,实实虚虚,巧妙地与赵括周旋,诱使赵军一步一步踏入自己设下的圈套,使战局的发展按照自己所预定的方向进行。

"调虎离山,诱敌深入",是白起所走的第一步棋。久经沙场的白起,深知要想获胜,必须把赵军主力调出营垒。他将秦军骑兵安排在老马岭西侧的马邑一带,并将后续部队安排在屯城、武安进行整训,不让赵军察觉秦军的真实兵力。同时,主帅仍打王龁旗号,不让对方知道自己的行踪。为了迷惑赵军,令士兵虚设粮仓,并四处散布谣言:秦军的大批粮草已经运到前线,足够士兵一年之需。双方将士都清楚,秦军数十万人身居远离秦国本土的上党,解决后勤供应问题已成为头等大事。从陕西到上党,路途遥远,道路艰险,尽管秦昭王下令保证粮草供应,运输车辆、马匹源源不断开往前线,但仍然不能从根本上解决问题。所以秦军打不起消耗战,只能速战速决。

接管了赵军指挥大权的赵括果然上当,认为秦军已经改变了策略,要像赵军过去那样,准备打持久战了。这是他不愿意看到的局面。于是赵括加快了备战的

长平之战遗址出土兵器

步伐,一心想尽快出击,淋漓尽致地打一场以快制快、以硬碰硬的战争。况且,他这时还不知道秦军已经易帅,新帅是他最惧怕的武安君白起。

赵括立即全盘变动了廉颇的作战计划,决定拆除防御工事,实施全面出击,在平坦的大川与秦军决战。赵军离开大山与秦军较量,正是秦

军渴望已久的事情。秦军速战速决的战术只有在广阔的平川上才能得到淋漓尽致的发挥。赵军以山为阻,以险为防,方得以转危为安,扭转不利的战局,如今弃长扬短,无疑是自投罗网。赵括率赵军主力部队,离开原来廉颇坚守了3年的防线,沿着东线迂回到高平西北的开阔地带扎营,一下拉近了同秦军的距离,完全暴露在敌人的眼皮底下。

"坚守长壁,耗敌实力",是白起所走的第二步棋。调虎离山之后,沉稳的白起很快摸清了赵军的动向,但他并没有全面出击,而是要以歼灭敌军有生力量为主,逐步消耗敌方实力。

赵孝成王六年八月,异想天开的赵括统率赵军主力,主动向秦军发起了大规模的攻击。白起让王龁率领原先的第一线部队为诱敌部队,只作象征性抵抗,等待赵军出击后,即向预设主阵地长壁方面撤退。两军稍事交锋,秦军的诱敌部队即佯败后撤。赵括不问虚实,立即率军追击。而秦军的主力全部进入预设阵地——长壁,当赵军攻来时,以箭弩射击。据出土的兵器分析,当时秦军配备了远程连发弩机,射程在600步左右,杀伤力很大,是当时最先进的武器装备之一。秦军居高临下,打退了赵军的一次次进攻。与此同时,白起又下令突击部队趁敌休息时间,不断出击赵军。

"偷袭粮仓,截断粮道",秦军战略进入第三阶段。一等赵军出动,白起立即派精锐部队偷袭了赵军粮仓基地。

这支精兵迅速地插到了赵军后方,烧毁敌军大车、粮草,并占领了赵军粮仓基地。赵军粮仓基地一说在伯方,一说在大粮山。大粮山原是赵军的大本营,廉颇把大粮山作为幕府,同时也作为重要的粮仓。赵括进入大川后,自然也需另设粮仓,数十万人马当然不会是一处粮仓。但这次袭击的,起码是赵军的主要粮仓。断其粮草,给了赵军致命性

长平古剑

的打击,致使赵军"绝粮四十六日,阴相杀食"引起内乱,也迫使赵括与秦决战。接着,白起又派出骑兵攻占秦岭,彻底断绝赵国的运粮之道,使赵军败在粮食保障机制上。头脑膨胀的赵括,尽管谈起兵法头头是道,但遇到千变万化的战场形势,却不知如何正确应对。就连自己的生命线,都未作重点保护。

"骑兵穿插,断绝退路",秦军开始了第四步战略行动。富有卓识的白起,显然已经意识到了骑兵在日后激战中的作用。秦军骑兵穿梭包围,截道打援,对战争的胜利起到了至关重要的作用。这支装备精良的机动部队,有很强的战斗力,哪里最需要,就驰奔到哪里。

在大战开始后,白起立即把骑兵调入前线,动用骑兵2.5万人埋伏在两边侧翼。待赵军出击后,骑兵及时穿插到赵军进攻部队的侧后,抢占了韩王山赵军的后方,截断了出击赵军与其营垒之间的联系。赵括长壁受阻,想要退兵,但为时已晚。骑兵切断赵军的退路,协同主阵地长壁上的秦军主力,完成对出击赵军的包围。

长平战车遗物

秦昭王听到赵军业已被包围的消息,便亲赴河内(今河南沁阳),把当地15岁以上的男丁全部编组成军,全力增援长平战场。这支部队开进到长平以北的今丹朱岭及其以东一带高地,进一步断绝了赵国的援军和后勤补给,从而确保了白起彻底地歼灭被围的赵军。

"全军出击,分割围歼",是秦军实施的第五步也是最终的围歼战略。不知不觉中,赵军陷入了白起撒下的网中,双方的正面决战终于开始了。

数十万赵军倾巢出动,滚滚涌向秦垒。白起令左、右两军迂回包抄,自己亲率大军正面突击,使赵军全部陷入了今县城以北、韩王山以西、丹朱岭以南、釜山地夺掌以东地区,南北25公里、东西10公里的大杨谷里。在形成大的包围圈之后,白起又让精锐部队勇猛穿插,冲乱敌军的阵列,然后再分片小股包围。赵军左冲右突,到处碰壁。白起很快将数十万赵军分割包围,使其成了瓮中之鳖。在秦军铁桶似的包围之中,赵括欲退不得,欲进不能,合兵一处更无希望,只好静下心来,下令全军停止行动,就地筑起土垒,等待援军。

长平战场尸骨坑

赵军被围的消息迅速传到了秦赵两国,一方手舞足蹈,一方愁云惨雾。秦国立即增派人马,专打赵国的援军。赵国派兵相救,无奈兵力不足,又遭到秦军的拦阻。赵国面临的最大困难就是粮草不济。屯粮

高平骷髅庙

重地被秦军占领,国内粮草供应不足,齐国又不肯相助,况且即使有粮,又怎么能够越过秦军的层层拦截,运到前线将士的手中呢?

赵军困在包围圈中,已经无粮可食,只得宰杀战马、挖掘草根充饥,连包围圈中的树木都被一根根吃掉。到了最后,只好杀人相食。秦军采取了围而不打的策略。白起清楚,如果此时展开肉搏战,赵军困兽犹斗,战斗力仍然不容小觑。46天过去了。赵括在内无粮草、外无援兵的情况下,只得垂死一拼。他把全军分成四路,轮番冲杀,企图打开一条血路突围而逃。白起下达了命令:不能让一人逃走!尽管秦军在赵军猛烈的反击面前损失了不少人马,但始终未让赵军逃走一兵一卒。绝望中的赵括,亲自挑选了几万名精兵,进行最后一次攻击。冲在最前面的赵括被乱箭射死,几万名突围将士也被打得落花流水,"欲入地兮无处窜,欲仰天兮无处逃"(敦煌本《秦将赋》)。白起见时机成熟,命人将赵括的首级悬挂于高竿之上,组织将士向赵兵发起了攻心战,劝说他们缴械投降,秦国定会给他们优厚的待遇。处于极度饥饿状态中的赵军士兵,见主帅已死,顿时军心涣散,斗志全无,纷纷抛戈投降。

秦赵古币

围歼战结束后,白起做出了一个令人震惊的决定:对于40万降卒,除放走240名年龄小的回国报信外,全部坑杀。敦煌本《秦将赋》写坑卒的惨状:"一半死,一半在,旋斩旋填深坑底。兄以弟,父以子,两两相看被煞死。满谷只闻刀剑鸣,众山遥遥觉血气。人已死,刀复缺,毒蛇猛兽争相啮。三年五载肉仍残,千岩万壑皆流血。"

秦赵两国先后出动百万兵力的长平之战,就这样落下了帷幕。在长平之战古战场,无论是过去,还是现在,常有戈、矛、箭头等文物出土。1995年5月,在永录村发现了一处尸骨坑,此坑就在将军岭下,出土了大量尸骨以及刀币、布币、"半两"钱、箭头、带钩等文物,为研究长平之战提供了重要实物资料。长平之战在晋城留下的相关地名就达百余个。如马邑屯(今马邑村)、武安寨(今武安村)、安贞寨、白起台、空仓山、弃甲苑(今企甲苑)、三军、围城、省冤谷等,都与长平之战联系在一起。古往今来,咏长平之战的诗词文赋数不胜数,许多文人墨客亲自到长平古战场吊古。唐代诗人胡曾《长平》诗曰:"长平瓦震武安初,赵卒俄成戏鼎鱼。四十万人俱下世,元戎何用读兵书!"唐代李贺、大愚公等,宋代司马光、鲁交、孙冲、朱正辞、杜衍等,金代梁镗、周昂、萧贡等,明代刘基、高启、陶凯、李梦阳、何景明、常伦、李攀龙、李雪山、郭新、陈均撰、于达真、萧启、吕纯如、郑旻、卜汝梁等,清代王士祯、王士禄、查慎行、周京、朱樟等,都曾在长平留下诗作,丰富了晋城的历史文化。

蒙骜拔高都

秦将蒙骜拔高都,是战国时期继长平之战后,晋城发生的又一重大历史事件。古高都城(今泽州县高都镇)是座历史名城,正因为有名,所以成为多灾多难之地。每逢战乱,兵家必争,人民几经屠戮,城池屡遭焚毁。从有文字记载的历史开始,蒙骜是第一个屠城之人。

蒙骜(? —前240),原为齐人,后投秦,官至上卿。他是秦国继白起之后的又一著名大将。从公元前249年到前240年,他驰骋沙场,为秦国夺取了韩、魏、赵70座城池,成为秦国的顶梁之柱。

战国末期的秦国君主庄襄王即位后,有足智多谋的吕不韦为相,又得蒙骜这员猛将,一心想将六国土地纳入秦国版图,完成先人未竟的事业,于是即位不久便趁魏信陵君无忌失势之机,大动干戈,向韩、赵、魏发动攻势。庄襄王元年(前249),令蒙骜伐韩,迫使韩国把成皋、巩县献给秦国。秦初置三川郡。这样秦界已经靠近大梁,对魏国形成了巨大威胁。但是,秦军并没有直接进攻大梁,而是挥兵北上攻赵。秦国很善于拣软柿子捏。经过长平之战,赵国元气尽丧,绝非秦国对手。次年,蒙骜果然顺利夺取赵国重镇太原。秦庄襄王三年,秦军继续发动攻势,蒙骜取榆次等37城,初置太原郡。就在这次攻赵中,秦国将魏国的高都纳入囊中。司马迁《史记·秦本纪》载:秦庄襄王"三年,蒙骜攻魏高都、汲,拔之。攻赵榆次、新城、狼孟,取三十七城"。如果按司马迁所叙顺序来看,应是先攻下魏国高都,再向北进军赵地的。

高都亦称垂都。这次攻占高都,史籍中有"拔高都"之记,亦有"焚垂都"之说。《读史方舆纪要》云:"蒙骜拔魏高都。"清《凤台县志》云:"《战国策》'秦焚垂都',即高都也。"一个"焚"字,表明高都当时面临的是毁城、屠城之灾。

如果从秦国当时的军事行动来看,这一举动极有可能。就在蒙骜攻魏高都时,秦国又派另一大将攻上党。《史记·秦本纪》载:"四月日食,王龁攻上党。"上党已被秦占,为何又要攻上党?《正义》注:"上党又反秦,故攻之。"上党之民反秦向来激烈,他们久居晋地,不管韩、魏、赵谁占,也并无大的怨愤,但让远在戎狄之地的秦国来统治,自然怨声载道。尤其是在长平之战中,投降的40万赵兵被白起活活坑死,更激起上党之民的愤恨。高平有一种历史久远的传统小吃叫烧豆腐,相传就是长平之战结束后,谷口村发明了烧豆腐,意即"烧白起"。从中可知人们对秦军的痛恨心理。当初,秦军主力撤走后,上党之民又揭竿而起,进行抗秦斗争。故秦国又派王龁攻上党。高都当时虽然属于魏地,但反秦情绪同上党其他城邑一样激烈,否则不会被蒙骜焚城。

蒙骜攻魏高都、汲郡,给当地人民带来了莫大伤害,日后对秦也造成了巨大损失。

秦军势如破竹的攻势,引起了魏国的恐慌。魏国重新起用寓居在赵国的信陵君无忌,授以上将军。信陵君是战国时期魏国著名的军事家、政治家。他火速派使者向各国求援,率燕、赵、韩、楚、魏联军西向攻秦,一直攻至函谷关(今河南灵宝北),收复关东失地。蒙骜率领残军,狼狈逃回秦国,气得秦王口鼻生烟,怒火攻心,没有几天便一命呜呼。年仅13岁的太子政登上了王位,由文信侯吕不韦理政。

经过此次大战,秦国深知信陵君的厉害。为了除掉这个绊脚石,秦国又施用了反间计,使魏王解除了信陵君的兵权。此后,秦国又出兵中原,蒙骜第二次拔高都,上党之地尽归强秦。

第三章

三省通衢　两郡分属
（秦汉三国时期）

■ **概述**

秦汉魏晋，时间跨度六百余年。中国经历了统一、分裂、再统一的历史阵痛。中央集权郡县制国家的确立，是这个时代的最重要的政治成果。多民族的融合，是这个时代最显著的特点。儒家思想权威地位的确定、佛教的传播和道教的兴起，是这个时代留给后世最有影响的文化遗产。

秦汉魏晋时期，晋城的建置是：秦初在晋城置高都县和濩泽县，分属上党郡和河东郡。汉代，于境内置5县，分属两郡；端氏、濩泽属河东郡，高都、泫氏、阳阿属上党郡。东汉，濩泽县改为濩泽侯国，阳阿县改为阳阿侯国，其余县建置不变。三国时期属魏，濩泽侯国、阳阿侯国复改为县。5县建置、分属与西汉同。西晋时，废阳阿县，濩泽、端氏属司州平阳郡，高都、泫氏属并州上党郡。

公元前221年，秦国实现了全国统一，建立了我国历史上第一个中央集权的郡县制国家。秦始皇废分封，立郡县，统一文字、车轨、货币、度量衡，以及移民实边、兴建驰道等措施，对社会生产力的发展是有促进作用的。当时，山西的河东、太原、上党三郡的经济开发领先于全国其他地区。秦始皇在第三次大举巡游时，途经上党,表明这里的交通大为改观。

西汉代秦,实行"休养生息"的经济政策,到文帝、景帝时出现了社会经济的繁荣景象。位于"天下之中"的"三河",是黄河流域最为发达的农业区。晋城地处"三河"之交,属于富足之地。在汉高帝、汉武帝、汉哀帝时,先后在此封侯,东周遗臣卞诉、郎骑将其石、大将军卫青、刘氏宗室刘忠、大司空彭宣等,食邑于晋城,对当地的发展产生了一定影响。西汉末期动乱时,刘秀控中原,争天下,力挽狂澜。他在太行山围剿铜马军,在天井关组织了三次攻守之战。经过短暂的战乱,很快恢复了正常的秩序。"明章之治"时,汉明帝刘庄、汉章帝刘炟巡幸晋城,可见朝廷对这里的重视。

东汉末年,天下大乱。晋城处于曹魏控制的核心区域,相对平定。高干叛曹时,曹操令杜畿、马腾赴晋城击败高干联军。为彻底解决高干问题,他还亲自北上太行,留下《苦寒行》诗作。司马氏为夺天下,对晋城分外重视。司马懿开拓沁河栈道,留下司马懿藏兵洞和石门魏碑等遗迹。司马昭为应"当涂高"图谶,以高都为封地。司马炎以晋代魏,司马山以司马氏而名,在晋城建有晋祠与晋庙。

秦汉魏晋,相对来说乱少定多,有利于社会生产力的发展。两汉是历史上兴修水利工程最多和扩大灌溉面积最广的时代。后汉安帝曾诏令当时比较富裕的"三辅、河内、河东、上党"等地通利水渠,"以溉公私田畴"。汉明帝刘庄到山东巡察水利建设时,又到上党地区进行了巡视。桑与麦已成晋城当地重要的农作物。西汉开辟"丝绸之路"时,晋城丝绸就走向了西域,迈出了国门。晋城矿产资源十分丰富,这是手工冶炼业的基本前提。《史记·货殖列传》载:"汉兴,海内为一,开关梁,弛山泽之禁,是以富商大贾,周流天下,交易之物莫不通,得其所欲。"当时比较赢利的行业就是盐、铁等矿产行业。铁业的兴盛、铸造技术的先进,使晋城的铁制农具长盛不衰,涌现出西沟犁铧等著名产品。在中国农业发展史上,晋城的铁制农具占有不可忽视的地位。

这一时期的晋城历史人物,首推王叔和。由于他把切脉、症状、治疗有机地结合起来,才使脉学成为中医诊断疾病的一门科学。其《脉经》是中国古代脉学理论的集大成之作,在我国医学史上是个创举,也是对世界医学的贡献。

需要说明的是,晋城从秦汉到魏晋,不是一个独立的行政区域,故一些史实都分别载入河东郡和上党郡中,令今人很难分辨,增加了史料搜集的难度。

秦始皇东巡与晋城交通

公元前218年,中国历史上号称"千古一帝"的秦始皇,在随行文武官员的拥簇和强大卫队的严密保护之下,风尘仆仆来到了上党。

秦始皇嬴政(前259—前210),秦庄襄王之子,出生于赵国首都邯郸。中国历史上第一个完成华夏大一统的铁腕政治人物,也是第一个称皇帝的君主。他所建立的秦帝国以及专制主义中央集权制度,对中国和世界历史产生了深远影响,奠定了中国两千余年政治制度的基本格局。

新王朝的建立工作基本完成之后,秦始皇再要做的事情,就是对天下进行巡狩视察了。秦始皇是在他第三次大举巡游,从东海转而到恒山,再由恒山返回咸阳(今渭南)时来到晋城地区的。《史记·秦始皇本纪》载:"二十九年,始皇东游,至阳武博狼沙中,为盗所惊。求弗得,乃令天下大索十日。登之罘,刻石……旋,遂之琅邪,道上党入。"

秦始皇这次巡游,时日不长,因为发生了一件不愉快的事情:途中遇到了刺客。这是一次有预谋的行刺,而主谋则是后来成为刘邦军师的张良。秦始皇虽然乘坐的是副车,侥幸逃过一劫,但也确实吃了一惊。博浪沙事件后,秦始皇继续东巡,目的地是上年巡视过的之罘与琅邪,在归途中看了晋冀交界处的恒山,然后沿漳水河谷进了上党,来到晋城。这是一条从河北到咸阳的捷径。

秦始皇出巡的队伍浩浩荡荡,没有便利的交通条件是不会来晋城的。

秦始皇画像

在秦统一之前,晋城的交通已形成了十字形的干线道路框架。

南北走向的太行驿道,是山西通往中州的两条干线道路之一。从太原经魏榆(今榆次)循浊漳水西岸的太谷到铜鞮(今沁县南)、留吁(今屯留)、铎辰(今高平)、高都(今泽州)、野王(今沁阳)再渡黄河到洛阳,成为贯穿晋豫的战略要道,古时称为"太行之道"。早在夏商和西周时,太行驿道就成为联系晋豫的交通要道。周王朝建立之后,为了加强对几百个诸侯国的统治,规定了朝贡觐见与相互援助的制度,十分重视道路的修筑与维护。《诗经·小雅·大东》载"周道如砥,其直如矢",虽然有些夸张,但也反映了当时的交通已得到进一步改观。张守节《正义》云:"言秦兵渡河,历南阳、八羊肠,经泽潞,渡漳水",就是上述路线。"八羊肠"指的就是天井关一带的羊肠坂,古有108盘,又称为百八盘谷、百八羊肠,还有人简称为八羊肠。秦兵多次从天井关而上,攻掠上党,讨伐晋中。秦国挺进中原时,这条路成为战争最频繁、军运最繁忙的道路。

东西走向的驿道,从陵川经高都、濩泽、沁水,然后西行到侯马一

太行山峡谷

带,由蒲津渡黄河返咸阳。这条道路的历史非常悠久,早在尧舜时期,就成为上党与尧都、舜都联系的通道。大禹治水,从晋南出发,到达析城、底柱,又到太行,走的应该就是这条道路。禹治水先行开道,随山刊木,洪水治理了,道路也开辟了。至少在大禹时这条路已经开通。夏朝建都安邑(今夏县),这条路成为东出的贡道。西周穆天子巡幸濩泽,这条路也是必经之道。长平之战时,秦军出兵和粮草供应走的就是这条道路。

晋城的道路,由于境内山大坡陡,拓宽、取直不易,故修建的难度很大,古代以艰险而名。但到秦汉时,这两条骨干道路都有较大改观。

秦始皇统一全国后第二年(前220),便下令"治驰道",即开始修建以首都咸阳为中心、通向全国各地的驰道网。《汉书·贾山传》载:"为驰道于天下,东穷齐、燕,南极吴、楚,江湖之上,濒海之观,毕至。"可见驰道修筑的范围很广,尤其是秦始皇出巡的地方。现代的学者也这样认为,"驰道的修建不止一条路线,大约凡是秦始皇出巡全国各地时经过的地方,大都有驰道的修筑"。①秦始皇自称皇帝的第二年起,到他死的十年里,曾先后进行了五次大规模的巡狩。刘杰在《中国古代道路》中说:"秦始皇巡行的大致路线,西至陇西,东达海滨,东南至江、浙、福建,南面至衡山,北至上党、碣石。其所到之处,必有驰道的修建。"晋城的两条交通大动脉,理应得到整修。况且,它是从上党到咸阳的必经驿道。

关于秦始皇从上党入咸阳的道路,通常的推测是:从邯郸至东阳关入境,往西南经黎城、潞城、长治,而后往西至长子,南下晋城,然后西行到侯马一带,由蒲津渡黄河返咸阳。也就是说,在晋城境内先走太行驿道,再折而西向。但是并不能排斥另一种可能,即直接从长治县入陵川秦岭古道,然后沿东西走向的驿道直达晋南。

秦岭(亦称宝应山、卧云山)位于陵川、高平、长治三县交界之处。"秦岭卧云"为陵川古八景之一。山巅有秦始皇台,今存荒基数层,相传为秦筑五岭之一。山腰上有秦始皇休身洞,相传当初在赵国作人质的秦始皇,从赵返秦时曾在此休息过。在马非百先生编著的《秦始皇传》中,记载有秦始皇活动的遗迹,其中山西有两处:一处在保德县,一处则在陵川县。这里指的就是陵川的秦岭。秦岭之道为一条古老的道路,是古

---

① 刘杰:《中国古代道路》,《交通运输》,2008年第1期。

秦始皇休身洞

代由晋城经长治到邯郸的一条交通要道。长平之战时,这里是赵国的重要粮道,后被白起派奇兵占领,使赵军败在粮食保障机制上。尽管它不像太行大道那样出名,但却是一条入冀捷径。在东西走向驿道的沁水境内,也有秦时凿山的遗迹。《泽州府志》载:凤凰山,"相传秦始皇凿断其头处二十余步。"说明在一定程度上对其进行了整修。况且,晋南同咸阳的交通已经非常方便,由晋南通向泽州的道路也就显得十分重要。看来,也不能排除秦始皇走这条道路的可能。

秦始皇东巡经上党,无论从哪条道路走,对晋城交通的发展都是一次重大的推动。

刘秀三战天井关

天井关亦称天井门,因"关南有天井泉三所"而得名,位于晋城市区南22.5公里处。刘歆《遂初赋》云:"驰太行之严防,入天井之乔关。"它

光武帝刘秀画像

是太行山重要关隘,被称为"中原咽喉""洛阳门户",自古以来就是兵家必争之地。建武元年(25),雄心勃勃的刘秀为了平定中原,定都洛阳,在这里展开了激烈的争夺战。从春打到夏,从夏打到冬,一年之内,在天井关进行了三次大战。

第一次大战,东汉开国名将冯异设计巧夺天井关。

河内郡(治怀县,在今河南省武陟县)太守韩歆投降刘秀后,刘秀见河内北依太行,南视洛阳,地理位置非常重要,且民富地殷,兵源充足,是难得的后方基地,于是决定苦心经营,以此为依托,逐步扩大自己的地盘。从日后的发展来看,刘秀确实走了一着高棋。刘秀亲率主力北徇燕赵时,为了实现自己的意图,任"有牧民御众之才"的寇恂为河内太守,经略河内;拜文武兼备的冯异为孟津将军,以拒洛阳。刘秀一再告诫:"河内完富,吾将因是而起。昔高祖留萧何关中,吾今委公以河内。坚守转运,给足军粮,率厉士兵,防遏他兵,勿令北渡而已!"(《后汉书·寇恂列传》)

当时河内之地,形势非常严峻。南面,更始帝左大司马朱鲔、舞阴王李轶率兵30万,与河南太守武勃共守洛阳;北面,河东太守鲍永、上党太守田邑、并州立汉将军冯衍,也是兵多势众,又有太行之险。河内腹背受敌,如果南北夹击,将首尾不能相顾。刘秀深知,为保河内安全,必须伺机夺下天井关。于是,他将夺取天井关的重任交给了冯异。

冯异(?—34),字公孙,颍川父城(今河南省宝丰县东)人,东汉军事家,云台二十八将之一,汉光武三十二功臣之一。他是刘秀手下一著名儒将,足智多谋,文武兼备,每逢险境恶仗,刘秀总是让他独当一面,力挽狂澜。现在面对河内这样复杂的局面,如何发兵攻占天井关,确实成为一大难题。夺取天井关,扼住鲍永、田邑、冯衍南下之路,可以放心对抗朱鲔，不失为一步妙棋。但稍一行动，南北就会呼应，造成腹背受敌的局面。为解决后顾之忧，冯异决定在舞阴王李轶身上做文章。

在洛阳驻军将士中，论勇论谋首推李轶。冯异与李轶早就相识，知道李轶当初与萧王起兵时，定有盟约，便修书一封，遣人送到李轶处。书中纵论天下大势，盛赞刘秀功德，诚劝李轶"觉悟成败，亟定大计，论功古人，转祸为福"，而现在正是时机。否则"猛将长驱，严兵围城，虽有悔恨，亦无及已"（《后汉书·冯异列传》）。

李轶正调兵遣将，准备与朱鲔配合，一展身手。见了此信，只觉寒气逼人，刘秀一旦称帝，自己将无葬身之地。左思右想，不能自安，乃长叹一声，修书一封，交使回报冯异。书曰："轶本与萧王首谋造汉，结死生之约，同荣枯之计。今轶守洛阳，将军镇孟津，俱据机轴，千载一会，思成断金。唯深达萧王，愿进愚策，以佐国安人"（《后汉书·冯异列传》）。"轶自通书之后，不复与异争锋"（《后汉书·冯异列传》）。这样，冯异便放心北向。四月，展开了天井关争夺战。

天井关虽然易守难攻，但守将却并非冯异的对手。当时上党太守田邑，却远在并州。他受更始帝之命，与立汉将军冯衍一起镇守并州，两人发誓刎颈，屯兵太原。天井关防守空虚，冯异顺利夺关，并乘胜推进，拔上党两城。

天井关失守，两城被夺，让田邑大吃一惊，他急忙调兵遣将，阻止冯异北进。只因洛阳有变，河内战情紧急，冯异没有乘胜北进，而是返下太行。

天井关一战，是刘秀实施战略反攻的重要一战，拉开了攻取洛阳的序幕。

第二次大战，东汉开国功臣王梁顽强固守天井关。

冯异率兵南下时，留下精锐部队坚守天井关。

刘秀正在河北率军围剿铜马军，但一直不放心河内战事，得知天井关被破的消息，心中悬着的一块石头顿时落了地。忽又听报，朱鲔起兵犯河内，冯异已经退下太行，刘秀清楚，冯异兵分两处，势必不能首尾相顾，还需选一良将，前去镇守天井关。若天井关失守，河内危矣。想来想去，刘秀选中了关内侯王梁。

王梁（？—38），字君严，渔阳要阳（今丰宁满族自治县凤山镇）人。东汉云台二十八将之一，也是刘秀的一员爱将，战功赫赫，在三十二功

泽州县晋庙铺镇天井关

臣中排名第四。刘秀选择如此一员大将镇守天井关,可见天井关在刘秀的心中是多么重要。

王梁受命,带着自己的兵马北上太行,接替冯异的守军。而田邑也带着上党军赶来收复天井关。艰苦的天井关保卫战开始了。

天井关虽然地势险要,易守难攻,但南打北打却不一样。南边羊肠小道,有力用不上;北面道路宽阔,兵多就可以派上用场。田邑人多势众,展开轮番攻击。王梁深知自己责任的重大,咬紧牙关,苦苦支撑。山下也正在进行着激战。冯异、寇恂挡住朱鲔的攻势,挫掉朱军的锐气,然后乘胜追击,连拔成皋以东13城。驻守的士兵,一听汉军兵到,不战自服,投降者有10万之众。河南太守武勃,听说诸县兵叛,急忙率军攻击,又被冯异斩杀。就这样,冯异和寇恂顺利保住了河内。《后汉书·王梁列传》云:"拜野王令,与河内太守寇恂南拒洛阳,北守天井关,朱鲔等不敢出兵,世祖以为梁功。"

王梁固守天井关,得到了刘秀的高度评价。同年七月丁丑日,他封王梁为大司空,地位仅次于大司徒邓禹,并盛赞王梁:"河内一战,王梁固守天井门,乃为首功也!"王梁坚守天井关达数月之久,为冯异、寇恂纵横中原赢得了宝贵的时间,在河内战事中确实起到了举足轻重的作用。王梁、冯异、寇恂三员大将,在刘秀平定天下之后,同登功臣榜。

第三次大战,刘秀之子刘延艰苦收复天井关。

河内战事结束,冯异正准备北上支援王梁时,刘秀让他赴鄗。王梁没有援军支援,终于坚持不住,丢失了天井关。但当时关系已经不大,刘秀已到了怀州,并派了11员大将围困洛阳。上党田邑、河东鲍永岂敢轻易而来?当年十月,刘秀定都洛阳后,又把目光投向了山西,决定北攻天井关。攻下天井关,就可拔掉上党,图谋三晋。事情后来的发展果然是这样。占领天井关后,田邑投奔刘秀,冯衍、鲍永也先后归降。

十二月初八,刘秀派宗正刘延北攻天井关,进而发兵上党。

刘延为汉光武帝刘秀与废后郭氏所生第四子。刘秀对子女的要求很严,在大将们领兵出征时,往往要派自己的儿子随征,以锻炼他们的

才干，这也是为日后的封王做着铺垫。刘秀这次让刘延单独出征，也算是对他的一次考验。

刘延在天井关，战事进展得并不顺利。年仅17岁的刘延自然无法与冯异、王梁相比，况且天井关早有防备，由田邑亲自坐镇。田邑居上，刘延居下，自然难免吃亏。刘延经过多次苦战，都未将天井关攻下。《资治通鉴》载："与田邑连战十余合，延不得进。"他正犯愁时，却有了一个意想不到的机遇。

田邑见当前战事频繁，怕母亲和妻儿遭遇不测，便打发心腹士兵化装成普通百姓，前去迎接，不料在回来途中被刘延截获。田邑见自己的老母、娇妻、爱子都被刘延所拘，一下慌了神。就在左右为难之时，得到更始帝失败的消息。于是，田邑开门献关，并亲自到洛阳，献上玉璧宝马，成为刘秀的部下。

天井关之战，在东汉历史上书写了浓墨重彩的一笔。

王莽岭

曹操北上太行山

汉献帝建安十一年（206）正月，一个朔风劲吹的日子，曹操冒着严寒，率兵北上，途经羊肠坂，登上太行山，准备彻底解决高干问题。

晋城之地刚刚被马腾、杜畿收复。建安十年十月，并州刺史高干趁曹操讨乌桓之机，公开反叛，举兵南下，很快攻入潞州，执上党太守，派兵扼守壶关口。河内张晟和弘农张琰起兵响应，占领通往山西的要冲，准备发兵北上。而河东太守王邑的手下大将卫固和范先也暗地里与高干勾结。三地兵马合兵一处，山西局势将不可收拾。远在乌桓的曹操着了急，慌忙找荀彧商议。他对荀彧说："当今河东，天下之要地也。高干起兵，张晟作乱，如果卫固再变，将为深害。你赶快为我举荐贤才，以镇河东。"荀彧对曹操说："西平太守京兆杜畿，勇足以当难，智足以应变。"（《资治通鉴》卷64）曹操立即下令，让杜畿接任河东太守。又令乐进、李典从河北进军，夺取壶关口；关中马腾率兵东进，协助杜畿平定河东。

果然不出曹操所料，高干又统军南下晋城，企图经濩泽而入汾河流域。张晟、张琰举兵从南而上，与高干会师；卫固、范先公开叛逆，起兵响应。大敌当前，杜畿沉着应战，令诸城坚壁清野，断绝敌军粮草供应。然后，他亲率数十骑赶赴濩泽，率领兵民坚守城池，扼住高干西进之路。这时，马腾率领关中大军浩浩荡荡开进了晋城，在濩泽摆开了战场，与高干展开决战。

高干乃袁绍的外甥。袁绍盘踞冀州时，让高干驻守并州。袁绍死后，曹操乘机讨袁尚，高干见势不妙，投降了曹操，又被曹操任命为并州刺史。高干狂妄自大，自以为有旷世之才，实际上却是一个有勇无谋、不善用人之人。正如当初山阳仲长统对他所说："你胸怀大志，但没有大才；虽热情好客，但不能择人。你要深戒之。"叛操举兵，本就是莽夫所为。

马腾手下兵勇将猛，人人善于骑射，精于长矛，不说他人，单就一个马超，也足以让天下任何一位猛将汗颜。高干等三处人马，本就是乌合之众，哪经得住关中铁骑冲杀，一个个丢盔弃甲，溃不成军，狼狈逃窜。高干见势不妙，只好退守潞州，坚守壶关。

马腾大获全胜，降兵不计其数。他听从杜畿建议，将投降将士一律赦免，放归故里。马腾一战，解了三军之围，从中也可看出曹操的点将用兵之明。在有的史书中，有"马腾擒斩高干"的记载，但在《资治通鉴》中，马腾并没有擒住高干。濩泽之战，马腾只是解了河东之围。将高干撵出晋城后，遂引兵西还。

曹操这次亲自统兵攻壶关，就是要趁热打铁，彻底解决后顾之忧。

正是天寒地冻时节。北风呼啸，雪落霏霏。羊肠古道，坡陡路滑，摧轮折辐。沿途虎豹吼叫，不闻狗吠，不见炊烟，夜色降临，天气更寒，无处可栖。曹操一行，又冷又饿，苦不堪言。大家只好在这茫茫荒野、崎岖小径上就地休息。士兵打来柴火，燃火取暖。曹操围着篝火，令人烧水煮饭。羊肠坂左右本有瀑布飞泻，小溪流泉，但如今天寒地冻，溪流全部结

羊肠坂

古羊肠坂题记

冰,瀑布也成为冰柱冰墙。士兵取出斧头、兵器,砍下冰块,化水煮粥。此次出行,真可谓苦寒行! 正是此行,曹操留下千古绝唱《苦寒行》:

> 北上太行山,艰哉何巍巍!
> 羊肠坂诘屈,车轮为之摧。
> 树木何萧瑟,北风声正悲。
> 熊罴对我蹲,虎豹夹路啼。
> 溪谷少人民,雪落何霏霏!
> 延颈长叹息,远行多所怀。
> 我心何怫郁,思欲一东归。
> 水深桥梁绝,中路正徘徊。
> 迷惑失故路,薄暮无宿栖。
> 行行日已远,人马同时饥。
> 担囊行取薪,斧冰持作糜。
> 悲彼东山诗,悠悠使我哀。

此诗全景式展现出出征将士途经羊肠坂的画面,感情真挚地写出了从军战士的艰苦生活和思念家乡的心情，表达了他们对安居乐业的和平幸福生活的强烈渴望。"悲彼东山诗,悠悠令我哀",这是诗人的感慨。传说《东山》是周公东征后写来慰劳将士们的,而曹操正是一个以周公自许的人,他认为自己征讨高干和周公也有相似之处。当初,袁绍与曹操共起兵,袁绍曾高傲地对曹操说:"我南据黄河,北阻代、燕,加之戎狄之众,南向以争天下,完全可以得逞。"曹操也颇为自负,说:"我可用天下之智力,以道御之,无所不可。"自此,两雄展开了激烈较量。袁绍必定不是曹操的对手,最终被曹操所败。而他的外甥却自不量力,又要挑起事端。

曹操此行征高干,果然一举攻破壶关。高干跑到塞外,求匈奴出兵相救。匈奴单于没有答应他的请求,高干只好带着数骑南逃,准备投奔荆州刘表。下了太行后,被洛阳尉王琰捕杀。自此,袁绍势力彻底崩溃,河北、山西之地尽归曹操。曹操果真言中,袁、曹之争以高干的最后垮台而结束。

铁制农具的生产和使用

在中国农业发展史上,晋城生产的铁制农具功不可没。犁铧、犁镜、锄头、镰刀、耧铧、耙齿等品种繁多的农具,像流水一样输向祖国的四面八方。早在汉、晋时期,随着犁具和耧具的重大改革,晋城即已生产铁制犁铧和耧铧。在第三次文物普查中,发现了西汉时的实物,进一步证实了人们之前的推断。

农业是古代世界的决定性的生产部门。古代农业生产力提高的重要标志是铁制工具运用到农业生产中。正如《盐铁论》所说:"农,天下之大业也;铁器,民之大用也……器便与不便,其功相什而倍也。"在铁制农具中,最重要的就是耕地和开垦荒地所用的犁。汉代时,不同形式的犁铧已出现,实行"二牛一人"耕作法。

在整个犁的构件中，最关键的部位莫过于犁铧与犁镜。只有锋利的犁铧，才可翻动土壤，斩断杂草；只有明亮的犁镜，才可使土壤平平展展。但是从出土的西汉犁铧来看，当时的犁铧比近代的要宽大得多，显然当时还没有犁镜，属于以铧代镜时期。

晋城生产犁铧的时间很长。近年在晋城市区西汉文化遗存中出土了铁制犁铧，表明晋城应该是我国最早生产犁铧的地区之一。晋城最著名的犁铧是西沟犁铧。西沟犁铧在西晋（265—317）即已开始生产，西沟犁铧到隋唐时以其优良的品质名扬天下。西沟原来不是一个村庄，而是犁川人在这里开设的一个炉场，故又名犁川铧。犁川历史上曾是一个规模宏大的炉场，以生产犁具著名，故名犁川。犁铧是犁川的主打产品，货炉分布于村西南的一条大沟里，后来开炉的工人逐渐定居下来，形成了村庄。西沟旧时几乎人人都会铸犁铧，这里的人世世代代以铸铧为生。在村中的药王庙里，存有清道光年间的一块石碑，碑文记载，当时由于炉子太多，炉渣堵塞河道，造成洪水泛滥。村中36家炉主在社首的主持下，决定不再乱排炉渣。从中可以看出，当时的炉号很多。福兴永、同兴和、德顺新、福顺喜、昌盛堂、兴和德、义和功、义和隆等铧炉一直到民国时仍在生产。这里生产的犁铧，湿地不沾土，硬地不打铧，斩草锋利，见土发明，坚固耐用，人称"小钢铧"。方圆数百里之内，农民使用的大多数都是西沟犁铧，甚至还远销到江南、新疆、甘肃、陕西等地。

犁铧在使用上有着很强的地域性和适应性。俗话说"错贩犁铧饿死人"，就是指此地的犁铧到彼地不能用。铧的品种有铲头铧、大三角、上铆板、大流扇、通昌铧、小三角、小牛铧、大牛铧、大扇铧等，都是根据不同地区的土壤、气候条件所生产的不同犁铧。

耧与犁一样，也是农业生产中最重要的工具。早在战国时期，就有了"一条腿"

晋城市区出土的西汉犁铧

和"两条腿"的播种机械,可以说是现代播种机的始祖。汉时使用了三腿耧,能同时播种三行,一次性完成开沟、下种、覆土等作业,省时又省力。同时还可保证深浅一致、行距一致、疏密一致,大大提高了播种质量。汉武帝曾经下令在全国推广这种先进的播种机,对当时农业生产发展起了推动作用。

耧车由耧杆、扶手、耧腿、耧斗、线锤、漏管、耧脚、耧铧等构成,而耧铧是耧具唯一的铁铸件。耧腿的底端呈楔形,楔形的前面就套着铧。它的形状为三角形,类似犁铧,但较小些,中间有一高脊。耧铧入地将土翻开,当种子经过耧脚撒落下来后,又及时用土覆盖。这样可以将种子种得较深,可以提高农作物产量。耧铧的好坏,直接关系到播种质量的优劣。

在晋城,耧铧与犁铧应该都出现在西汉时期,因为只要能生产犁铧就可生产耧铧。生产耧铧的村子很多,陵川县平城镇侍郎岗村的耧铧尤为著名,是陵川县的传统名优产品。这里的耧铧拱土利落,插口规整,柔而不脆,经久耐用。其品种主要有荞麦楞、公子帽、老敢扎、老屈幅、双札、牛角、蝙蝠等,以适应不同土质的需要。民国32年(1943)大灾荒时期,这里还有十几座铧炉。铧炉用人多,投资大,都是几家联合组成字号经营。"同昌"铧、"珍昌"铧、"王字"铧在外名气很大。外地有人冒充,后来就又打上侍郎岗的名字。这里的铧好,不愁卖,都是坐地销售。一开春,成列的驮队纷纷而来。

曹魏摩崖碑与沁河古栈道

在晋豫交界处的晋城拴驴泉风景名胜区,有一曹魏时的摩崖碑,距今已有1700多年的历史,是晋东南地区已知的现存最早的石刻。

该碑镌刻于三国曹魏正始五年(244),高48.5厘米,宽42厘米,碑文分9行计95字。正文6行为:"正始五年十月廿五日,督治道郎中上

晋城拴驴泉曹魏摩崖碑

党司徒悌、监作吏司徒从掾位下曲阳吴放督将师匠兵徒千余人，通治步道作偏桥阁，凿开石门一所，高一丈八尺，广九尺，长二丈。都匠木工司马陈留成有、当部匠军司马河东魏通、开石门师河内司马羑。"碑文所载时间"正始五年"，在我国古代建元"正始"者有四：北燕高云之"正始"，三年而终，晋城不在其管辖范围内；北朝时东荆州蛮族起事领袖樊素安之"正始"，晋城也不在其管辖范围内；北魏宣武帝之"正始"，从公元504年正月至公元508年八月改号，故正始五年无十月。为此"正始五年十月"只能是三国时期魏齐王曹芳年号。况且，晋城当时属曹魏领地。铭文笔力遒劲，字体具有汉隶遗风，又有向楷书过渡的特征。

　　三国摩崖碑的发现，引起了人们浓厚的兴趣。在对沁河峡谷的考察中，又发现了三国时期的古栈道遗址。

　　栈道又称阁道、复道，是指沿悬崖峭壁修建的一种道路。中国在战国时即已修建栈道，秦伐蜀时就修建了长达数百里的金牛道。古代由于工具、建筑材料及测绘技术的限制，开凿隧道和架设桥梁并非易事。因此在大山中修路，一般都是沿河谷而行。遇到无落脚之地时，便在河水两岸的悬崖绝壁上，用器物开凿一些菱形的孔穴，孔穴内插上石桩或木桩，上面横铺木板或石板，可以行人和通车，这就叫栈道。为了防止这些木桩和木板被雨淋变朽而腐烂，又在栈道的顶端建起廊亭，这就是栈阁。相连贯的称呼，就叫栈阁之道，简称为栈道。这种道路与沿山而行、盘旋曲折的山间羊肠道相比，显然坡度要小，较为平坦。这是古代交通史上的一大发明。

沁河古栈道南端起自沁河出山口——五龙口,沿河蜿蜒北上,全长约50公里。栈道遗迹排列着1至3层壁孔,壁孔呈方形,壁孔间距在2.5米—3.3米之间。它隐现于崇山峻岭和悬崖峭壁之间,因地制宜采用不同的工程技术措施,表现了古人在筑路工程中,适应十分复杂的地形条件的出色的技术能力。栈道经拴驴泉时还架起一座桥阁,现仅存桥阁的柱孔。工程最艰巨者当数开凿石门。从当道而立的大山中凿开一条通道,在古代是十分困难的事情。故工程修建者在此立碑以纪。这座石门,是三晋有史以来修建最早的隧道,比汉明帝永平六年(63)建成的七盘山隧道高出0.74米。岩壁上还有石龛造像一尊,面目风化不清,衣着宽袖长袍,有人推测为司马懿造像。在古栈道边,还有一个司马懿藏兵洞。战争年代是藏兵、转兵的极好地方,和平时期也是过往行人的中途歇脚之地。2000年3月20日,中新社报道了这一考古发现。之后,中央电视台军事频道也到此拍了专题片。

拴驴泉三国摩崖碑与沁河古栈道,对于研究古代军事交通,尤其是三国时期的政治、经济、军事、交通等方面都具有重要意义。

医圣王叔和

在神农氏曾经尝百草、疗民疾而创医药学的高平,魏晋时期又升起了一颗璀璨的医学明星——"医圣"王叔和。

王叔和(约201—280),名熙,字叔和,以字行于世。高平王寺村人。他天资聪颖,好学不倦,少年时期已博览群书,通晓经史百家。《太平御览》说他"性沉静,好著述。考核遗文,采摭群论"。王叔和在家乡时已为名医,高平至今流传有许多关于他治病救人的传说。后为避战乱,他到荆州襄阳投奔卫汛。卫汛乃河东(今山西)人,与王叔和同乡,为张仲景的弟子,当时正在荆州行医。王叔和是一个非常勤奋的人,他寻求古训,

高平王叔和制药石屋

博采众长，医术日精，名噪一时。时值曹魏攻打荆州，王叔和又重新回到北方，继续行医。后来被曹操发现，进宫为曹魏服务。后被擢为太医令，主持朝内医政。

王叔和一生最突出的贡献是编著了我国第一部完整而系统的脉学专著——《脉经》。切脉是祖国医学诊断学之"望、闻、问、切"四诊中重要的组成部分，但是当时脉学知识却比较繁杂、散乱，脉学理论不仅资料零乱，缺乏系统的总结归纳，而且也存在着不统一、不规范等问题，无法被世人采用。因此，为了提高脉学的科学性，更大地发挥它在诊断疾病中的作用，王叔和搜集了扁鹊、仓公、张仲景、华佗等古代医家有关脉学的论述，并加上自己的临床体会和见解，终于写出了这部著名的脉学专书。该书分10卷98篇，计10多万字。王叔和对各个时代的脉学理论及各个流派的脉学观点兼收并取，广征博引，详析脉理，陈述脉法，细辨脉象，明其主病，将脉的生理、病理变化和疾病的关系归结为24种脉象，还创立了"独取寸口（手腕部）"的"三部九候"切脉新法。这样《脉经》便成为集东汉以前脉学理论之大成的脉学全书，使脉学成为中医诊断疾病的一门科学。

《脉经》是中国古代脉学理论的集大成之作，在我国医学史上是个创举，它奠定了中医脉学诊断的基础，成为后世脉学的范本。唐代的皇家医学校"太医署"和宋代的皇家医学校"太医局"，都把《脉经》作为脉学教科书。《脉经》不仅在我国医学上是个创举，而且对世

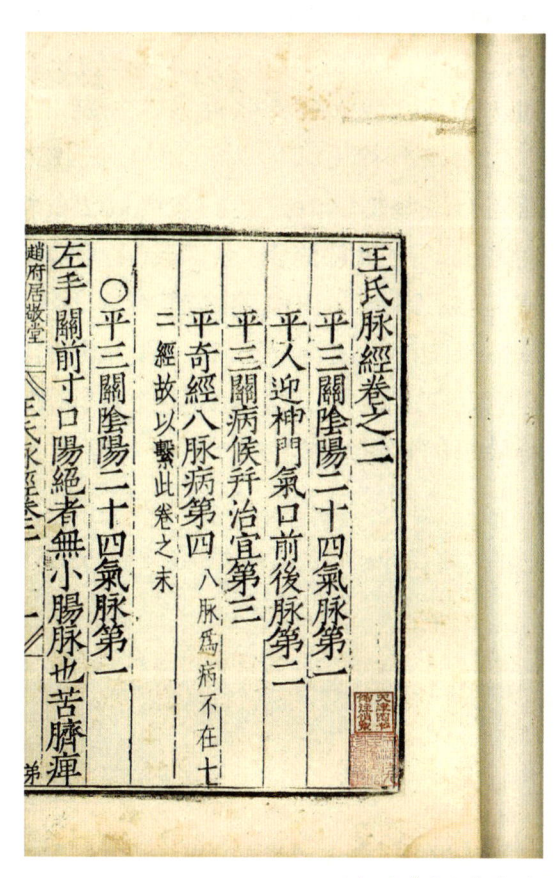

王叔和《脉经》书影

界医学的发展也起了积极的作用。此书在隋朝时传入了日本,11世纪通过中东传到欧洲,14世纪传到波兰,由波兰人译为拉丁文,在很多国家广为流传,产生了很大影响,充实了世界医学宝库的内容。

王叔和对医学的贡献,不只限于脉学,在古文献的整理方面也有突出贡献。如我国医学发展史上影响最大的著作之一——《伤寒杂病论》,是历代学习中医的必读教科书。经过连年的战争,《伤寒杂病论》的许多书简都散落佚失。作为太医令的王叔和,十分推崇张仲景的学术思想,深知这部医学著作的伟大价值,下决心使这部旷世奇书恢复其真正的面貌。于是他不遗余力,四处收集,加以整理,重新进行编排,将之分为《伤寒论》和《金匮要略》,使《伤寒杂病论》得以保存并流传。《伤寒论》、《金匮要略》与《黄帝内经》、《神农本草经》并称为中医学的四大经典,王叔和的贡献不可泯灭。正像金代成无己所说:"仲景《伤寒论》得显用于世,而不堕于地者,叔和之力也。"(《注解伤寒论》)医学名家俞子宾经过研究指出:"叔和不仅为《伤寒杂病论》的传人,尚可与张机(字仲景)同列。"因此,后人尊称张仲景、王叔和二人为"医之圣""百世之师"。

除以上有关脉学著作和整理《伤寒杂病论》之外,王叔和在养生方面还有一些精辟的论述。东魏高湛《养生方》称王氏"专好经方,洞识养生之道"。唐代甘伯宗《名医传》称:"王叔和性度沉静,尤好著述,究研方脉,静意诊切,调识修养之道。"宋代张杲亦称其:"博好经方,尤精诊处……深晓疗病之源。"王氏主张从起居饮食方面进行调摄,以求得长寿,却病延年。他提出饮食不可过于杂乱,要适量,是我国对饮食制度养生的最早的较系统的论述。

第四章

群雄逐鹿　民族融合
（十六国南北朝时期）

■ 概述

十六国南北朝，从西晋建武元年（成汉建兴元年，汉赵元熙元年，304）李雄、刘渊称王，到隋统一，前后经历了近三个世纪，是中国历史上社会动荡最为激烈的时代之一。具有重要战略地位的南太行，成为军阀征战、群雄逐鹿之地。晋城在和平年代帝王巡幸者少，而此阶段，是历代帝王亲临晋城最多的时期。由于晋城特殊的战略位置，其政治、军事、经济地位得以提升，作为一个独立的州郡出现在历史上。

十六国南北朝时期，晋城的行政区划有了重大变动。西燕慕容永在位期间（386—394），在晋城置建兴郡，辖高都、阳阿、泫氏、濩泽、端氏等县。自此，晋城作为一个独立的州、郡行政区域存在，并延续到清末。北魏时于境内置建州，辖4郡、10县：高都郡辖高都、阳阿，安平郡辖端氏、濩泽，长平郡辖高平、泫氏，泰宁郡辖东永安、西濩泽、西河、高延。这也是晋城历史上版图最大、管辖区域最多的时期。北齐仍置建州，领高都、长平二郡，县合并为高都、高平、濩泽、端氏、永宁。北周将高都郡、长平郡合并为高平郡，高都县改名丹川。

西晋末年,同室操戈,神州鼎沸,天灾连绵,世乱益滋,两河南北,胡骑充斥。汉刘渊和刘聪、前赵刘曜、后赵石勒、前燕慕容㑺、前秦苻坚、西燕慕容永、后燕慕容垂等,都曾对晋城进行了激烈的争夺。五胡乱华,晋城之地饱经了战争的摧残。伴随着大动荡、大战乱,以及饥荒、瘟疫造成的天灾,人口大量外流,对农业经济造成了极大的破坏,给各族人民带来了无穷灾难。

鲜卑族拓跋氏崛起,建立北魏政权。明元帝拓跋嗣亲率大军出天井关,南下讨伐刘宋。太武帝拓跋焘统一北方后,晋城保持了相对安宁。但北魏末期,尔朱荣乱魏,晋城又陷于战乱之中。尔朱世隆血腥屠城,给晋城百姓带来了巨大的灾难。苑谷之战失利,晋城失守,给洛阳带来了灾难性的后果。东、西魏时期,高欢和宇文泰这两位卓越的军事家斗智斗勇,争夺晋城。高洋立齐,多次击退宇文泰,力保晋城。北周武帝带六军直趋齐境,派军夺取晋城。北周尉迟迥之乱,建州刺史起兵响应,后被杨坚所平。直到隋统一前,晋城一直是各方政治势力争夺的地方,同时也是民族融合的舞台。

北朝时期,晋城属于北魏、东魏、北齐的统治中心区域,经济在一定程度上得以逐步恢复。北魏皇帝多次出入晋城,苦心经略,促进了晋城经济、文化的发展。尤其是孝文帝的改革,对经济复兴起了积极的作用。晋城地处北魏南北二都之间,又紧依洛阳。桑蚕业、商业、冶铁业都有发展。到北齐时,晋城的手工业和兵器制造业占有重要地位。北齐设立七处冶铁局,晋城就有两处。北朝佛教的兴盛,对晋城影响极大,出现了一批寺庙、石窟和石刻,留下了珍贵的文化遗产。羊头山石窟、碧落寺石窟的艺术价值很高,青莲寺北齐造像碑是全世界现存最早的密宗实物。

刘渊争晋城

从五胡乱华始,晋城就陷入动荡之中。

西晋末年,天灾连绵,晋城之地更为严重。或而干旱麦枯,或而河湖涨溢,或而大风折木,或而霜冻伤禾。天灾未过,胡骑又来。匈奴族刘渊反复争夺、抢掠晋城,使这里真成为一座活地狱。

刘渊(?—310),字元海,新兴(今山西忻州北)人,匈奴首领冒顿单于之后裔,本姓挛鞮,因汉高祖嫁公主给冒顿单于和婚并约为兄弟而改姓刘,南匈奴单于於夫罗之孙,左贤王刘豹之子。刘渊在父亲死后接掌其部属。"八王之乱"时,刘渊趁机起兵,于西晋建武元年(汉国元熙元年,304)在左国城(今吕梁市离石区北)自立,称汉王,建立汉国,西晋永嘉二年(汉永凤元年,308)称帝,成为五胡十六国时期汉国的开国君王。

刘渊称王后,多次在晋城用兵,其中规模较大的有三次。

第一次,发生于晋惠帝建武元年(304)。刘渊趁着司马氏互相残杀之际,自立为王,并立即向西晋展开了猛烈进攻。建武元年十二月,刘渊派建武将军刘曜和别将乔晞,各领一万人马,发兵南下。

刘曜是刘渊的侄子,身高力大,武艺高强,尤善射箭,号称神射。刘渊对他格外器重,常常委以重任。此次南下,刘曜的进军非常顺利,正如刘渊所说:"我们击鼓进军,摧垮晋朝,必将如同摧枯拉朽。"他连克太原、屯留、长子,势如秋风扫落叶。在凶猛的匈奴骑兵面前,西晋的军队显得不堪一击。刘曜很快越过丹朱岭,南取泫氏、高都。

人们不禁要发出疑问:晋城为洛阳都城的北大门,为何没有重兵布防?其中自有原因。司马家族平蜀灭吴后,司马炎自思天下太平,应偃武修文,遂下诏罢州郡兵,诏云:"昔自汉末,四海分崩,刺史内亲民事,外领兵马。今天下为一,当韬戢干戈,刺史分职,皆如汉氏故事;悉去州郡兵,大郡置武吏百人,小郡五十人。"(《资治通鉴》卷81)此诏颁下,尽管地方官员不断上书，认为"州兵未宜约损，以示空虚"(《资治通鉴》卷81)，但武帝不听,州郡除留下少数兵卒维持地方治安之外,全部解甲归田。后又经八王之乱,国力大衰。故至五胡乱华时,晋无力抗衡,刘曜不费吹灰之力夺得二城。

打下泫氏、高都之后,刘渊的南下战役以全胜而告终。自此,北方出现了长期的混乱局面。作为这次战役的统帅,刘曜也平步青云,得到相国要职,后为前赵皇帝。

第二次,发生于永嘉二年(308)。刘渊当上汉王,仍不满足,又忙着准备迁都称帝。为了拓土扩疆,威望远震,这一年他发动了重大军事行动。正月丁未,首先"遣抚军将军聪等十将南据太行,辅将军石勒等十将军东下赵、魏"(《资治通鉴》卷86)。

刘聪是刘渊第四子。他自幼聪明好学,非但通晓经史和百家之学,更熟读孙、吴兵法,而且又工书草隶,善作诗文。他精通武艺,尤长射箭,勇猛矫捷,冠绝一时,可谓文武皆能。刘渊聚众自立,任命刘聪为抚军将军。后又被刘渊封王。刘渊死后,刘聪弑兄登基。他攻灭西晋,俘虏晋怀、愍二帝,创建了一套胡、汉分治的政治体制。

刘聪对刘渊的战略意图甚为了解。地处南太行的晋城,南可进攻洛阳,东可剑指河北,西可威胁河东,地理位置显得尤为重要。刘聪发兵太行,首先占领了晋城,派兵把守太行要道。并以此为依托,四出攻击,大胆决战。东向,派石勒等将东下河南、河北。石勒拔魏郡,陷汲郡,望风降附者五十余垒;西向,为配合刘渊夺取河东,迁都蒲子,刘聪率兵进入河东,击败了劲敌北宫纯;南向,王弥大闹中原,攻掠青、徐、兖、豫诸州。当他攻取洛阳不利,被晋守卫京师的督护北宫纯打败之际,又从轵关顺利退兵;北向,争夺潞州,使北上党处于犬牙交错中。夺取壶关后,派镇东将军綦毋达镇守,以对抗晋并州刺史刘琨。在这一时期,南上党的战略地位凸显。

第三次,发生于永嘉三年(309)。刘聪占据晋城、向北发展时,晋并州刺史刘琨并不愿轻易放弃隶属于并州管辖的上党地区，无奈晋城鞭长莫及,无法逾过长平关。于是刘琨集中兵力在长治地区与汉争夺,使上党太守刘惇率鲜卑兵攻破壶关。刘渊火速调兵,令征东大将军王弥、安东大将军石勒与楚王刘聪合力收复。刘琨急遣援军来救,被汉军打败。

警报传到洛阳,太傅司马越令淮南内史王旷率兵北上救援。以汉、晋兵力对比而言,壶关势难守住。但是掌握朝政的司马越却派兵去救。他放下离上党较近的兖州、徐州兵马不调,却派王旷率兵远道前往。四月,王旷和将军施融、曹超,领兵3万渡河,准备长驱直入。将军施融有作战经验,他劝王旷:敌寇据险太行,易守难攻,若要乘险而出,也只利于一战而胜,否则无法退回;我方虽有数万兵卒,但道路不明,又是孤军深入,万一胡兵路上设伏,怕要吃亏。不如退回河南,凭借大河防守,看清形势,再作打算。王旷是书圣王羲之的父亲,并无多少实战经验。他不听手下将领的意见,还斥责施融胆怯,阻挡兵马前进。施融退出帐来,长叹一声:"彼善用兵,旷暗于事势,吾属今必死矣!"(《资治通鉴》卷87)王旷长驱直进,顺利上了太行。然而,正如施融所料,一张大网正在晋城等着他。刘聪在昔日秦将白起包围赵括数十万兵马的长平设下了包围圈,等王旷军进入伏击地后,发起进攻。王旷仓促迎敌,结果全军大败。

长平关城寨遗址

《资治通鉴》卷87载:"战于长平之间,旷兵大败,融、超皆死。"

王旷长平兵败,对晋是一个沉重打击。刘聪获胜后,又掉头北进,连克屯留、长子,斩获1.9万级。上党太守庞淳见大势已去,也只好以壶关降汉。刘聪还以南太行为依托,于当年八月和十月两次发兵南下,进攻洛阳。自长平之战后,直到刘聪称帝,晋城之地一直为刘氏所占,未发生较大战役。

石勒与陵川石勒墓

在晋城历史上,石勒是一个颇有影响的人物。他少年时出入晋城,为将时征战晋城,当上皇帝后争夺晋城,死后又在晋城有疑冢。

石勒(274—333),字世龙,小名匐勒,后来汲桑令他更姓为石,始名石勒。上党武乡羯族人。五胡十六国时代后赵的开国君主,为后赵明帝。石勒是一个具有政治和军事才能的少数民族领袖。他的一生曲折离奇,先后事汉赵刘渊、刘聪,前赵刘曜,从一个遭受虐待的奴隶成长为战功赫赫的大将军,最后成为后赵的开国皇帝。石勒以襄国(今河北邢台)为根据地,并陆续消灭了王浚、邵续、段匹磾等西晋在北方的势力,继而又消灭曹嶷,进侵东晋以及消灭刘曜的前赵,又北征代国,使后赵成为当时北方最强盛的国家。

晋城,是石勒熟悉的地方。石勒少年时,家境沦落,为生活所迫,"年十四,随邑人行贩洛阳"(《晋书·石勒载记》),做些小生意以糊口。他经常翻山越岭,往返于长治、晋城与洛阳之间,在太行山上山下奔来奔去,尝尽了人间艰辛。后被人所卖,沦为奴隶。在没有生路的情况下,他以18骑起义,投靠了公师藩。后投靠汉国君主刘渊,成为刘渊手下的著名大将。

石勒在刘渊、刘聪手下为将时,曾数次到晋城。永嘉二年(308)正月,时为辅汉将军的石勒随刘聪南据太行,巩固晋城。又奉刘渊之命"东下赵、魏"(《资治通鉴》卷86),连克数十垒。永嘉三年,石勒与王弥、刘聪合兵进攻壶关时,任前锋都督。当晋军来救时,他和王弥协助刘聪在长平设围,使晋军"死者十六七"(《晋书·王弥列传》)。刘聪即位后,加封石勒为镇东大将军、都督并幽二州诸军事、并州刺史。晋城当时属并州。石勒多次经晋城南下,纵横中原。

后赵太和元年,石勒与刘曜决裂,在邺称帝后,命令侄子石虎率兵攻前赵河东,自己率大军援应。石虎率士众4万人西进,陷上党,攻占高都(今泽州县)、泫氏(今高平),河东"应之者五十余县"(《晋书·刘曜载记》)。同年十一月,石勒发兵三路进攻刘曜,势如破竹,又夺取了濩泽、端氏,晋城地区尽归后赵。石勒在其统治区,实行多项措施,推动文教和经济发展。他派官员"循行州郡,核定户籍,劝课农桑",还禁止酿酒,以减少粮食的消耗,并且石勒自己还曾亲行过藉田之礼,这在纷争割据的帝王中,也是难能可贵的。石勒曾被封为上党郡公,其长子石兴后又被封上党国世子,其母为上党国太夫人,妻为上党国夫人,因此他对上党子民更是恩待有加。

值得一提的是,石勒还厚待来自西域的佛教僧侣佛图澄,以及他的弟子释道安,广修寺院,大兴佛教。陵川著名的寺院崇安寺,以及石勒死后在陵川的疑冢,就与二人有关。

佛图澄认为石勒是一位有雄才大略的人,就想佐他成就王业,早点结束中原混战的局面,于是主动投到石勒帐下。石勒对佛图澄可谓言听计从,甚至他想杀的人,只要佛图澄说句不可以杀的话,他便不杀了。也就是在这个时候,释道安投师到了佛图澄门下,同时也得到石勒的信任。师徒俩除了给石勒出谋划策外,也经常给他灌输佛家思想。时间一长,石勒的心地也善良起来,不再轻易杀人。许多百姓的性命,也因此而得到了保全。石勒逐步赢得了民

佛图澄画像

陵川崇安寺

心,最终当上了后赵的皇帝,而佛图澄也被石勒聘为"大国师"。

建平四年(334)七月,一代枭雄石勒怀着对后赵的疆土与臣民的无限眷恋之情,走完了他从奴隶到皇帝这条充满了传奇色彩的人生之路。关于石勒的陵寝地点,千百年来众说纷纭,在武乡、邢台等地有石勒墓,而在晋城陵川县崇安寺东侧的山冈上,也有石勒墓。其实,这件事情并不奇怪。当年佛图澄协助中山王石虎和太子石弘办理丧事,按照石勒丧事从简的遗嘱,在三天后一个夜阑人静之时,组成八支送葬队伍,分别抬着八口棺木从襄国(今河北邢台市)四门出城,朝着八个方向进发,埋葬在不同地方。又过了几天,才为石勒举行了隆重的葬礼,将一口空棺埋葬在高平陵。也就是在安葬石勒的时候,释道安离开襄国,受师尊之命到了陵川,开辟了凌烟寺(崇安寺前身)。

"先有崇安,后有陵川",崇安寺可谓陵川第一古刹。崇安寺初名凌烟寺,因石勒曾当过皇帝,当名垂千史,有凌烟阁上表史留名之意。后当地百姓称之为福庆院,唐初又名丈八佛寺,直到宋代方由皇帝赐名崇安寺。

凌烟寺所在的卧龙冈宛若一条游走的巨龙,可谓龙兴之脉。石勒在六月份病重期间,曾拜佛发愿,求上天保佑他创下的后赵大业千秋永续。关于身后之事,他一定要同自己信任有加的"大国师"佛图澄商议。从石勒安葬那种诡秘的举动来看,亦非石虎、石弘之辈可以想出。佛图澄感谢石勒对自己的信任,他也要挑选一处风水宝地来安慰皇帝的在天之灵,并且要让自己最得力的弟子释道安为其超度和守陵。"先有石勒墓,后有崇安寺",石勒墓要在崇安寺之前。石勒的侄子石虎登位后,这里建起了寺院。当时佛图澄仍在石氏政权中任国师。《陵川县志》载:"后赵石勒侄石虎继位(335—348)期间,修建崇安寺。"1983年,在维修崇安寺西插花楼时,曾在一构件上发现有"刹为石虎所建"的题记,这与崇安寺为石勒冢之说起码在时间上是一致的。这样来看,崇安寺的创建年代以石虎在位期间最具可能。

释道安在崇安寺讲经弘法时,常常于夜深人静时到寺东的山冈上祭祀石勒。消息不胫而走,人们终于知道从襄国抬出的八口棺材中,有一口就埋在了卧龙冈上。卧龙冈旧称古陵,寺的山门至今仍叫古陵楼。元代大儒郝经曾在石勒墓前凭吊这位少数民族英雄,留下"都门长啸气凭凌,瓜割中原霸业兴。夜葬山间人不见,至今犹有守坟僧"的诗句。崇安寺大雄宝殿内东墙有一《石勒冢》石碑,文云:"家口腹闻诋石勒,千秋而后传遗慝。或云真冢佛龛下,伪冢疑是寺门侧。沤麻池外土一邱,荒草萋萋殊叵测。来吊古谒崇安羗,贼孤坟照残鬼域。深棷徒自弃生前,仃若豫为棺不。阿瞒大言疑纷纷,疑冢多依傍,既畏鞭尸暴矣……"

从碑文来看,寺东侧乃石勒"伪冢",而"真冢"在崇安寺大雄宝殿内的石板下。这也就是碑文中所说的怕后人暴尸鞭骨。从当时的情况来看,这样做合情又合理。石虎和佛图澄都知道,石勒

崇安寺石勒冢石碑

生前杀人无数,仇人多如牛毛,葬地一旦泄露,事必出现挖坟鞭尸的惨景,所以采取瞒天过海之计,巧妙安葬石勒,随后又在这里修建寺院,以慰石勒在天之灵。寺院建起之后,佛国的钟声吸引了躲在密林中的山民。释道安虽然相貌不雅,然而口才异常出众。他弘法讲经,出语惊人,有"漆道人,惊四座"之誉。方圆百里,人们争相前来听法。不少人为了方便,干脆在寺外搭起住舍,自此这里也有了村落。在历次战乱中,住在平川地带的百姓也纷纷逃往深山,避难于陵邑。村落越来越大,到隋时建成了县城。佛图澄为石勒所选的风水宝地,没有能够让石氏政权千秋永续,但却在这里造就了一个生气勃发的陵川县城。这就是"先有崇安,后有陵川"之说的来历。

崇安寺从创建以来,历经扩建,鼎盛时有13院之多。宋太平兴国元年(976),宋太宗赵光义赐名陵川福庆院为崇安寺。时至今日,仅剩几个主要院落,但整个建筑仍觉恢宏壮观。它是古泽州境内规模最大的楼阁式建筑,也是现存不多的隋唐高台式建筑之一,现为国家级重点文物保护单位。

慕容垂奇袭建兴郡

西燕建兴九年(394)四月,一支神秘的军队突然出现在建兴郡(今晋城市)。来者不是别人,正是争雄天下的后燕君主慕容垂及他的英勇士兵。

慕容垂(326—396),字道明(一字道业),原名霸,乳名阿六敦,后易名垂,昌黎棘城人。前燕君主慕容皝的第五个儿子。他是十六国时期杰出的军事家、政治家,一手缔造了后燕,中兴了燕室。

慕容垂于燕元二年(385)定都中山(今河北定县),次年二月,在中山称帝,改元建兴。八个月后,令人不安的事情发生了:西燕慕容永也定都长子,当了皇帝,并且占据了晋阳、上党、建兴等郡。卧榻之侧,岂容他人鼾睡！慕容垂大怒，决定讨伐慕容永。

慕容永（？—394），字叔明，原是前燕的宗室。前秦建元二十年（370）灭燕，慕容永夫妇俩流落在长安街头，靠卖鞋子为生，过着类似乞丐的生活。燕兴元年（384），慕容泓称帝，慕容永才侥幸脱离苦海，自此平步青云，从小将、将军、尚书、尚书令到大将军、大单于，控制了朝廷大权。后率领40万鲜卑人离开长安回归故土，到达山西闻喜时，秘密指使心腹杀掉了傀儡皇帝慕容冲，拥戴自己当大单于。四个月后，占据长子，龙袍加身，坐上了龙椅，改元中兴。在不到三年的时间里，从卖鞋子到穿龙袍，升迁的速度令人吃惊。

晋城之地，原属前燕，前燕被灭后归前秦。慕容永在长子称帝，又占领了晋城。慕容永虽然在历史上没有什么可圈可点的地方，满打满算也就是当了八年皇帝，但是对晋东南来讲，却有着不同寻常的意义。他在长子称帝，晋东南成为西燕政治中心；在晋城之地新置建兴郡，辖高都、阳阿、泫氏、濩泽、端氏五县，初步奠定了旧时泽州的版图。自此，晋城作为一个独立的州、郡行政区域存在，并延续到清末。

本来，慕容垂与慕容永是同宗兄弟。五胡乱华时，先后出现大小二十余个政权，其中鲜卑族的慕容氏就占有前燕、后燕、北燕、南燕和西燕，五燕慕容氏同为一家。慕容永是西燕的末代帝王，慕容垂是后燕的开国君主，二人同出一脉。但在慕容垂眼里，天上不能有两个太阳，慕容永称帝是大逆不道的事情，绝不能让其存在。由于慕容垂也是立国不久，急需内修朝政，外除边患，还无法对慕容永动手。后燕建兴八年（393）十月，慕容垂准备拿西燕开刀了。当时众将都认为后燕连年用兵，军队已经疲惫不堪，不宜用兵。只有慕容垂的小弟慕容德认为："慕容永是燕国的枝叶，怎能容忍他擅自称帝，蛊惑人心！从后燕的长远利益出发，应当先消灭西燕，统一人心。"慕容垂听了小弟的话，笑着对大家说："司徒议与吾同。二人同心，其利断金，吾计决矣。"（《晋书·慕容德载记》）

慕容垂有勇有谋，善于用奇计，出奇兵。当时慕容永"有众十万"，且有四塞为阻，而自己兵士疲惫，进行强攻显然胜算不大。于是便斗智不斗力，对慕容永摆起了迷魂阵。

十一月，慕容垂派慕容瓒、张崇进攻晋阳，打击慕容永之弟武乡公慕容友。又派大将平规到沙亭攻打西燕的镇东将军段平。慕容永见状十分震惊,害怕后燕军从北而下,急忙调兵防守长治盆地,"遣其尚书令刁云、车骑将军慕容钟帅众五万守潞川"(《资治通鉴》卷108)。

建兴九年二月,慕容垂留下清河公慕容会镇守邺城,调动司、冀、青、兖诸州兵力,派遣太原王慕容楷从滏口(今河北磁县西北)出击,辽西王慕容农从壶关出击,慕容垂自己则从沙庭进发,共同征伐西燕。他大造声势,故意公开分派任务,要求各支军队准备就绪,做出从太行东道向长子进军的假象。慕容永得知这个消息,立即重新布防,把主力部队调了过来,兵马分几路严密把守。并把粮草物资等聚集在台壁,派自己的侄儿征东将军小慕容逸豆归、镇东将军王次多、右将军勒马驹等人率领1万多人保卫台壁。

四月,慕容垂屯军邺城西南,一个多月也没有向前推进,慕容永心生疑窦。他以为太行道路宽阔,慕容垂不会从正道而来,有可能从小道秘密偷袭,于是把几支主力军队统统调集到轵关(今河南济源市西北)驻扎下来,封锁路口,只把镇守台壁的部队留下。轵关是从济源通向西燕河东的咽喉(西燕统治疆域南抵轵关,北至新兴,东依太行,西临黄河),也是古代出奇兵的军事险要之地。慕容永在判断上出现了方向性的错误。

慕容垂的诱敌计划实现了。甲戌(二十日),他率领大部队从滏口出兵,沿太行山而行,突破防守空虚的天井关。《资治通鉴》卷108载:"垂引大军出滏口,入天井关。"其他史料也没有在天井关发生战事的记载。《晋书·慕容垂载记》:"永谓垂诡道伐之,乃摄诸军还杜太行轵关。"可见慕容永认为慕容垂不会从太行大道而入,故把主力调走。看来,慕容永真是玩火,在号称"太行山第一关"的天井关也敢唱空城计。后燕军顺利通过天井关,很快占据了晋城。慕容永根本没想到慕容垂竟敢出此险棋,从天井关直入晋城。

"项庄舞剑,意在沛公"。慕容垂的真实意图,就是首先夺取晋城,使潞川失去屏障。晋城与长子近在咫尺,占据晋城,长子便成孤岛,唾手可得。而慕容永也清楚晋城在西燕棋盘上的作用,故把晋城从上党郡析出,新置建兴郡,并且派重兵驻防。慕容垂之所以声东击西,故布疑兵,就是让慕容永来回奔波,逐渐将主力尽皆调出晋城,然后一举夺之。

慕容垂占领晋城,敲响了西燕的丧钟。

五月乙酉(初一),后燕军队到达台壁,把台壁团团围住。驻守潞川的将军刁云、慕容钟等被后燕的进攻气势所震慑,率领部众投降了后燕。晋阳守将也弃城而逃,晋阳被后燕占领。慕容永急忙把驻守轵关的部众调回,但从轵关回撤,尚需绕道而行,已经错失战机。他亲率一支5万人的精锐部队前来与慕容垂交战,不料又中了慕容垂的埋伏,被斩首8000余级。不久,长子被慕容垂包围。慕容永派儿子慕容弘向东晋雍州刺史郗恢求救。慕容弘走后,慕容永又怕东晋见死不救,便派太子慕容亮去做人质。慕容亮轻骑狂奔,仅到晋城地区的高都就被后燕军抓获。慕容永又向北魏求救,北魏骑兵还未赶到,慕容永堂兄大逸豆归部下的伐勤等人就已打开了城门,迎接后燕军进城。慕容永被俘虏后遭斩杀,西燕灭亡。慕容永所统"八郡户七万六千八百"尽归后燕。(《晋书·慕容垂载记》)

慕容垂征讨慕容永的战争,从公元394年的十一月开始,到次年八月结束,时间不到十个月。从当时的力量对比来看,慕容垂并不占上风,但他巧用妙计,奇出天井关,偷袭建兴郡,对战争的胜利起了决定性的作用。从中我们可以看出,慕容垂不愧为一代"战神"。

拓跋焘与晋城奇树

奇树,是晋城的一道风景,不仅现在,即使古代晋城的奇树也很出名,就连建立了赫赫武功的北魏第三位皇帝——太武帝拓跋焘,也亲自来晋城观看过连理树。

拓跋焘(408—452),字佛狸,北魏明元帝拓跋嗣的长子。他是一位卓越的军事家,自小就表现出过人的军事天赋,12岁时就远赴河套抗击柔然,迫使柔然不敢入侵。16岁登帝位后,他亲率大军灭亡夏、北燕、北凉,又北伐柔然,使之不敢南侵,南败刘宋,占据河南之地。他凭着卓

泽州冶底银杏

越的军事胆识和政治才能,完成了中国北方的统一,结束了北方长期割据的局面。但连年征战对百姓生活、经济发展造成重大影响,于是拓跋焘果断决定休征,集中精力进行国家的治理。他求贤纳才,兴学修律,在发展社会经济、建立有效的社会制度方面,同样表现出了卓越的才能。

边患平息,政局稳定,拓跋焘有了一种身心疲惫的感觉。他想学习他的父亲当年的做法,让16岁的太子拓跋晃总揽国家大事。这样既能让太子早日得到锻炼,自己也能轻松一下。太平真君五年(444)正月,"皇太子始总百揆"(《魏书·世祖纪》)。拓跋焘心闲身闲,便乘车到各地巡幸,访问长老,视察民情。同年九月,他到漠南巡幸,直到年底方车驾还宫。次年正月,又行幸定州。二月,"西幸上党,观连理树于沁氏"(《魏书·世祖纪》)。皇帝专门到民间看奇树,在历史上也鲜有之。

连理树是指两棵树的枝或根合生在一起。这种现象在深山老林、古刹寺庙里并不鲜见,像南村镇冶底村岱庙内的两株"人字柏",树高20多米,都是从根部形成人字形,干体分裂,到1.3米—2米高处又合为一体。巴公镇闫坟村有一株松柏合体树,松树根,柏树身,枝叶有松又有柏。在自然界里,同科或同属树木的这种连生现象,实际上是风力、藤本植物缠绕等自然的因素造成的,属于天然嫁接。现在人们在园林生产上常采用的同科或同属植物进行嫁接,就是从自然连理现象得到的启示。但是也有不同科的连理树。如高都镇泊南村有一株大槐树,树上长有几种不同树种的枝干,缠绕在一起。其实这种现象很好解释,树干粗大,上面堆有积尘,其他树种随风而落,遇到合适的气候就生根发芽,慢慢地根深入树干,与母树连为一体。时间一长,不同的树种齐生共长,成为奇特的连理树。

连理树在古时被看作是吉祥的征兆。民间把它看作美好爱情的象征,"在天愿作比翼鸟,在地愿为连理枝"。士人以德比之,班固说:"德至草木,朱草生,木连理。"帝王视之为休征吉兆,《晋书·元帝纪》云:"一角之兽,连理之木,以为休征者。"拓跋焘到泫氏观看连理树,可能有此深意。他是在告诉世人,自己休征的决策是正确的。

拓跋焘到晋城观奇树,并不是偶然的。在古代,晋城的古树、奇树很多,史书上的记载比比皆是。一些树在古代名气就很大,像碧落寺的平顶松、樊山太行松、榼山五老松、青莲寺银杏,还有遍布乡村的"槐神""老桧",都成为诗人眼中的神物、笔下的奇景。如泽州使院的长松宛若长龙,拔地而起,气贯长虹,成为泽州城的一道亮丽的风景线。大凡文人墨客来泽州,都要到使院观赏一下长松的风姿。苏东坡在《谢王泽州寄

高平石末酸枣树

长松兼简张天觉二首》中云:"莫道长松浪得名,能教覆额两眉清。便将径寸同千尺,知有奇功似茯苓。"董其昌在《泽州使院松五句体》中写道:"老龙向我拱而拜,拔地如撑曲柄盖。"在古代,帝王对于连理之类的奇树也视之为灵。拓跋焘曾在诏书中云,嘉瓜合蒂,野木连理,属于"天降嘉贶",就应该以德酬之。并"令天下大酺五日,礼报百神,守宰祭界内名山大川,上答天意,以求福禄"(《魏书·世祖纪》)。古人重视古树的做法,一直流传至今。对于千年古树,晋城人有种特殊的感情,一则古树树高冠大,不仅为人遮阴纳凉,美化环境,又是村庄久远的象征;二则古树久经风霜战火留存下来,人们认为它具有灵气。所以,居民对它既喜爱又敬畏,倍加尊崇和爱护。

说起晋城的古树,也真是一个奇观。晋城现存的古树仍然不少,目前登记在册的古树有1448株,分属29个科、48个属、68个种,其中树龄在千年以上的"老寿星"有112株。

泽州县冶底村岱庙的银杏树王,树高25.4米,干高5米,胸径3.25米,盘根周约14米,需要8个成年人手拉手才能将其合抱。该树是山西现有银杏树中最大的一株,也是山西所有树种中已知最粗大的十大树王之一,树龄在3000年以上,可与北京潭柘寺的银杏树相媲美。

高平市石末村酸枣树,树高9.8米,茎围1.66米。树冠形似巨龙。树龄约2000年,至今生长旺盛。酸枣树属灌木科木本植物,很难成树。但这株酸枣树能长成参天大树,实属罕见。

陵川县岭常村二仙庙十二生肖柏,在四棵古老的桧柏上,长有奇形怪状的树瘤,加上和树权的配合,构成了十二生肖的生动造型,如龙、蛇、鼠、猴、牛、羊等,跃然树上,彼此呼应,相映成趣,组成了一幅惟妙惟肖的"十二生肖图"。

晋城古树特点鲜明,神态各异。像泽州县玉皇庙的古圆柏、董山蘑菇柏、河东梅柏、府城木瓜树、西洼古槐、北堆村石裹松、靳庄村复生古槐、崇寿寺古柏,高平双泉村的流苏树、定林寺内的香瓜树、康营村的龙柏、章庄村的龙凤松、浩庄的银杏,阳城东冶村的槐椿柏、马沟村的七叶树,沁水坪头村历经两千年的大槐树、历山的迎客松、腰掌村的丁香树、东峪的连香树、向阳村和亭村的桑树,陵川曹庄村的假山隋槐等,都是晋城现存的著名古树。这些古树让人不得不感叹大自然的奇思妙想、鬼

青莲寺子母柏

斧神工。同时，每棵古树都有一个神奇而又迷人的传说。

泽州县青莲寺的子母柏，子柏抱着母柏顶天立地、生死相依。母柏虽然已经枯死，但树干依然挺立。子柏缠绕在母柏身侧，树冠犹如翠绿的云伞，绕着母柏张开，成为母子共有的树冠。碑文记载，清光绪三十二年（1906），寺内一株千年古柏枯死，寺僧决定将其砍伐，不料第二天一早，发现在枯死的古柏旁边一夜之间长出了一株子柏。子柏自根部升起，缠绕母柏盘旋而上，虽然树干只有拇指粗细，却有24米高，顶端枝叶将母柏紧紧包围，奋力拥抱守护着母柏。住持见状，对众僧侣说："万物皆有灵，子柏亦敬母柏，母虽枯子亦然，吾辈岂忍伐之乎？"因此，枯死的母柏躲过了被砍伐的命运，人们都说是子柏救了母柏，"子母柏"由此得名。故人们谈及孝道时，往往以子母柏度化后人："草木有情，何况人乎？"

高欢、高洋建州对抗宇文泰

战争只有在双方智力水平、战斗能力接近的情况下，才会呈现出它精彩的一面。南北朝末期，东、西魏之间的争霸战打得异彩纷呈，正是由高欢和宇文泰这两位卓越的军事家导演的。在军事要地建州，两位统帅也展开了激烈的争夺。

高欢（496—547），鲜卑名贺六浑，渤海蓨（今河北景县）人。他足智多谋，眼光深远，善于权谋机变，像曹操一样，也是一代枭雄。《北齐书·神武帝纪》这样评述他："性深密高岸，终日俨然，人不能测，机权之际，变化若神，至于军国大略，独运怀抱，文武将吏罕有预之。"高欢用人唯才是举，也比较留意农桑，关心民间疾苦。东魏孝静帝天平三年（536），建州遭受霜灾，出现大灾荒。次年二月，高欢以建州等州霜旱为灾、人饥流散为由，请所在开仓放赈。

宇文泰（507—556），字黑獭（一作黑泰），鲜卑族，代郡武川（今内蒙古武川西)人。西魏王朝的实际建立者和权臣,也是北周政权的奠基者。他是南北朝时期著名的政治家,足智多谋的军事家,又是一位少见的福将。每逢战事,胜多败少,即使遇到危急情况也能死里逃生。他"知人善任,崇尚儒术,明达政事,恩信被物,能驾驭英豪,一见之者,咸思用命"(《周书·文帝纪》)。高欢在世时,曾叮嘱高洋:"我戎马一身,从无对手,独有宇文泰略胜一等。此人诡计多端,用兵神出鬼没,与之交战,一定要慎之又慎,万万不可鲁莽从事。"

东、西魏之间的战争从东魏孝静帝天平三年(西魏文帝大统二年,536)年初开始。东魏高欢趁西魏立足未稳之际,兵分三路进行西征。宇文泰沉着应对,解决了长安之危。次年八月,宇文泰率12员战将伐东魏,兵出潼关,攻破恒农(今河南三门峡市),一时威震敌胆。高欢调集主力10万进行抵抗。在东征时,宇文泰还派左丞相杨忠深入东魏腹地骚扰,以牵制高欢。

当时,黄河以北皆属东魏。杨忠于开战前就在东魏境内秘密活动,对东魏州郡进行策反工作。他在正平(新绛县西南)、河北(芮城县东北)、南汾(吉县)、建州(晋城市)、泰宁郡(治所在今沁水县西故城村)等

丹朱岭长平关北魏石刻

丹朱岭全景图

城,都发展有内应。宇文泰东征时,杨忠借机起事,攻陷弘农(在今河南灵宝东北),降服邵郡(今山西古城)等州郡,又向建州进发。在内应配合下,建州及其所属的泰宁郡皆被攻下。高欢调兵救建州,杨忠退守正平。

不久,杨忠移居东雍州(在今新绛县境内),宇文泰任命他行建州事,命其向东进发。建州是晋阳通向洛阳的咽喉要道,又是东魏的战略物资供应地。宇文泰的目的就是想让杨忠切断晋阳与洛阳的联系,同时扰乱东魏的经济秩序,为即将展开的河桥之战做准备。杨忠身负重任,沿途招兵买马,稳扎稳进,到建州时已经拥有1万部众。东魏的建州刺史车折于洛出城迎战,被西魏军打败。杨忠又在建州治所高都城西击破东魏行台斛律俱的2万步骑,缴获了很多武器和物资,除装备军队外,其余部分都分给了前来投奔的人,于是威名大震。

高欢为了解决这支频频袭击自己后方的西魏劲旅,派太保侯景攻占了正平,断其后路。又遣行台薛修义与斛律俱合兵一处,准备一举全歼杨忠所部。杨忠担心腹背受敌,遂决定撤回西魏境内,但又担心部众背叛,就伪造了一封宇文泰的书信,命人假扮使者从外面来到军营,谎称朝廷已经派遣数路大军前来增援,以稳定军心。接着,派遣当地参加西魏军的首领率部四处搜集军粮,等到这些人出外之后,杨忠这才率领本部人马趁夜突围,回到了邵郡。西魏朝廷见他的兵马未受损失,仍任他为建州刺史,继续与东魏周旋。

东魏元象元年(西魏大统四年,538),在邙山之战中,西魏大败。杨忠与侯景且战且退,撤离了建州。虽然宇文泰仍任他为建州刺史,但只能镇守在新绛一带,无力攻占建州,因为高欢已命大将侯景率兵把守齐子岭(即沁水夫妻岭)使西魏兵不得东进。直到东魏孝静帝武定四年(546),高欢在玉璧(今山西稷山县西)之战中病倒后,杨忠才又一次进犯建州,被宇文泰进授为大都督,加晋、建二州诸军事。在其后数年中,东、西魏仍在对建州进行着争夺。

在东、西魏的较量中,宇文泰和高欢在政治谋略上不分伯仲,在军事能力上尤其是实际指挥能力上宇文泰要胜出一筹,但高欢强大的军事与经济实力弥补了不足,因此,谁也没能最终战胜谁,一切的分晓还要等他们的后代去揭开。宇文泰作为实力弱的一方,敢于深入东魏腹地争夺建州,是想以攻为守,尽量扩大自己的战略缓冲区,将战争引向敌

106

国境内,可以减少对自己国土的破坏,而打击对方的经济,削弱对方的实力。而高欢实施的有效抵抗,使建州这一战略要地仍长期归东魏经略。

高欢死后,其子高洋继续与宇文泰较量。

东魏孝静帝武定八年五月,高洋迫使东魏孝静帝禅位,自立为帝,年号天保,国号齐。消息传到西魏,丞相宇文泰借机起兵。西魏文帝大统十六年(北齐文宣帝天保元年,550)七月,宇文泰率诸军东伐。西魏帅都督司马裔"请为前锋。遂入建州,破东魏将刘雅兴,拔其五城"(《周书·司马裔列传》)。

警讯传到邺城,朝中大臣急得如热锅上的蚂蚁,团团乱转。高欢死后,朝中无一大将是宇文泰的对手,现少主新立,应如何应战呢?不料高洋一听说打仗,竟手舞足蹈起来,立即上朝点将,井井有条,文臣武将无不惊讶。

高洋称得上是一位军事天才,对战争有一种特有的灵感。他每临行阵,"亲当矢石,锋刃交接,唯恐前敌之不多,屡犯艰危,常致克捷"。且少年老成,"至于军国几策,独决怀抱,规模宏远,有人君大略"(《北齐书·文宣帝纪》)。面对着老谋深算的宇文泰,高洋毫无畏惧,有条不紊地应对。宇文泰此次出师不利,时逢阴雨连绵,"从秋及冬,诸军马驴多死",只好就此收兵,引军西还。于是自河南洛阳、河东平阳以东,"收之于齐"(《周书·文帝纪》)。建州也完璧归齐。

宇文泰不甘心败在毛头小子手下,于同年十一月,又率领大军东进至陕城,"分骑北渡,至建州"(《北齐书·文宣帝纪》)。由行台侯莫陈崇攻占齐子岭,仪同杨忠从钟鼓道(今阳城西南云蒙山西)出建州,攻占孤公戍(沁水县南)。高洋令大将潘乐率领大兵抵抗;令仪同韩永兴从建州西进,迎击侯莫陈崇。为了显示自己的实力和才能,高洋率领北齐最精锐的百保鲜卑军团,准备在建州和宇文泰较量。广阔的原野上,魁梧勇猛的鲜卑兵往来冲杀,阵形变化多端。西魏兵站在山冈一望,无不心惊胆战。宇文泰仰天长叹:"高欢得其子,虽死犹生也!"

宇文泰一见此景,知道北齐之实力,遂退兵。自此偃旗息鼓,一直不敢东向。高洋也不敢轻易触动这只老狐狸,只是集中兵力南略梁境。北齐的版图日益扩大,今天的河北、河南、山西、山东、苏北和皖北都在它的范围内,俨然成为东方霸主。晋城也进入了安定时期,经济迅速恢复。北齐在统治区内设官冶铁,全国共设七局,泽州地区即有武安(属沁水县)和白涧(属阳城县)两局,成为北齐重要的战略物资供应地。

羊头山石窟与藏阴寺造像碑

石窟艺术是佛教艺术的组成部分,是古代文化中的一朵奇葩。在晋城现存文物中,有19处石窟,其中有11处属于北朝石窟。第六批国家重点文物保护单位高平羊头山石窟,是晋城石窟艺术的代表。

石窟的兴建是为了配合宗教需要。佛教自东汉传入中国,到南北朝时进入了一个大发展时期。在晋城也涌现出一批著名寺院,如初创于后赵的崇安寺、显庆寺,北魏的碧落寺、崇寿寺、定国寺、藏阴寺、德胜寺、大云寺、白云寺,北齐的青莲寺、广福寺、资圣寺、开福寺等。而佛教石窟艺术也逐渐发展,至南北朝时达到了鼎盛。从北魏文成帝和平初(460—465)开凿大同云冈石窟,到孝文帝迁都洛阳开凿龙门石窟,把中国的石窟艺术推向了巅峰。北魏时期,明元帝、太武帝、孝文帝等都曾出巡晋城。迁都洛阳后,晋城处于南北二都之间,北魏官员频繁往来于两京地区,晋城成为这一交通线的重要中转站,因而两京地区的佛教和石窟造像对于晋城石窟的开凿产生了较大影响。各县或开凿大窟,或刻造小龛,至今留有碧落寺石窟、釜山石窟、北遇仙山石窟、石堂会石窟、七佛山石窟、丹朱岭石窟、高庙山石窟等一批北朝石窟。在这些石窟中,规模最大的是高平羊头山石窟。

羊头山石窟位于高平城东北17公里处的羊头山麓,分布范围约6平方公里,立面面积约350平方米。它不同于大同云冈石窟和洛阳龙门石窟,而是开凿在孤石上。有的为窟,有的为龛,还有的是窟、龛组合在一起。考古工作者根据石窟的分布情况,将其由上到下分为10个区域。其中有9座石窟,包括40余个洞窟和100多处佛龛,总计造像在万躯以上，因此羊头山又有"万佛洞"之称。关于羊头山石窟的开凿年代，专家考证后认为大致可分四个时期，即北魏太和年间（477—499）、北魏晚期（516—534）、北齐到隋（550—618）和唐中期。跨越的时间比较长，以北魏晚期的作品居多。

羊头山石窟艺术价值很高，体现出了我国古代劳动人民很高的艺术造诣，奠定了羊头山在佛教文化传播和中国建筑史上的地位，堪称国之瑰宝。从石窟造像风格上来讲，每窟造像各有特点，奇异纷呈，形象逼真，时代特色鲜明。如一号石窟所雕有一佛二弟子二菩萨二天王。佛的莲座有两个供养人屈膝而跪，仰首恭敬；菩萨的手镯、耳环都清晰可见，两侧的天王身披铠甲，手持兵器，脚踏鬼魅，为典型的唐代风格；二号窟，佛和菩萨体态都比较丰腴，菩萨还出现提胯扭臂的现象；五号窟，是羊头山石窟中最大的一组窟、龛造像，正壁的题记年号是大魏正始二年（505）。二力士脚踏瑞兽，仰首相向，形态生动。释迦、多宝二佛，秀骨清像，臂长过膝，四肢细长，为典型的北魏风格；六号窟，佛的衣服也与其他处不同，襟装饰为回字纹，颈上结带形同十字，光头呈花状，火焰纹背光周围有纵飞天纹饰，独具特色；七号窟窟门外两侧是高浮雕力士像，

羊头山北魏石窟

脚踏卧狮,造型潇洒。洞内四壁遍布小佛像共1680余个,栩栩如生。我们不得不惊叹古人的智慧和精湛的手艺。

另外,山腰至山顶有石塔7座、千佛造像碑1通、唐代巨型石雕佛像3尊。石塔高4米至6米不等,其中1座为北魏造像塔,6座为唐塔。山顶北魏四面造像塔,形制独特,塔座为伏牛状,为全国罕见,是研究古代佛教及炎帝部落姜姓尚羊传说的重要实物。千佛殿北魏造像碑,四面满雕佛像,共有小佛像2000多尊,碑底雕有5龛,正面碑身中心雕火焰形大龛,内置坐佛一尊;侧面中雕佛像两龛,为一佛二菩萨。发髻光滑,面相方圆,宽衣博带,肩膀较平。此碑从造型风格来看是国内罕见的。

除石窟之外,晋城北朝时石刻造像存世不少,如吴家沟造像、岳神山造像、石佛岭造像、佛堂沟造像等,且不乏精品。如藏阴寺(青莲寺东5里)北齐造像碑,四面全有雕刻,正面为剔地起突,用高浮雕的形式雕刻了一佛二菩萨组合图案。碑面文字内容为:"大齐乾明元年,岁在庚辰,二月癸未朔八日庚寅,藏阴寺比丘昙始共道俗五十人等,敬造龙华像一躯,今得成就,上为皇帝陛下,师僧父母,法界众生,同入萨婆若海。"石刻的其他三面,内容是一些异域风情的社会活动场面。据大同云冈石窟研究所刘建军先生考证,确认雕刻的内容是《大方等陀罗尼经》中十二梦王的故事。著名佛教考古学家罗炤教授从北京专程赶到晋城,对这件国内罕见的密宗文物石刻作了进一步研究后断定,这件密宗文物不仅比唐代法门寺的密宗实物早150多年,而且早于古印度现存的密宗实物,是全世界现存最早的密宗实物。

藏阴寺北齐造像碑

第五章

盛世辉煌　兵家必争
（隋唐五代时期）

■ 概述

隋唐五代，历时将近四百年。这四百年中，大隋不过三十几年就为大唐取代，五代也仅仅几十年后就成为大宋天下。唐代经历了大治、大盛、大衰。这个时期，以盛唐时期为最盛，中国经济繁荣、文化昌盛、国力强大、疆域辽阔、人口众多。其国际影响力达到鼎盛，朝鲜半岛南部和日本皆被"唐化"。其西部疆域与今伊朗接壤。

隋唐时期，今晋城市范围内的建置是：隋开皇三年(583)，改建州为泽州，治所在源泽水(即丹河)北的高都。"泽州"之名自此始。开皇十六年(596)，析高平置陵川县。大业三年(607)改州为郡，泽州改为长平郡，郡治移至今市区。领丹川、高平、濩泽、沁水、端氏、陵川六县。唐初局势未稳时，于濩泽县(后迁至端氏)置泽州，辖濩泽、沁水、端氏三县；于晋城置建州，辖丹川、晋城(从丹川县分出晋城县，晋城之名始此)二县；于高平米山置盖州，辖高平、陵川、盖城三县。不久将建州合并到盖州。贞观元年(627)，泽州、盖州又合到一起，在今市区置泽州，领晋城、高平、濩泽、沁水、端氏、陵川六县。天宝元年(742)，泽州改为高平郡，濩泽改为阳城，阳城之名始此。乾元元年(758)，仍改高平郡为泽州。

隋唐时期,先后经历了"开皇之治""贞观之治""开元盛世",中国进入空前繁荣时期。晋城也不例外,经济、文化、科技等方面都有较大发展。

隋开皇年间,隋文帝先后任命朝廷重臣伊娄谦为泽州刺史,名臣房恭懿为泽州司马,使晋城人口骤增,经济崛起,成为历史上最兴盛的时期之一。李唐宗亲李元嘉、李元晓、李上金、李宪等在泽州封王为官,推动了泽州经济、文化的发展。李唐后裔落脚泽州,使李姓成为晋城一大望族,涌现出诸多名士。晋城之富,朝野闻名。"上党、长平之民尤重农桑",大麻、赀布(细麻布)、丝绸十分著名。煤炭产量的提高,促进了冶炼业的发展,晋城成为太行山区重要的铁货集散地。火药是中国古代的四大发明之一,晋城在唐代时已成为硫磺与火硝(二者是火药的主要成分)的重要产地。

歌舞升平中,忧患逼近,战乱迭起,大唐由盛转衰,晋城百姓也饱经战乱之苦。在安史之乱中诞生的泽潞军,在平叛中威震四方,成为朝廷倚重的一支生力军。之后,刘稹谋逆,李德裕主持平叛,打击了藩镇势力,维护了中央集权,对"会昌中兴"具有重大意义。唐末五代时,晋城又成为群豪争逐之地。梁、晋对垒,在晋城进行了长达20多年的争夺。后周、北汉争锋,周世宗披挂出征,在巴公原大败北汉、契丹联军,维护了后周统治,并拉开了统一北方的序幕。

隋唐五代,也是晋城佛、道并盛的时期。由于隋文帝兴佛及慧远的影响,佛教达到高峰,晋城出现了一批著名寺院,而青莲寺成为隋代和初唐时期的"佛门之都"。历经沧桑,这些寺庙至今保存有一批唐代珍贵文物,展现了大唐风韵。青莲寺唐代彩塑是我国现存唐代寺观塑像三处中的一处,艺术价值很高。玉溪唐塔是一座造型优美、做工精细、形制十分罕见的佛塔。唐慧峰大师塔反映了唐代建筑与雕刻相结合的水平,其所雕伎乐天是研究唐代民间音乐发展的珍贵资料。作为历史的记忆,晋城现存数十通唐代石碑,弥足珍贵。《硖石寺大隋慧远法师遗迹记》碑刻,是一件非常重要且不可多得的文化遗存,对研究唐代建筑和佛教史具有重要意义。

这一时期晋城的历史人物,首推慧远与荆浩。泽州霍秀人慧远,世称"疏王""释义高祖",成为佛界宗说的集大成者,被后世佛学家推为"齐隋泰斗"。沁水人荆浩,是一位在我国画坛上具有划时代意义的人物。他以崭新的水墨并重的画风和皴染技法的全面发展,使中国山水画大大前进了一步,被视为北方山水画派之祖。其《笔法记》,奠定了我国山水画的理论基础。

隋初泽州名吏伊娄谦、房恭懿

隋代虽然时间不长,但却是晋城历史上一个大发展时期,一个难得的太平盛世。这与隋文帝杨坚施展他的雄才大略,对政治、经济等制度方面进行的一系列改革密切相关,也与地方官的精心治理有关。隋初担任泽州刺史的是济阳公、大将军伊娄谦。

隋文帝杨坚派这样一位朝廷重臣出任泽州刺史,自有深意。在他代周之前,发生了尉迟迥之乱。北周大象二年(580),周太祖宇文泰的外甥、大前疑(北周宣帝时以大前疑为"四辅"之一,为君主辅佐)、相州总管尉迟迥,因不满左丞相杨坚专权而发动叛乱。七月,尉迟迥遣大将石逊统兵前来进攻建州(今晋城)。建州刺史宇文弁,对杨坚专权也心怀不满,待石逊大军到来时,便举城投降,并起兵响应。杨坚以迅雷不及掩耳之势迅速平定叛乱,几个月后便代周建隋。为了稳定局势,遂派名臣伊娄谦任泽州刺史。

伊娄谦(生卒年不详),复姓伊娄,名谦,字彦恭,鲜卑人。性忠直,善辞令。北周时,初任车骑大将军,后进爵为济阳侯,位加开府。杨坚受禅立隋之后,伊娄谦为左武侯将军,不久拜大将军,进爵为公。开皇元年(581),出为泽州刺史。

让人想不到的是,这位大将军来到泽州,对这个刚刚发生叛乱的地方实行了"文治"。

伊娄谦是一位宽厚仁恕的长者,也是一位能化敌为友的智者。在历史上,他宽宏大量、以德报怨的故事广为流传。建德四年(575),北周武帝宇文邕在准备用兵之前,派遣伊娄谦去侦查北齐的虚实强弱,表面的借口是通使访问。到了齐国,伊娄谦手下的参军高遵,将伊娄谦此行的目的泄露给了北齐。齐人就把伊娄谦一行扣押在晋阳。周武帝攻下晋阳以后,召见伊娄谦,并将高遵交给他,任其处置。伊娄谦叩头请求赦免高遵。武帝认为不能这样轻易放过高遵,要伊娄谦召集随从向他脸上吐唾沫,羞辱羞辱他。伊娄谦说:"以高遵的罪行,不是向他脸上吐唾沫所能责备的。"武帝认为有理,也就放过高遵。尹娄谦一如既往地待高遵。伊娄谦任泽州刺史期间,仍然坚持了这一作风,"清约自处,甚得人和"(《隋书·伊娄谦传》)。晋城秦汉时所属的上党郡,以难治闻名。《汉书》云:"太原、上党又多晋公族子孙,以诈力相倾,矜夸功名,报仇过直,嫁取送死奢靡。汉兴,号为难治",故朝廷"常择严猛之将,或任杀伐为威。"然而,作为大将军的伊娄谦不用粗,不动武,与下属关系处理得很好,对百姓也极为关心,办事说到做到,一诺千金,是一位难得的好刺史。人们亲切地称他"千金公"。他在"润物细无声"中,将泽州治理成一片新天

泽州桑林

地,为以后地方官员"文治"晋城树立了榜样。开皇七年(587),伊娄谦患病后辞去职务,地方官吏和百姓恋恋不舍,苦苦相留。临走时,人们纷纷前来送行,"行数百里不绝"(《隋书·伊娄谦传》)。

伊娄谦走后,燕国公于顗、隋初名臣房恭懿来到晋城,沿续了伊娄谦的作风。尤其是房恭懿,成为隋初地方官吏中标杆式的人物。

房恭懿,字慎言,河南洛阳人。父亲房谟,曾任南齐的吏部尚书。隋开皇年间,恭懿先后任新丰县令、泽州司马、德州刺史。文帝曾对各州朝集使说:"当今天下人都要以他为模范,你们都应该向他学习。"

恭懿"性沉深,有局量,达于从政"(《隋书·房恭懿传》),以能干知名。任新丰县令时,他的政绩是三辅地区最好的。后来经宰相苏威举荐,他被提拔为泽州司马。在泽州,房恭懿治政,像伊娄谦一样,坚持以民为本,处处关爱百姓,"百姓视之如父母",成为开皇年间官吏学习的楷模。朝廷多次奖赐他,而他把所得的赏赐都分给贫困的人。隋文帝说:"有像房恭懿这样一心想着国家,爱护黎民百姓的官员,这实在是上天和祖先保佑我大隋王朝,哪里是我微薄的能力能招致的呢!"

在伊娄谦、房恭懿等人的精心治理下,晋城不仅政通人和,而且经济也进入一个大发展期。"开皇之治"时,"君子咸乐其生,小人各安其业,强无凌弱,众不暴寡,人物殷阜,朝野欢娱。二十年间,天下无事,区宇之内晏如也"(《隋书·文帝纪》)。泽州作为著名的经济繁荣区,其盛况更是不言而喻。

泽州这一时期的人口,在隋、唐、宋三朝中是最多的。隋大业三年(607)泽州改为长平郡时,六县"户五万四千九百一十三"(《隋书·地理志》)。按当时全国平均每户5.2口计,共285 547人。而经过隋末动乱,户数锐减,到唐天宝元年(742),六县只有"户二万七千八百二十二,口十五万七千九十"(《新唐书·地理志》)。直到宋崇宁年间(1102—1106),户"四万四千一百三十三"(《宋史·地理志》),仍未达到隋时的数字。在经济上最显著的标志是桑蚕业的发展。由于养蚕获利大,自古就有"一亩桑十亩田""茧桑之利十倍杂粮"之说,故泽州在此期间大力发展桑蚕业。到大业三年,泽州改为长平郡时,桑蚕业已经相当发达。《隋书·地理志》载:"长平、上党,人多重农桑。"泽、潞与魏郡、赵郡、齐郡等成为全国重要的桑蚕之乡。帛是民生必需品,有较稳定的价值,历代皆作为一种较重要的价值尺度与支付手段,具有不同程度的货币性能。桑蚕的兴盛,在一定意义上代表着经济的发达。同时,泽州民风也有了转变,"性尤朴直,盖少轻诈"(《隋书·地理志》)。将建州(州治在高都)改为泽州,也是伊娄谦任泽州刺史时所改的。"泽州"之名,人们往往单与"源泽""濩泽"之类的古地名相联系,但从当时的背景考虑,更重要的是体现了隋文帝"泽被天下"的治国理念和地方官"润泽一方"的抱负。这一时期的泽州,管辖的是六个县,从开皇三年置到大业三年改长平郡共经历了24年。这也是晋城历史上一个经济发展的黄金时期。

高僧慧远与佛都青莲寺

隋文帝统治期间,中国的佛教得到快速发展,拉开了隋唐佛教辉煌发展的序幕。开皇年间,文帝下诏请全国"六大德"同集京辇弘法,而位居六大高僧之首的是泽州青莲寺的慧远大师。

慧远(523—592),俗姓李,泽州霍秀村人,祖籍甘肃敦煌。幼年丧父,与叔同居,6岁时就进入寺院,13岁剃度,16岁赴邺学法,20岁受具足戒。先后拜昙始、僧思、湛律师、昙隐、法上为师,五位师傅都是享誉天下的高僧。北齐天保年间回晋城创建青莲寺。慧远是我国著名的大德高僧,在中国佛教史上占据着极其重要的位置。他与庐山慧远并称为"佛门二远"(庐山慧远为"大远",青莲寺慧远为"小远"),被沙门誉为"僧中之龙"。汤用彤在《汉魏两晋南北朝佛教史》中评价慧远"齐隋之间,推为泰斗"。

慧远在弘法、护法、释义诸方面都对佛教做出了卓越贡献。

慧远弘法,早在东魏和北齐时就已出名。他在邺都开坛讲《十地经论》,听众达上千人,轰动一时。唐释道宣《续高僧传》载:"七夏在邺,创讲《十地》。一举荣问,众倾余席。自是长在讲肆,伏听千余。意存弘奖,随讲出疏。"他"洞达深义,神解更新。每于邺京法集,竖难罕敌。"由此,邺都慧远"名冠远近",身负书笈来求学的僧徒熙熙攘攘,络绎不绝。在长安讲法,慧远在众高僧中名声最盛。他见识多、阅历广、研究深,每次登席讲法,都是纲目具备,文旨允当,弘叙玄奥,辩畅奔流。四方投学者700余人,皆海内英华。

慧远声震天下,是在北周时期。北周武帝执政后,听信卫元嵩之言,大肆灭佛。这是佛教历史上"三武之祸"的第二厄。当时,周武帝把天下高僧召进宫来,要向这些人宣布灭佛决定。在手持刀枪、身披铠甲的武士包围中,参会的五百僧人默然不语,一个个吓得面如土色。独有慧远挺身而

慧远画像

出,不避斧斨,同武帝进行了激烈辩论。众僧惊得目瞪口呆,"见远抗诏,莫不流汗。咸谓粉其身骨,煮以鼎镬"(《续高僧传》),唯恐慧远会遭不测。尽管会后周武帝仍坚持灭佛,但慧远大无畏的护法精神,深受广大僧众崇敬。慧远还叮嘱各位僧人说:"愿各位大德高瞻,光明前途不久就会到来,千万不能以一时的灾难而悲伤。"

慧远对后世影响最大的是其著作。他一生著述颇丰,世称"疏王"、"释义高祖",成为佛界宗说的集大成者。著有《大乘义章》、《十地经论义记》、《华严经疏》、《大般涅槃经义记》、《法华经疏》等,凡20部100余卷,220万字左右,可谓著作等身。其中,《大乘义章》被称为佛教之百科全书,对隋、唐佛教的影响很大。无怪乎唐代著名高僧和佛教史学家释道宣说:"佛法纲要,尽于此焉,学者定宗,不可不知也。"时至今日,海外学者对慧远的学术思想非常重视。美国净土宗研究者田中(Kenneth K.Tanaka)在《中国净土教义的黎明:净影慧远〈观经疏〉》中云:"在北

齐、北周以及隋朝早期的北方（约550—592），如果不能对慧远流传下来的十部或残缺或完整的著作融会贯通，则任何学术研究都无法完成。"①

对于这样一位大德高僧，奉佛极深的隋文帝简直推崇备至。开皇元年（581），文帝召慧远等到法门寺弘法。三年，敕授慧远洛州沙门统。文帝并下旨在晋豫交界之处为青莲寺修建下院净影寺，敕远居之（故亦称"净影慧远"）。七年，又召慧远到大兴城兴善寺弘法，皇帝和大臣有时也去听讲。慧远后回到青莲寺及净影寺，专心注疏《涅槃》。慧远于开皇十二年（592）圆寂，一颗巨星就此陨落。次日罢朝，隋文帝痛心疾首地说："吾伤国宝也！"

晋城旧时高僧迭出，灯灯相继，佛教兴盛，寺院众多，不能不说与隋文帝兴佛及慧远的影响有关。而慧远创建的青莲寺，在隋唐时期更是被僧人誉为"佛门之都"。

青莲寺初名高都（今泽州县）清化寺，俗称硖石寺。始建于北齐天保三年（552），唐懿宗咸通八年（867）赐名"青莲寺"。青莲寺不仅因慧远大师显名，而且在隋唐时还涌现出一批高僧。最著名的有灵璨、慧迁、慧畅、善胄、智徽、辩相、行等、明璨、智嶷、道颜、道嵩、宝安、宝儒、净业、净辩、玄鉴、僧昕、静藏等。这些人都出于慧远门下。慧远贡献更大的是，为佛教界培养了一批又一批高僧。其弟子纵横佛界，扬名全国，领袖当时。青莲寺之名，与他们有着很大的关系。

如果对慧远弟子作一番分析，不难看出在隋代和初唐时，青莲寺慧远一门对中国佛教界的影响是何等之大。

首先，在最令人称羡的佛学研究领域，慧远弟子居领袖地位。隋时，隋文帝大力弘扬佛教义学，即以长安为中心建立了传教系统，选聘当时各学派著名的学者，集中在都邑，分为涅槃众、地论众、大论众、讲律众、禅门众。五众各立一"众主"，领导教学。其间可考的，善胄、慧迁、灵璨均为"众主"。慧远的弟子不仅在隋代时大放异彩，而且他们的影响直到初唐。在唐代前期开阐《涅槃》的高僧中，多为慧远与昙延的门人。弘阐《涅槃》于长安的十六家高僧中，灵璨、善胄、辩相、行等、明璨、道颜等六家皆出自慧远之门下。不仅是这六家，还有在泽州、怀州的智徽，泽州的玄

————————
①转引自李四龙《美国的中国佛教研究》，《北京大学学报》，2004年第2期。

鉴;灵璨(师慧远)有弟子灵润,在长安、洛阳、郑州、魏州等地弘扬《涅槃》;灵润之侄子,也是他的弟子的智衍弘扬《涅槃》于长安、终南山。而在地论的十大家中,慧远弟子占了六家。慧远弟子众多,如灵璨、慧迁、智嶷、智徽、辩相、玄鉴、道颜、僧昕等人,都是《十地经论》名家,他们的影响及于初唐。正如唐初佛学家道宣所说,慧远一门,"大唐之称首也"(《续高僧传》)。

其次,在弘法讲学的舞台上,慧远的弟子也是声名显赫,几乎个个都是高手。慧远在世时,主要活动区域除泽州之外,便是邺都、洛都和长安等佛教活动中心地区。而其弟子也是如此,主要活动的地方除青莲寺及其下院净影寺之外,便是长安的大兴善寺、大禅定寺和大总持寺。三处均为皇家所立,入住者均为大德高僧。而慧远弟子多为奉诏入住,在此开坛布道。净业、静藏、灵润等还入住四方馆,教授来自高丽、新罗、百济和日本的求学僧人。

其三,在轰动全国、波及后世的仁寿置塔中,慧远的弟子多被遴选。隋文帝崇信佛教,仁寿年间曾三次下诏各州建造舍利塔。并在全国范围内遴选名僧,分道送舍利前往安置。当时青莲寺慧远的弟子灵璨、慧迁、善胄、智徽、辩相、智嶷、慧畅、净业、净辩、道颜、僧昕、宝安、宝儒、明璨、

青莲寺

道嵩等都被选中。令人惊奇的是，在数十位僧人中，青莲寺慧远的弟子竟有如此之多。这是当时任何一位高僧、任何一座名寺，都无法相比的。

当然，还有一层更为重要的关系，也许是青莲寺成为"佛都"的真正原因。

佛教传入中国，始于佛典翻译。由于佛经来自古印度，不仅文字难辩，而且词义玄奥莫测。时至今日，仍有无数不解之处。东晋以前，寺院寺僧多以翻译为主，分宗立源并不是十分明显。到了南北朝时，佛教界出现了百花齐放、百家争鸣的局面，各种学派如雨后春笋般兴起。在此基础上，形成了诸多宗源，并一直延续下来。隋唐时，历代皇帝多崇信佛教，佛教进入全盛时期。当时，最为著名的有净土宗、禅宗、天台宗、华严宗、地论宗、涅槃宗、摄论宗、四分律宗等。一般来讲，每个寺院都以一宗说为主，但在青莲寺宗说并存，建有不同宗说的弘法场所。

青莲寺自慧远以来，俱不守门规之约，不泥于成规，不滞于言句，不拘于门派，以其宽广的心胸从各宗之说中吸取营养，进而开悟解脱，"常愿生佛境，而不定方隅"（《续高僧传》）。正是由于这种包容和开拓精神，使青莲寺屡出高僧，名声远播。各门各派在青莲寺都可找到知音。青莲被誉为"佛都"，一点儿都不为过。

唐室宗亲在晋城

唐时，晋城有种特殊的现象：李唐皇室宗亲中有多人与晋城有关，有的封号之名关涉晋城，更多的在晋城或封王，或当官，或为僧。这一群体对晋城产生了深远影响。

密贞王李元晓（？—678），高祖李渊第二十一子，李世民异母弟。贞观五年（631）封密贞王。九年，授虢州刺史。十四年，赐实封八百户。二十三年，加满千户，转泽州刺史。逝后赠司徒、扬州都督，陪葬献陵。

韩王李元嘉（618—688），高祖李渊第十一子。其母宇文昭仪，隋左武卫大将军宇文述之女,有宠于李渊。李渊初即位,就想立她为皇后,她固辞不受。李元嘉少以母宠,特为高祖所爱。武德年间(618—626),被封为上党郡公。贞观九年,授右领军大将军。十年,改封韩王,授潞州都督。高宗末年(683),武氏已经参政,元嘉转泽州刺史。武后临朝,黄公撰及越王贞父子起兵失败,元嘉坐诛,年七十。神龙初,追复爵位。

在李唐皇子中,李元嘉的名声很好。《旧唐书·李元嘉传》载:元嘉"与其弟灵夔甚相友爱,兄弟集见如布衣之礼。其修身洁己,内外如一,当代诸王莫能及者,唯霍王元轨抑其次焉。"李元嘉在任泽州刺史时,也是修身自好,名声颇佳。他是唐代著名的藏书家和书画家。《旧唐书·李元嘉传》载:"元嘉少好学,聚书至万卷,又采碑文古迹,多得异本。"张怀瓘《书断》称其"工于草书",陈思《书小史》称其"尤善书画"。张彦远《历代名画记》说他"善画龙马虎豹"。被杀后,家被抄,所藏图书、字画,焚毁无遗。其子李谯也喜藏书,父子藏书癖最浓,收书最多,"为秘阁所不及"①。他亦写诗,《全唐诗》中收有他的诗作《奉和同太子监守违恋》。

杞王李上金(?—690),高宗李治第三子。高宗即位初,封李上金为杞王。永徽三年(652),让他遥领益州大都督。乾封元年(666),封为寿州刺史,又任过沅州刺史。因为武后厌恶他的母亲,连带讨厌他,而相关人士知道这件事,为迎合武后心意而找了一个罪名削去上金的官位与封邑,将他安置在澧州。嗣圣元年(684),李上金、李素节、义阳公主与宣城公主奔高宗之丧,同年封上金为毕王,又改封为泽王。载初元年(690)七月,就在武则天紧锣密鼓准备登位的前夜,武承嗣使酷吏周兴诬告泽王上金、许王素节谋反,于是将他们两人召回洛阳后交付御史台处理。许王素节被杀后,上金恐惧,自缢死。后追复官爵,被葬在乾陵陪葬。

泽王李义珣,杞王李上金庶子。李上金死后,七个儿子全被流放显州,有六人死于当地,只有义珣藏匿于雇工之中,方躲过一难。神龙元年(705),追复上金官爵,封义珣袭泽王。但是又有人告他非上金子,假冒袭爵。义珣不能自明,又被流放于岭外。直到开元十二年(724),玉真公主表称义珣实上金遗胤,复召义珣为嗣泽王。

泽王李琚,泽王李义珣之子,袭其爵。

---

①李玉安、黄正雨:《中国藏书家通典》,中国国际文化出版社2005年版。

褒信王李璆,许王李素节之子。开元初,封泽王。十二年,李义珣证实身份后,李璆被夺爵,降为郐国公,官宗正、光禄卿,后进封褒信王。李璆聪敏好学,颇有才华。张九龄撰《龙池颂》,许王李瑾不满意,让李璆重撰。

宋王李宪(679—742),本名成器,避昭成太后谥,改名宪。唐睿宗长子,李隆基之兄。李隆基顺利当皇帝,与李宪主动相让有一定关系。文明元年(684),武后以睿宗为皇帝,所以李宪为皇太子。睿宗降封为皇嗣后,更改册封为皇太孙。为此,睿宗继位后,在立太子的问题上甚是犹豫。因宋王李宪为嫡长子,又曾为太子,而楚王李隆基为睿宗继位立有大功,所以长时间难以确定。这时,李宪主动辞太子位。他说:"储副,天下公器,时平则先嫡,国难则先功,重社稷也。使付授非宜,海内失望,臣以死请。"(《新唐书·三宗诸子列传》)因而涕泣,坚持让位。睿宗称赞李宪的辞让之举,于是听从大臣的意见,立隆基为皇太子。对于李宪的辞让,当朝乃至后世评价甚高。《旧唐书》赞曰:"谦而受益,让以成贤。唐属之美,宪得其先。"唐宋八大家之一的苏辙说:"废长而立少,虽圣贤犹难之,宪与玄宗兄弟相安,终身无间言焉,盖古今一人而已乎!"(《栾城集》)睿宗、玄宗对李宪,都封以高官,但李宪数次辞让。开元十四年(726),李宪又上表辞去太常卿职位。不久,任泽州刺史,授予实封5500户。李宪去世时,玄宗号恸失声,左右近臣都为之哭泣。玄宗以李宪推辞天下的行为,有高士的德行,于是追谥为"让皇帝",号其墓为惠陵。

唐玄宗让兄长李宪来泽州,自有深意。玄宗对兄弟的友情特深,即使有谗言挑拨离间,但仍友爱如初。时人都认为天子兄弟之间友爱,近古无比,彼此之间无隔阂。玄宗对待兄长更加亲厚,每当生日必定到他府上祝寿,往往留宿于他住所,常日馈赐不绝,自己的饮食及四方进贡,都分给李宪府中。后来李宪患病,皇宫中派出的医士,以及好的饮食,在到李宪府第的路上,次第相望。当初让李宪来泽州,玄宗明显有照顾的意思。泽州向称富裕,离东都又近,且"比他州为易治"。后来封女儿为高都公主,也有这层意思。

李宪办事向来谨慎,从不干预时政,也不与人交结。在晋城任职也是修身洁己,恭谦小心,毫不张扬。玄宗对他非常信任和敬重。李宪有着很高的音乐天赋。凉州献新曲,皇帝召诸王一同欣赏,李宪认为"曲虽佳,然宫离而不属,商乱而暴"(《新唐书·三宗诸子列传》),从乐曲中看出问题，提醒玄宗注意风波变迁的祸患。等到安史之乱，世间人才想到李宪从乐曲中作出的预测。其子李琩也是音乐奇才，一天早朝路过永兴里时听见笛音，就知道是宫中乐师所吹，他日见了，问："你为何要卧吹？"笛工惊谢。又听到琵琶家康昆仑奏琵琶，曰："琵声多，琶声少，是未可弹五十四丝大弦也。"（《新唐书·三宗诸子列传》）可知李琩的音乐造诣之高。

高都公主，唐玄宗李隆基第十一女。开元二十五年（737）四月，高都以上公主实封1000户。九月十一日，玄宗遣使工部尚书牛仙客、副使黄门侍郎陈希烈持节出行，正式册封其为高都公主。并嘱咐她"增修厥德，式瞻清懿，永固恩荣"（《全唐文·册高都公主文》）。公主下嫁崔惠童。崔惠童拜银青光禄大夫、卫尉卿，《全唐诗》中收录其诗《渡黄河》。唐德宗贞元元年（785）改封晋国公主。

安史之乱后，又有两位李唐宗亲来到泽州，不过既不是封王，也不是为官，而是当了和尚。

一位是神墨法师，唐代宗在位时（762—779）来到泽州。安史之乱前，皇子几乎都集中在东都洛阳，动乱时洛阳被叛军所占，他们自顾不暇，分散逃命。"唐之贵叶"神墨就是这时逃到泽州在青莲寺出家的，并成为一代高僧。唐释道振撰《青莲寺碑》载："近唐代宗之运，神墨禅师，唐之贵叶，学究典坟，义闲庄老，舍荣慕道晦迹，亡名藏阴，宴坐林薮，行节孤迅，人难可俦。"

一位是慧愔法师，唐文宗在位时（826—840）来到泽州。安史之乱后，世风日下，奸佞当道，宦官专权，藩镇割据，盛唐时的雄风已经不再，皇帝一代不如一代，像走马灯一样换个不停。唐文宗执政期间更是政治黑暗，官员和宦竖争斗不断，是唐朝社会走向没落的转型时期。唐文宗本人也形同傀儡，最后抑郁而死。"唐室宗亲"慧愔看破红尘，到处问佛寻道。裴度任河东节度使期间，他来到山西。太和元年（827），慧愔从并州南下，来到泽州青莲寺，剃度为僧，法号慧愔。

李唐皇子在晋城，对当地的影响很大，不仅影响到有唐一代，甚至影响到明清。

从经济方面讲，几乎整个盛唐时期，晋城都是由李唐宗亲控制。由于他们特殊的地位和身份，朝廷的政策势必向其封地或治理的地方倾斜。晋城在唐时富甲一方,不能说与他们没有关系。

从文化方面讲,李唐皇子从小受过良好的教育,多为通今博古、学识渊博之士,对泽州文化的影响颇大。著名的《碧落碑》,就是李元嘉之子、黄国公李谌所撰。青莲寺上寺,就是慧愔任住持时大规模扩建的。慧愔在前人的基础上营造殿宇,广集佛徒,开辟法华经道场,把青莲寺推向了第二个高峰期。晋城的八音会、建筑艺术等在唐代的发展,也势必受其影响。

更为重要的是,造就了晋城一大望族。经过武周诛杀和安史之乱,李唐皇子为了保住血脉,将一些子孙分散而居,有的就在晋城扎下了根。李姓后成为晋城一大望族。金代状元李俊民就是李元嘉的后裔。李俊民所撰《李氏家谱》载:"唐高祖第二十二子韩王元嘉守泽州……其后裔孙因家于泽。或隐或仕。"家谱中追述数代,传承有序。《泽州府志·人物》中的李大节,也是"唐韩王元嘉后",子李旦,孙李异,曾孙李森、李长林,玄孙李曼、李宴,及其后裔李仲略、李伯畴、李中立等,"世跻显仕","一门累叶,多以文学知名"。李大节"长于《春秋》《毛诗》,尤精天官、地舆之学。志尚高洁",为当时所推崇;李异"受韵于大愚公,著《切韵门庭》传世";李曼"称赋材";李伯畴"高才,善属文";李宴、

重刊碧落碑

重刊碧落碑(局部)

李仲略父子博学多才,乃金代名臣。李氏后裔散布于晋城、高平、陵川等地。从《陵川县志》中可考察到韩王元嘉的后裔有20名进士。高平李氏一脉出过9位进士,甚至朝廷重臣,如金翰林侍讲学士兼御史中丞、沁南、昭义节度使李宴,吏部侍郎、山东东西路按察使李仲略等。

李德裕平刘稹

李德裕平刘稹是中唐时期一次重要的战事,震慑了藩镇,巩固了唐王朝的中央集权,对唐"会昌中兴"起了重要作用。

泽潞节度使又称昭义军节度使,管辖泽、潞、邢(今河北邢台市)、洺(今河北永年县东南)、磁(今河北磁县)5州,横跨太行山东西,所居位置十分重要。"泽潞近处心腹,一军素称忠义"(《资治通鉴》卷247)。在安史之乱中,泽潞军战功卓著,为唐室中兴做出了重要贡献。安史之乱后,昭义军节度使李抱真缮甲精兵,"内辑将士,外抗群雄",天下称昭义军为"诸军冠"(《旧唐书·李抱真传》)。在平定魏博节度使田悦、卢龙节度使朱滔兴兵作乱时,昭义军主动出击,战功卓著,成为朝廷十分倚重的一支军队,但自从刘悟移镇泽潞,情况发生了变化。

唐穆宗即位后,义成军节度使刘悟调任昭义军节度使。刘悟纵恣妄为,欲效法河朔三镇割据,不再听命于朝廷,"天下负罪亡命者多归之"(《新唐书·刘悟传》)。刘悟死后,其子刘从谏更加骄横,并且仗凭地利兵重,屡屡向朝廷示威。他把昭义军视作自家的"祖业",欲效河北故事,谋求节度使世袭。刘从谏病危时,因诸子年幼,便任命从子刘稹为牙内都知兵马使,又精心策划了后事,欲让刘稹代之。刘氏的做法,早已引起朝廷的不满,只是顾虑重重,无法下手。刘从

李德裕画像

谏死后，朝廷下旨令刘稹入朝任职。而刘稹当然知道朝廷的用意，不会轻易放弃昭义军。皇帝又让刘稹的生父给他写信，劝诫他不要违旨抗命，利欲熏心的刘稹仍然没有答应。

刘稹事件发生后，怒气冲天的武宗心中无谱，迅速召见李德裕等重臣商议。

李德裕（787—850），字文饶，赵郡（治今河北赵县）人。出身于世家大族，为两任宰相李吉甫之子。李德裕在武宗时出任相位，理政6年，政绩卓著，在当时颇有威名。尤其是用兵之时，常能出谋划策，克敌制胜，其他宰相无人能比。会昌三年（843）正月，取得了对回鹘反击战的重大胜利，维护了唐朝北方边境的安全，接着又平定了幽州卢龙军叛乱。

在武宗与宰相讨论此事时，宰相多认为反击回鹘侵扰的战事刚刚结束，再讨伐泽潞，恐怕国力难以支持。有人甚至认为刘从谏在世时，蓄养了精兵10万，粮草足用10年，难以攻取。谏官和群臣也都主张同意刘稹的请求。李德裕则力排众议，坚决主张讨伐，认为如屈从于刘稹的胁迫，"则四方诸镇，谁不思效其所为，天子威令不复行矣"（《资治通鉴》卷247）。李德裕还向武宗分析当时的军事形势，对此战胸有成竹。武宗听了，高兴地说："吾与德裕同之，保无后悔。"于是决定对昭义镇用兵，"群臣言者不复入矣"（《资治通鉴》卷247）。会昌三年五月十三日，武宗诏令削夺刘从谏及刘稹官爵。

口若悬河的宰相李德裕不同于只会纸上谈兵的赵括，泽潞战事从始到终都是由他一手策划和指挥的，并且打得相当漂亮。

战争初期，李德裕采取了一条非常厉害的措施：切断刘稹与魏、镇节度使的联系。魏博节度使何弘敬与镇冀节度使王元逵都是传袭，与泽潞节度使平素关系密切，雄踞太行险地的泽潞镇，如果再得到他们的支持，战事将非常复杂。反之，如果"两镇听命，不从旁沮挠官军，则稹必成擒矣"（《资治通鉴》卷247）。李德裕给武宗建议，派大臣前去河北，晓谕何弘敬和王元逵：河朔三镇允许传袭已经多年，与泽潞不同。朝廷对泽潞用兵，不派禁军到太行山以东。河北地区属昭义军的邢、洺、磁三州由镇冀和魏博的军队攻占。兵定之后，还要重加封赏。并且还告诉两镇：这次征伐刘稹，皇帝要御驾亲征。两镇节度使有了皇帝的承诺，又见皇帝要亲自征战，自然不敢生变。这在战争未爆发时就占了先机。

李德裕见时机成熟,便命王元逵为泽潞北面招讨使,何弘敬为南面招讨使,主攻河北诸州。征讨泽潞的主力另有安排:河阳节度使王茂元主攻泽州,晋绛行营节度使李彦佐与河东节度使刘沔主攻潞州,又调天德防御使石雄为李彦佐的副手,忠武节度使王宰配合攻泽州。诸路大军齐发,对刘稹展开了进攻。

率先破关进入上党的是西路军石雄。九月二十四日,李德裕见晋绛行营节度使李彦佐行动迟缓,便以石雄代之,命其进攻潞州。石雄是叱咤风云的晚唐名将,新、旧唐书赞他"敢毅善战,气凌三军"。石雄受命,第二天便率7000人东进,兵过坞岭,"破贼五壁,斩获千余,贼大震"。武宗高兴地说:"今将帅义而勇罕雄比者。"(《新唐书·石雄传》)坞岭大捷,对昭义军心理上造成了震慑。

泽州争夺的焦点是天井关。李德裕把攻取天井关的重任交给了王茂元。六月,王茂元命兵马使马继等率步骑兵2000人北上太行,伺机夺取天井关。刘稹也深知天井关的战略重要性,火速派部将薛茂卿领亲军

晋城景德桥

晋城白马寺景公塔

2000人增援。八月十八日，薛茂卿率军猛攻，在天井关南的科斗店擒获马继等4将，焚掠小寨17座。李德裕立即作了调整，以王宰兼河阳节度、行营招讨使，继续进攻天井关，又让石雄派精兵南下，配合王宰夺取天井关。

王宰治军严整，所率忠武军"素号精勇"，"昭义人甚惮之"（《资治通鉴》卷247）。忠武军在攻打天井关的战斗中，没想到薛茂卿对刘稹产生二心，与王宰相通。会昌四年二月初三，王宰率兵进攻天井关，薛茂卿佯战即退，王宰遂占据天井关，并向前推进。刘稹诱杀薛茂卿之后，任命柳公直代领其众。十四日，王宰与柳公直交战失利，柳公直乘胜收复天井关。二十日，王宰引兵反击，重新夺回天井关。

在攻伐刘稹的过程中，李德裕的攻心战术也很成功。上年八月，刘稹手下将领李丕投降，有人怀疑有诈。李德裕说："自用兵以来，未有降者。今天不管他是诚心投降还是使用奸计，我们都必须给予厚赏，以劝将来。但是也不可不防，不要把他放在重要的地方驻守。"他果断地重赏了李丕，在昭义军中产生了巨大的影响。天井关的攻破，就与此有着直接的关系。薛茂卿以科斗店之功，想要得到奖赏，但刘稹不给，而李丕降

泽州府境图

了唐军，却能得到重赏，心里抱有怨言，便与王宰私通，假装战败退出天井关。他回到泽州城中，想给王宰做内应，不料被刘稹发觉，招来杀身之祸。后来，守泽州的昭义军将裴向与刘稹的心腹高文端投降，都与李德裕的攻心战有关。但是对于主犯刘稹，李德裕采取了不同的态度。王宰攻破天井关，大败柳公直，又进围陵川时，刘稹诡称愿降。有大臣上书请朝廷接受刘稹投降，结果遭贬。王宰又请招纳刘稹，李德裕仍然不理，命令石雄火速进兵。

泽潞战事进展得比较顺利，到了七月，守泽州的昭义军主力退守城中。李德裕得知，城中严重缺粮，都是由妇女搓掉谷壳给士兵充饥，便向降将高文端询问破城之策。高文端说："官军今天攻打泽州，恐怕士兵伤亡要重，还轻易拿不下城池。刘稹泽州之兵约15000人，一部分守城，一部分潜伏在山谷，等到官军攻城疲惫时，便从山中冲出解围，官兵必然失利。"他建议李德裕派兵过乾河立寨，自寨城连延筑为夹城，日遣大军布阵于外以抵抗援兵，"贼见围城将合，必出大战，待其败北，然后乘势可取"(《资治通鉴》卷247)。李德裕认为这一引蛇出洞之策甚好,便奏请诏示王宰。

时间不长,邢、洺、磁三州都被攻克,李德裕高兴地说:"上党不日有变矣!"果然,"潞人闻三州降,大惧。郭谊、王协谋杀刘稹以自赎"(《资治通鉴》卷247)。镇守潞州的刘稹部将郭谊将刘稹的首级送到泽州,并遣使奉表及书,降于王宰。困守泽州城的柳公直见到刘稹首级,举营恸哭,亦降于王宰。

泽潞战事只用了短短13个月的时间即胜利结束,5州31县光复。李德裕因功荣升太尉,加封卫国公。对于这一平藩的胜利,历史上都是以褒美为主调的,认为打击了藩镇势力,维护了中央集权。从当时的形势来看,经过安史之乱,藩镇割据成为影响国家稳定的重大问题。部分地方节度使拥兵自重,自成一国,严重削弱了中央的统治力量,使唐王朝由盛而衰,一蹶不振。宋太祖赵匡胤对这一问题就看得比较尖锐,他曾问计于赵普:"唐室祸源在诸侯难制,何术以革之?"(宋·王君玉《国老谈苑》)唐宪宗即位后,决心以法度裁制藩镇,着意用兵对付强藩,并取得一定的成果,出现了"元和中兴"的局面。会昌年间,李德裕和武宗的勤政,以及朝廷的削藩政策使唐朝恢复元气,又出现了"会昌中兴"的局面。应该说,李德裕平刘稹的确有其积极意义。

五代梁晋争泽州

唐末五代军阀割据时期,晋城又一次处于战火之中。梁王朱全忠与晋王李克用及他的继承者,从唐昭宗大顺元年(890),到后梁太祖乾化二年(912),在这里进行了长达22年的对垒。泽州城数度易手,争夺得异常激烈。

朱温(852—912),宋州砀山(今安徽砀山)人。他原是黄巢起义军中的一员重要将领,投降了唐王朝,被封为梁王。在镇压黄巢起义的过程中，发展成为实力强大的军阀。后逼迫哀帝退位，自己当上了皇帝，改国号为梁，史称"后梁"。自此，中国进入五代十国的纷乱时期。

李克用（856—908），别号"李鸦儿"，沙陀族人。生于神武川之新城（在今山西雁门北部）。他先后参与镇压庞勋起义军、黄巢起义军。大顺二年（891）被封晋王。其子李存勖建后唐时，追尊他为后唐太祖。

朱温、李克用都是在镇压黄巢起义军中发展起来的，并

朱温画像

成为北方势力最大的两大军阀。他们眼见朝廷已经无法控制局面，唐王朝的覆灭指日可待，于是在围剿起义军的同时，伺机抢占地盘，扩充自己的势力范围。平复黄巢起义军后，朱温与李克用及其继承者又互相攻伐，史称"梁晋争霸"。在梁晋之争中，双方对上党都非常重视。这里山高地险，地处梁、晋势力的交界地带。李存勖就说："上党，河东之藩蔽，无上党，是无河东也。"况且，上党有支有名的军队，"昭义有精兵，号'后院将'"（《资治通鉴》卷258），自然成为双方争夺的重点之一。

梁、晋争夺泽州，是由昭义军内乱引起的。

上党地区从唐僖宗中和三年（883）十月始，为李克用的地盘。当时，李克用乘昭义军内乱之时，派从弟李克修攻占上党，奏请任命李克修任泽潞节度使。李克修是晋军中既善征战又善理政的将领，他在经略泽潞期间，轻徭薄赋，关爱百姓，而自己生活也非常俭朴，很受百姓的拥戴。唐昭宗大顺元年（890）三月，李克修病死后，李克用以三弟克恭为留后。克恭与克修大不一样，他横行乡里，欺压百姓，生活奢侈腐化，又不习军事，百姓怨声载道。五月，昭义军兵变，杀克恭，推安居受为留后。昭义军小将冯霸叛变，杀安居受，随后以潞州降梁。朱温派朱崇节领兵入潞州，权知留后。

李克用画像

当时潞州归梁,泽州属晋,潞州处于晋的包围之中,泽州则处于梁的合围之下。泽、潞只有连为一体,才可保上党要地。两个枭雄,一个决心要收复潞州,一个要乘机夺取泽州,战争不可避免地发生了。

李克用令大将李存孝、康启立率兵南下,朱温也令朱崇节、葛从周统兵北上。当时,朱温还采用了很厉害的外交手段,同幽州李匡威、云州赫连铎协谋,联名上表请加兵讨伐李克用。大顺元年六月,天子削夺李克用官爵,以张浚为招讨使,以京兆孙揆为副,令华州、幽州、云州诸军及朱温大军合力讨伐李克用。天子诏书一下,朱温立刻派大将李谠、李重胤等率数万汴军精锐兵马,急攻泽州。又派张全义、朱友裕于泽州之北,以作策应。如果泽州问题解决了,就合兵解潞州之围。李克用的主力正在进攻潞州,抽不出更多的兵力救援泽州,但他却选用了人称"李横冲"的李存孝前去对付李谠。李存孝是李克用的养子,乃唐末至五代著名的猛将,武艺非凡,勇猛过人。李存孝只带3000人马前来,以少击众,打败了李谠,保住了泽州。朱温这次丝毫没有占到便宜,不仅没有攻下泽州,连潞州亦被李克用所占。朱温气得将李谠、李重胤斩首。而李克用则兴奋不已,于次年二月"南巡泽、潞",然后统兵下太行,"略地怀、孟"(《旧五代史·唐书》)。

梁、晋再次争夺泽州,是因李罕之而起。

素有恶名的河阳节度使李罕之,在河阳兵败后逃到泽州,投奔到李克用麾下,被任用为泽州刺史。李罕之原来想当节度使,但李克用知道他的品行,没有答应,只给了个泽州刺史的头衔。李罕之心怀不满。唐昭宗光化元年(898)十二月,李罕之乘昭义军节度使薛志勤病死的机会,率领泽州兵占领潞州,降于朱全忠。李克用当然不会置之不理。善于把握战争全局的李克用,这一次又出奇谋:先派熟悉上党地形的大将李嗣昭从河东迂回到泽州,夺取了李罕之的后方根据地,然后从晋阳和泽州南北夹击潞州。这时上党又出现了分属梁、晋的局面。

梁、晋是水火难容的两大敌对势力,在朱温未来的称帝过程中,李克用将是他最大的障碍。光化二年三月,朱温命丁会领兵攻泽州。丁会为唐末大将,在朱温手下屡立战功。廿四日,攻克泽州。李克用派蕃汉马步都指挥使李君庆将兵攻李罕之。五月,朱温坐镇河阳,派兵增援上党。又遣"丁会将兵继之,大破河东兵"(《资治通鉴》卷261)。李克用斩杀逃回的李君庆,以著名大将李嗣昭为蕃汉马步都指挥使,再攻上党。朱温又派葛从周援助丁会。葛从周勇武善战,号称常胜将军,与丁会的配合又很默契,曾联手打过许多胜仗。"丁葛联手",可谓是朱温手中的一张王牌。这张牌果然厉害,使李嗣昭毫无建树。朱温先后将二人调走后,李嗣昭于八月初八攻破泽州,进拔天井关。朱温重新遣葛从周救援时,潞州已被李嗣昭攻占。

梁、晋第三次争夺泽州,发生于唐昭宗天复元年(901)。

朱温在平河北时,占据泽潞的李嗣昭统3万步骑兵南下太行,占领怀州,又进攻河阳。这令朱温很恼火。平定河北诸镇后,朱温决定与李克用进行一次决战,对晋发起全面进攻,并彻底解决泽潞问题。三月廿一日,朱温起用了"壮勇沉毅,胆力过人"的大将氏叔琮,令他亲率5万精兵自太行路直攻泽潞。同时,令魏博大将张文恭领军自新口入;令葛从周领兖、郓之众自土门入;令张归厚以邢州之军自马岭入;令定州王处直之众自飞狐入;令侯言以晋、绛之兵自阴地入。数路大军齐发,全力支援氏叔琮主力军攻泽潞。

时任泽州防守的是泽州刺史李存璋,潞州防守是昭义军节度使孟迁。李存璋虽然勇猛,但势单力薄,手下兵将不多,而孟迁本就平庸,加之其父孟方立曾遭到李克用的讨伐,自己虽然归附了河东军,但心存芥蒂,也不怎么卖命。这样便让梁军轻松夺取了天井关。氏叔琮和康怀节设大帐在昂车镇(今拦车村),指挥攻打泽州城。李克用大兵屯于晋阳,远水解不了近渴,只好令李嗣昭率3000骑兵救援李存璋。李嗣昭当时正在太行山下的怀州一带。待回军时,太行道已被梁军把守,切断了他与上党的联系。李存璋见援军不到,只好弃城而走。泽州城陷,带来严重后果。氏叔琮率军北上，潞州、沁州相继投降，并且数路大军齐向晋阳开拔，包围了太原。时阴雨连绵，遍地泥泞积水，梁军后勤供应不上，军中又传染开了痢疾，病死者众多。晋军猛将周德威、李嗣昭又以精骑突袭，杀戮万计。氏叔琮无心恋战，便退兵南返。

朱温与李克用在世时，最后一次争夺泽州发生于唐哀帝天祐三年（906）到后梁太祖开平二年（908），因丁会降晋引起。

天祐三年十二月，晋军在上党又出现了转机。氏叔琮出兵占领上党后，朱温令丁会前来出任节度使，统领泽潞防守事宜。丁会到了上党，得知唐昭宗遇害的消息后，率领三军缟素发哀。没过多久，他得知朱温是杀害唐昭宗的幕后人物时，心中对朱温充满了恨意。当李嗣昭率军攻城时，丁会便开门投降。朱温立即让徐怀玉率羽林军火速赶赴泽州，部署防守事宜。朱温的判断没错。李嗣昭降服丁会后，便进取泽州。两军都于春节前夕来到了泽州，开始了攻城和守城的较量。李嗣昭本以为泽州守军不多，而自己统率着数万人马，又有昭义军的支援，应该能很快拿下泽州城。但他没有想到，徐怀玉是一员智勇双全的战将，统率的羽林军全是经过专门训练的死士，在晋军强大的进攻面前，毫不畏惧，进退

泽州府治图

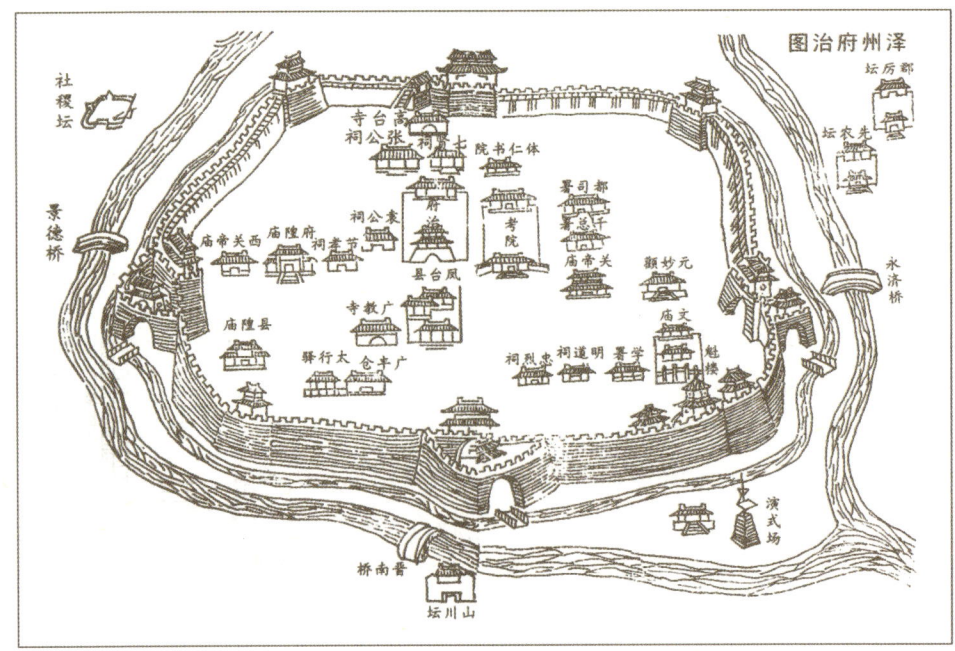

有方。李嗣昭昼夜攻打,穴地而入,徐怀玉开隧道搏杀。李嗣昭无法,只好退兵。徐怀玉死保泽州,为汴军在上党建立了一处重要堡垒,为即将到来的更大规模的上党战役提供了前沿阵地。

后梁太祖开平元年(907)五月,刚刚忙罢登基事宜的朱温,立即命保平节度使康怀贞(后因为避讳,改名怀英)带兵10万(一说8万),与魏博兵同攻潞州。然而,进展并不顺利。康怀贞久攻不下,只好筑夹城围之。李克用命大将周德威带李嗣本、李存璋、李嗣源等赴上党,一边攻后梁军夹城,一边采用"围魏救赵"之计进攻泽州。七月,朱温以李思安代替康怀贞,激战多日,仍相持不下。次年三月壬申,朱温"亲统六军,巡幸泽、潞"(《旧五代史·梁书》)。丁丑,到了泽州,住在泽州城指挥潞州之战。他见李思安久不建功,又以刘知俊代之。李克用于开平二年正月病逝,朱温起初还怀疑李克用是诈死。不久,他方知李存勖已经继位。朱温欣喜不已:"朕所惧者独李克用,今克用已死,存勖小儿岂是朕的对手。区区一潞城,何足惧哉!"便准备退师。众将劝他:"现在机遇难得,陛下在此暂歇旬月,潞州指日可待。"朱温于是留了下来,命增运粮草。刘知俊上任后斩获甚众,便表请自留上党攻城。四月丙午,朱温便离开泽州,返回开封。

后梁的轻敌,导致了灾难性的后果。李存勖得知朱温已走,立即带周德威、李嗣源等大将杀奔上党。适逢大雾弥漫,咫尺不辨,李存勖驱军疾进,直抵潞州城下。梁军毫无防备,伤亡逾万,丢下的粮食、武器如同山堆。刘知俊领了几百残兵逃走。接着,晋军又乘势攻下泽州,打通了南下之路。败报到了汴梁,朱温羞愤之下,不禁长叹:"生子当如李亚子(即李存勖),克用为不亡矣!至如吾儿,豚犬耳!"(《资治通鉴》卷266)

晋军夺取泽州,占领了整个上党,使后梁失去了重要的战略支撑,成为梁晋交战的战略转折点。乾化二年(912)十月,李存勖亲率大军,浩浩荡荡来到泽州,南下太行,开始了战略性的大反攻。自此梁军节节败退,晋军步步进逼,数年后后梁江山被李存勖尽收囊中。

梁晋在泽州长期对垒,对泽州所造成的影响是极大的,战争给人民带来了灾难,尤其是那些视人命如草芥的军阀,其恶劣行为令人发指。如混世魔王李罕之在泽州期间,无恶不作,其罪罄竹难书。他经常派兵下乡,抢劫民众的牲畜、粮食、财物,如果谁有怨言,便一刀刺杀。不可否认,梁晋双方在用武力争夺泽州时,也在一定程度上注重人心争夺。李克用就委派过一些甚得民心的好官,如洁身自好的李克修、爱民如子的李嗣昭等,但在李罕之问题上,却难辞其咎。他虽然也知道李罕之是个恶人,"鹰鸟之性,饱则飏去,实惧翻覆毒余也",但却羡其勇力,"吾于罕之,岂惜一镇;吾有罕之,亦如董卓之有吕布"(《旧五代史·梁书》),用其为泽州刺史,结果弄巧成拙。李罕之不仅祸害泽州,后来还叛晋降梁,给晋带来了灾难。

巴公原之战

后周显德元年(954)三月十九日,周世宗柴荣与北汉主刘崇在泽州进行了一场殊死较量。这就是历史上著名的巴公原之战(亦称高平之战)。

战争是由北汉刘崇挑起的。

刘崇(895—954),又名刘旻,沙陀人,后汉高祖刘知远之弟。刘知远称帝后,任命他为太原尹。隐帝承祐即位,授河东节度使兼中书令。郭威斩杀隐帝、建立后周王朝后,刘崇也在晋阳登基称帝,国号仍称汉,表明自己是后汉王朝的继承者。

北汉与后周虽然相继立国,但国力无法相比。后周地域辽阔,赋税充足,兵多将广,而北汉只拥有汾、并、代等12州土地,财政困难,兵力有限。针对这种局面,刘崇决定仿效石敬瑭的做法,借助契丹的力量与郭威抗衡,而契丹也想利用汉与周的矛盾,从中渔利。当时,契丹已改称辽国,辽主与刘崇约为父子之国。刘崇因石敬瑭做"儿皇帝"已经声名狼藉,不肯与辽约为父子之国,提出可约为叔侄之国。有了辽国这一靠山,刘崇马上对后周用兵,结果在攻打晋州(今临汾)时被郭威重创,北汉与契丹兵死伤过半,损失惨重。

北汉乾祐七年(后周显德元年,954)正月,郭威病死,养子柴荣即位。刘崇心中的火焰又燃烧起来,认为后周新主即位,朝中不稳,正是出兵的好时机,马上遣使赴辽,请求派兵一道伐周。辽主答应了"侄皇帝"的请求,派武定节度使、政事令杨衮率军五六万,号称10万,来到晋阳。刘崇也集结起3万人马,任命义成节度使白从晖为行军都部署、武宁节度使张元徽为前锋都指挥使,与契丹兵一道南下,向后周进攻。

北汉犯境,对刚刚即位的柴荣是一个严峻的考验。

柴荣(921—959),邢州(今河北省邢台市)人。他是后周太祖郭威内侄,被收为养子,又名郭荣。继位后复本姓。《新五代史》称其"器貌英奇,善骑射,略通书史黄老,性沉重寡言"。郭威帮助刘知远建立了后汉政权,一跃成为后汉的统兵大将时,柴荣也因功升左监门卫将军,后又协助郭威掌军。乾祐二年(950)冬天,隐帝刘承佑信用群小,把郭威留在开封的家小全部杀害,连柴荣的家小也未能幸免。这样郭威不得不举兵反叛。郭威建立后周,委任柴荣治理澶州(今河南濮阳县),其境"为政清肃,盗不犯境",展示出卓越的政治才能。回京后,改官开封尹,封为晋王。太祖郭威的两个儿子早就被后汉隐帝杀死,所以郭威一死,皇位自然落到了其养子身上。

当历史把柴荣推上帝王位置的时候,首先听到的不是中原大地的一片欢呼,而是北部边境的阵阵喊杀声。太祖的灵柩还没有发丧入陵,敌人就大举攻来,后周朝臣人心惶惶。在朝臣会议上,柴荣分析了形势,认为刘崇必亲自前来,并力排众议,主张亲征。柴荣的分析果然没有错。二月,刘崇亲自率兵3万,会合契丹杨衮率领的1万多骑兵杀气腾腾南下,直逼后周边城潞州,进而攻取泽州。刘崇这次进攻的第一目标之所以锁定在上党,是因为泽、潞北依汾、并,南临洛、汴,是北汉南下中原的战略通道。当年刘崇的兄长刘知远打下泽州后,仅32天就占据洛阳,入主开封。看来,刘崇是有心步兄长的后尘。

柴荣做出亲征的决策后,紧锣密鼓进行部署。他知道此战关系重大,若是战败,北汉、契丹长驱直入,后果不堪设想。为保证战争的胜利,必须做好充分的战前准备。他首先下令招募各地骁勇之士为禁军,以加强兵力,接着调兵遣将:令天雄节度使(今河北大名一带)符彦卿和镇宁(今河南濮阳)节度使郭崇,引兵自磁州(今河北磁县)直插辽州,防北汉、契丹援兵南下,并断刘崇军后路;令河中(今山西永济)节度使王彦

柴荣画像

超和保义(今河南陕县)节度使韩通,自晋州东北夹击,减轻上党压力;令马军都指挥使樊爱能、步军都指挥使何徽、义成(今河南滑县)节度使白重赞、郑州防御使史彦超等,组成前军,率兵北向泽州,正面迎击敌军。由左神武大将军、宣徽南院使向拱担任前军监军,并选派大将高怀德和其外甥董遵诲为前军先锋,骚扰敌军,以延缓北汉联军的进军速度。还对前线粮草供应、兵器补充等后勤问题一一做了安排。为了稳定政局,巩固后方,颁发免除各州府去年所欠夏秋租税、大赦天下囚犯、起用有才干的被贬官员、给现任官员加恩奖赏等诏书。

这时边关告急,潞州守将李筠令部将穆令均,率步骑两千迎敌。双方在太平驿交战中,穆令均被杀,后周士卒千余人被斩俘。李筠急令撤军,据城固守,并派人向朝廷求救。当时后周军尚未集结完毕,前军和中军的兵力不多,但由于战情紧急,柴荣决定率军先行,把后军增援的任务交给了同平章事、河阳节度使刘词。

显德元年(954)三月十一日,后周都城开封举行了隆重的誓师大会。周世宗柴荣身披盔甲,骑着高大的战马,亲自检阅出征部队,鼓舞士气。然后,率军向西北进发。

三月十六日,柴荣抵达怀州(今河南沁阳),行军三百多里。这时,军报传来:刘崇因潞州守将李筠骁勇无比,不敢恋战,便改变了作战计划,绕过潞州,驱兵向南,准备攻打泽州。军情似火,柴荣下令,全军留下辎重,轻装前进,日夜兼程,不得停留。十八日,大军到了泽州。柴荣连泽州城都不敢停留,直接到城东北的三崚岭(今兴隆山)一带宿营。《资治通鉴》卷291载:"帝过泽州,宿于州东北。"不出柴荣所料,刘崇果然来势凶猛,绕过潞州,一路斩关夺隘,向南挺进,这时已经到了高平的南面。后周前军先锋高怀德、董遵诲正在骚扰敌军。军情紧急,柴荣在三崚岭紧急进行战前部署。

三月十九日,柴荣所率后周军和北汉联军在巴公原相遇。

巴公是泽州的一处重镇,与古城高都相距不远,遥相呼应。巴公镇的周围,是一片开阔的平川,故称为巴公原,简称巴原。巴公原肥田沃土,水源充足,成为晋城的天然粮仓,同时也是古代进行大规模运动战的好战场。

当时,北汉军在巴公原之北的界牌岭(今高平与泽州县交界处),后周军在巴公原之南的三峻岭,巴公原正居二岭之间,自然成为交战的战场。

赵匡胤画像

两军对垒,后周军居南,北汉军居北。

后周军布阵在渠头村一带,滑州节度使白重赞和侍卫马军都虞候李重进为左军,居阵西;樊爱能、何徽统领右军,居阵东;向训、史彦超将精骑居中央,柴荣临阵督战,由殿前都指挥使张永德率领的禁卫军护卫。

北汉联军布阵在巴公镇西北一带,刘崇令大将张元徽居东,契丹大将杨衮居西,自己居中军指挥,摆开决战阵势。刘崇沾沾自喜,此次南征,想不到如此顺利,没费多大力气,就到了后周境内。但他没有想到,柴荣会率军亲征,而且行动如此神速。

当时,正刮着西北风,卷起滚滚尘土,明显对处于上风的北汉军有利。而后周刘词率领的后军还未赶到。刘崇看见后周人马不多,又神气起来,后悔不该白费了许多财物,招来契丹兵。他对部下将领说:"不用契丹,汉军同样可以破敌。今天咱们不只是击败周军,而且要打得漂亮,让契丹兵看了心服口服。"诸将连声附和。契丹杨衮权当没有听见,策马向前,观望周军阵势,见周军阵容齐整,排列有方,便回头对刘崇说:"勍敌也,未可轻进!"(《资治通鉴》卷291)刘崇见杨衮称赞周军,很不高兴地说:"两军胜败之势,已见分晓。这样的机会,怎敢轻易丢失?你不要再多说什么,请带上你的人马到高岗上观阵就行,看看我是如何破敌的。"他把契丹骑兵放置一边不用,只想凭自家军队战胜后周。杨衮很不高兴,不愿再说什么,默默退回自己营中。北汉大臣王得中情知不妙,赶快上前谏阻,刘崇大骂道:"老东西再敢胡说八道,定要处斩!"

当时,西北风一阵紧似一阵,吹得逆向而立的周军士兵睁不开眼。忽然间,老天又神奇地转成了东南风,卷起的灰尘又扑向了汉军。北汉枢密副使王延嗣让司天监李义告诉北汉主,现在赶快开战吧。不知好歹的王得中又向前拦住刘崇的马,进谏说:"李义应该斩首,风势对我方不利。"刘崇训斥他一通,挥动令旗,命左军张元徽率骑兵向周右军进攻。

后周军未料到北汉军会逆风出击,一时惊慌失措。交战时间不长,后周右军将领樊爱能、何徽见北汉军来势凶猛,便带领骑兵,掉转马头仓皇而逃。剩余千余名步兵逃跑不及,被汉军围住,一个个脱掉盔甲,投降北汉。

后周军右翼溃败,阵势动摇,万分危急。在这千钧一发之际,作为全军统帅的柴荣,若有半点慌乱,便会全线崩溃。只见他策马向前,冒着矢石,带领亲兵直冲刘崇牙帐。宿卫将赵匡胤高声喊道:"主危臣死,我等拼死效忠的时候到了!"又对张永德说:"现在敌人骄气已现,我们只要力战就可破敌!你手下将士都是善射者,请引兵登上高岗,出为左翼,以密集的矢石压住阵脚。我率军从右翼进击。国家安危,在此一举!"张永德和赵匡胤各带两千人马,分头出击。《资治通鉴》卷291:"太祖皇帝身先士卒,驰犯其锋,士卒死战,无不一当百。"刘崇急令左右放箭阻挡。后周骁将、内殿直马仁瑀向众兵士高声喊道:"使乘舆受敌,安用我辈?"(《资治通鉴》卷291)跃马引弓,冲入敌阵,连杀数十名敌兵,后周军士气愈加振奋。殿前右番行首马全义见世宗亲冒矢石冲锋,便左挡右拦护卫着皇帝。为了圣上的安全,他劝世宗:"贼势极矣,将为我擒,愿陛下按辔勿动,徐观诸将破之。"(《资治通鉴》卷291)遂带数百骑冲入敌阵。

刘崇见柴荣到了阵前,就褒赏张元徽,叫他迅速进兵,生擒柴荣。张元徽冲锋中战马被射倒,被后周军斩杀。张元徽是北汉第一悍将,尤其擅长重骑兵冲锋。主将一死,全军泄气,阵容大乱。当时东南风越刮越大,后周兵奋勇向前,顺风冲杀。北汉兵丢盔弃甲,四散奔逃。刘崇亲自举起红旗,也遏止不住。杨衮见后周军勇猛,北汉败局已无法挽回,又恨刘崇小视自己,便带领契丹兵偃旗息鼓,匆忙北退。这支真正称得上生力军的契丹铁骑,在这次战争中却没有派上用场。

这时,后周将刘词率后军赶到,后周军如虎添翼,乘胜进击。当时北汉尚有万余人,依涧布阵,扎营设防。惊魂未定的北汉军遭此猛烈攻击,心惊肉跳,一败涂地。大将张晖、枢密副使王延嗣等,也被后周军所杀。北汉军全线崩溃,尸首满山遍谷,辎重、器械、牲畜等无法计算,只有刘崇带了百余名骑兵逃窜。

大战结束,后周军在三嵕岭上举行了盛大的庆祝仪式。三嵕岭至此改名为兴龙山(后演变为兴隆山)。部队按照编制,分别在四个地方集中,后来叫做东、西、上、下元庆。在战争中受伤的兵士日后就地留下来,由政府发给津贴,解甲养伤。与这次战争相关的地名还有东四义、西四义、府城、东顿村、西顿村、车岭、临泽、圣临庵等。

巴公原初战告捷,士气大振,极大地鼓舞了柴荣。他决定齐集诸军,乘胜北进,耀兵于晋阳城下,威慑刘崇。在泽州经过短暂的休整,柴荣便率领大军出发,仅用20天时间,连下6州。但是在围攻太原城时,遇到了麻烦。太原城郭坚固,适值大雨连绵,军中疾病流行,加之粮草不济,契丹又出兵增援,后周只好撤军。

巴公原之战是事关后周存亡兴衰的战役,也是五代十国时期中原王朝由弱转强的开端。虽然这场战争的规模不算太大,但其意义重大。

这场战争不仅使后周解除了外来威胁,而且也消除了内部危机,加强了集权统治,巩固了后周政权。在巴公原之战前,后周正处于政权交接的敏感期。柴荣非郭威亲子,更缺功业、威望,一时难以服众,乃至于在军事会议上,亲征的决定几乎都难以实施。军队中也有相当数量的中高级将领对后周政权存有不满情绪。"这种不满情绪在视卖主求荣为儿戏的五代,很容易演变成倒戈兵变的闹剧"①。虽然御驾亲征是要冒很大风险的,但是正是树立自己威望、巩固皇权统治的机会。在巴公原之战中,柴荣运筹帷幄,显示了杰出的军事才能,可谓一鸣惊人。柴荣的威信得到迅速提高,"自是姑息之政不行,朝廷始尊大"(宋·陶岳《五代史

---

① 范学辉:《高平之战与赵匡胤的崛起》,《山东大学学报(哲学社会科学版)》,2000年第4期。

补》)。"帝违众议破北汉,自是政事无大小皆亲决,百官受成于上而已"(《资治通鉴》卷292)。

巴公原之战还为后周乃至大宋造就了一批贤臣良将。在战事结束后,柴荣大赏巴公原之战中的立功将士。向训、刘词、张永德、李重进、白重赞、史彦超、高怀德、马仁瑀、马全义、蔡审廷、韩重赟、慕容延钊、李继勋、石守信、尹崇珂、董遵诲等参战将领,随军参谋范质、李谷、魏仁浦、晋翰等人,以及负责军器和粮草供应的昝居润、李崇矩、王晋等人都被提升或赏赐。其余立功将校数十人,也分别受到赏赐或升迁。尤其是一大批年轻将领脱颖而出,为军队输入了新鲜血液。在这次战争中表现突出的赵匡胤,在张永德的极力推荐下,迁为殿前都虞候,一跃成为禁军的高级将领,日后又当上了兵马大统帅。时为供奉官的潘美,因功迁西上阁门副使,随后出监陕州军,改引进使。士兵中作战勇敢者,也被提拔为军官。这些被提拔的将士,日后跟随柴荣南征北战,揭开了结束分裂、统一天下的序幕。

在巴公原之战中,后周军队中的问题也暴露出来。在皇帝面前,樊爱能、何徽竟临阵逃脱。柴荣派使去追,不但不听,还将使者斩杀。大战结束后,柴荣下令将樊爱能、何徽及所部军使以上70余人斩首。自此,后周军中骄将惰卒才知军法可惧,不敢妄为。他还乘此机会着手整顿禁军,使之成为一支"士卒精强,近代无比,征讨四方,所向皆捷"的军队(《资治通鉴》卷292)。

对于柴荣来说,巴公原之战是红日初升、花荣叶茂的篇章。他就这样开始了皇帝的生涯,开始创造着自己的故事。在他5年多的统治期间,在军事上西败后蜀,南摧南唐,北破契丹,纵横驰骋,连获胜仗;在政治上锐意改革,澄清吏治,网罗人才,求贤求谏;在经济上兴修水利,发展农业,减轻赋税,鼓励垦荒。柴荣的雄才大略、文治武功在五代所有皇帝中可以说是首屈一指,故被史家称为"五代第一明君"。在整个中国历史上的皇帝中,也称得上是一位极为杰出的政治家和军事家。只可惜他在完成中国统一大业的关键时刻,英年早逝,但他为日后赵匡胤统一中国奠定了基础。

唐塑、唐塔与唐碑

唐代在文化、政治、经济、外交等方面都取得了很高的成就，是中国历史上的盛世之一。一个鼎盛的王朝成就了一段巅峰的艺术，晋城现存的唐塑、唐塔与唐碑，展现了大唐风韵。

唐代彩塑是世界级的宝贵文化遗产。我国现存唐代寺观塑像3处70余尊，其中1处6尊在重点文物保护单位青莲寺净土院（亦称下寺）。主尊弥勒菩萨（其时尚未成佛），是我国唯一的垂腿弥勒塑像。

这组唐代彩塑包括垂腿弥勒佛塑像，文殊、普贤菩萨，阿难、迦叶弟子及供养菩萨造像。所有塑像均造型健美、体态丰盈、面相饱满圆润、衣饰柔丽贴体，从造型到神态都显示出纯正、雍容、大度、大气的大唐造型风度。主尊弥勒佛，莹肤映雪，蛾眉、隆鼻、润唇，丰肌秀骨，肩披长巾袈裟，腰围羊肠大裙，坐须弥座，双足未盘起，自然垂放于莲台之上。这种坐姿称作"善跏趺坐"，又称"倚坐"，盛唐时期则为弥勒佛的标准造型，也可以说是弥勒的专用姿势，其他佛或菩萨一般都不用这种坐姿。这种唐代较为流行的塑像姿势，宋以后极难见到。发螺髻，足丰柔，手纤秀，着袈裟，袒胸露臂，左手置于左膝，右手外举作说法印，曲眉大耳，双目下视，面相丰腴、端庄，神情凝重慈祥，服饰柔软贴体，衣纹线条圆润流

泽州青莲寺唐塑

泽州青莲寺大雄宝殿唐代泥塑

畅,是典型的唐塑佛像风格。从服饰特点上看,弥勒佛衣饰紧贴身上,褶纹稠叠,似衣披薄纱,又如刚从水中出来一般,呈现盛唐"曹衣出水"风格,富于艺术魅力。主尊两侧侍立阿难、迦叶二弟子。迦叶居左,为一阅历丰富、老成持重的老年僧侣形象;阿难居右,是一潇洒、自信的年轻僧侣。佛坛前部,普贤居左,文殊居右,都采用一腿盘曲、一腿自然下垂的"舒坐"坐姿,坐于束腰须弥座上。菩萨面形长圆,神态庄重,头束高髻,两缕发辫从耳后披于双肩,衣饰富丽堂皇,肌肤洁白细润。菩萨的坐骑绿狮和白象,探头探脑,生动有趣。佛坛中部原有两尊对称的供养菩萨,现左尊已毁,仅剩右尊。雕刻手法上着重表现其虔诚供养的神情。这组唐代彩塑,形象丰腴,结构紧凑,色彩绚丽、调和,风格雄浑、优美,对研究唐代美术史具有重要意义。

佛塔是古代高层建筑的代表。两汉南北朝时以木塔为主,唐宋时砖石塔得到了发展。晋城现存唐塔8座,均为砖石塔。玉溪唐塔与唐慧峰大师塔为其代表。

玉溪唐塔是一座造型优美、做工精细、形制十分罕见的佛塔。坐落于沁水县樊庄乡玉溪村,平面成正方形,高6.29米,由基座、塔身、塔刹三个部分组成。基座3层,由下而上随塔身的收分而缩减,与塔身完美结合,给人以协调完整之美感。须弥座束腰四角皆有依柱,束腰刻着建塔缘起和施财人姓名,雕有凸起的图案。塔身共有5层,塔檐全部为叠涩式。第一层系一石室,面南而开,门两侧浮雕盘龙柱及守门力士,拱券上雕飞天、鹏鸟、站佛、走马等。塔室内雕有一佛二弟子二菩萨图案。自第二层起,塔身显著低矮,但每层四周皆雕有佛龛与佛像。塔刹饰山花蕉叶、伏钵、宝瓶等。据有关专家研究,玉溪唐塔与原存于朔州崇福寺北魏天安元年(466)所造小石塔十分相似。由于该塔已经不存(抗战时被日军抢掠),所以玉溪唐塔显得更为珍贵。

唐慧峰大师塔建造于唐昭宗乾宁二年(895),现存于青莲寺内。全塔造型优美,比例适度,雕刻精致,反映了唐代建筑与雕刻相结合的特色与水平。该塔是一座全部由石灰岩制成的石塔,平面呈八角形,高4.8米。塔基为三层叠涩的束腰须弥座,束腰部分雕有人物花草等图案,所雕人物图案题材为伎乐天。有的歌舞,有的奏乐,有吹奏的排箫、横笛,击打的腰鼓、手鼓、钹,还有弹拨类的乐器。它是当时泽州地区民间器乐演奏形式的真实再现,为研究当地民间音乐的发展提供了实物资料。塔身为八角小亭,转角处作三节束莲柱,普柏枋下又雕垂幔纹。塔身正面开一方门,后面刻有文字,介绍慧峰法师。塔身上为八坡水式的塔檐,檐角略微翘起,稍有一点弧形。塔刹共四层,逐层雕作山花蕉叶,圆形刹座,雕刻莲瓣的宝珠垒砌的刹身,葫芦形的刹顶。

碑碣是珍贵的历史记忆。《晋城文物通览》中收有38通唐代石碑,是研究唐代历史的宝贵资料。

《硖石寺大隋慧远法师遗迹记》石碑,是一件非常重要且不可多得的文化遗存。该碑刊刻于唐宝历元年(825),是一通身首一体的碑刻,现存于青莲寺下寺的南殿中。碑首线刻弥勒讲经图,图示唐代寺院全貌,山门、围廊、讲坛、佛殿莫不具备,真实地再现了唐代寺院的布局,比西安慈恩寺大雁塔门楣石刻上的唐代佛殿图更为完整。因为大雁塔那幅图里表现的只是一座佛殿,而此图所刻图案却是一座完整的寺院。图中讲经说法的弥勒菩萨,头戴花冠,结跏趺坐于莲台上,因为当时弥勒尚未成佛,所以服装仍是印度在家人(菩萨)的装束。其身后有侍者,座前有听众,两边还分列着乐手。全图人物众多,建筑宏伟。此碑是研究唐代佛寺布局和形制的形象资料,也是研究我国佛教史的珍贵史料。

北方山水画派鼻祖荆浩

荆浩,字浩然,泽州沁水人,生于唐末,经历五代。荆浩工诗文,通经史,因当时中原一带战乱频繁,政局动荡,他绝意仕进,隐居于太行山的洪谷,并以此自号为洪谷子。

关于荆浩的籍贯,近年来济源相争。其实这个问题不难解决,或者说是一件比较清楚的事情。清代版的《山西通志》里有一篇文章说得很明白:"荆浩,沁水人。善画。"作者好像知道二百多年后有人要争论,特别加了按语:"案:济源有沁水古城,故浩亦有称为河内人者。然以县名系籍,则汉县废已久,故当以泽州之沁水为近是。"乾隆版的《河南通志》和《济源县志》,均不见有关于荆浩的记载。欧阳修的《新唐书》尚且没有漏掉荆浩,《四库全书》也没有漏掉荆浩,足见荆浩在历史上的名望。所以无论如何,若荆浩果真是河南济源人,那么,《河南通志》和《济源县志》的艺文卷里都应该有荆浩的身影。但是没有,没有的结论只能有一个,就是在清代,《河南通志》和《济源县志》的编撰者都认为荆浩不是本地人。反之,清代的《山西通志》和《泽州府志》都清楚记载了荆浩是山西泽州沁水人氏。

五代是我国山水画走向成熟的端始,而荆浩又是承前启后、具有划时代意义的人物。他曾说:"吴道子

荆浩画像

洪谷山荆浩写生地

荆浩《匡庐图》(局部)

画山水有笔而无墨,项容有墨而无笔,吾当采二子之长,成一家一体。"他以崭新的水墨并重的画风、皴染技法的全面发展,创造了笔墨并重的北派山水画,使中国山水画大大前进了一步。历代评论家对他的艺术成就极为推崇,元代汤垕在《画鉴》中将其称为"唐末之冠"。荆浩的山水画传世作品《匡庐图》,笔墨两得,皴染兼备,境界雄阔,景物逼真,堪称"神品"。

　　荆浩不仅是一位艺术大师,还是一位绘画理论家,所著《笔法记》系统地总结了唐以来山水画的经验,对绘画的各个方面作了深入的探讨。《笔法记》把艺术形象创作方法总结为"六要",即"气、韵、思、景、笔、墨",是我国绘画理论上的重大突破和转折;提出"神、妙、奇、巧"四个概念,要求绘画自由洒脱,不要拘泥于形式;提出用笔"四势",即"筋、肉、骨、气",主张筋肉骨结合。又由于他亲历艺术实践之甘苦,其理论才显得特别生动和深刻。从其《笔法记》可以看出他对于笔墨与写实的关系的深度思考以及他倾向于反映现实的观察方法,荆浩的弟子关仝,"初师荆浩……卒得其法,有出蓝之美"(《中国绘画史》)。荆、关的山水画技法直接影响了北宋的风貌,并为两宋山水的多元与融合奠定了基础。宋代可以说是中国山水画的鼎盛期,在技法、观念层面上都达到了巅峰,所以历代尊荆浩为山水画的大宗师。

第六章

和战之间 文风鼎盛
(宋辽金元时期)

■ 概述

宋辽金元,从宋朝建国到元朝覆亡,历时也是四百年。

宋金元晋城建置:北宋沿袭唐朝,属河东路。金代建置为"一司(司候司)、六县(晋城、高平、阳城、陵川、端氏、沁水)",属河东南路。天会六年(1128)至天德三年(1151),一度改泽州为南泽州,以区别于北京泽州。金元光二年(1223),于泽州置忠昌军,升阳城县为勋州。元代,属冀宁路。元世祖至元三年(1266),裁司候司,并裁陵川入晋城,裁端氏入沁水,以泽州领晋城、高平、阳城、沁水4县。至元三十一年(1294),复由晋城析陵川,泽州领晋城、阳城、高平、沁水、陵川5县。

在晋城历史上,这是一个文化发展的重要时期。自程颢办学以来,晋城出现了文风鼎盛、人才辈出的喜人景象。

北宋时期,我国著名理学家程颢在晋城任县令,把晋城当做他实现经学治世理想的"试验田",从抓教育入手,大兴办学之风,仅乡校就办起了72所,出现了"泽州学者如牛毛"的局面。在程颢办学的影响下,金代和元初时期,以郝天挺、郝经、李俊民、晁会、晁国章为代表的教育家,在乡兴学育人,将儒家学风发扬光大,掀起了晋城历史上第二个文教高潮。其时科甲连绵,人才济济,出现了名噪一时金代七状元、武氏叔侄"三状元一进士"和赵氏"兄弟状元",在中国科举史上传为佳话。郝天挺门生元好问,后成为我国金元之际一代文宗。

宋、金、元时期,晋城出现了一批有影响的名臣、名士和名家。被司马光誉为"三晋异才"的刘羲叟,是我国著名的天文、历法学家和史学家。戏曲名家孔三传,首创诸宫调,对中国戏曲的发展做出了卓越贡献。文学家、金代状元李俊民,曾被忽必烈"三召两诏"。忽必烈的重臣郝经,入宋谈判遭拘禁达十数年,始终不屈身辱命,时人称之为"海上苏武"。水利专家贾鲁,领导治理黄河,拯救民众于洪水之中。人们为了纪念他,将山东、河南的两条河均命名为贾鲁河。

宋时,晋城经济快速发展,尤其是煤铁业兴盛,"日输中州不绝"。精美的铁币在中国铸币史上占有光辉的一页。金代人口剧增,成为晋城明清之前人口最多的时期,经济也出现了繁荣景象。正是在经济的支撑下,大兴土木,兴建和维修了一大批寺庙。现存宋、金、元基本保存完好的木结构古建筑,占全国总数的三分之一,晋城因此被誉为中国"古建博物馆"。玉皇庙二十八宿元塑,为海内孤品。开化寺壁画,是我国现存宋代寺观壁画中面积最大、数量最多且独具特色的珍品。

这一时期并非风平浪静。由于朝代更迭和晋城战略地位的重要,发生了不少战事。赵匡胤以宋代周,后周宿将李筠据泽、潞起兵。刚刚黄袍加身的赵匡胤亲自率兵前来平叛,维护了宋朝统治。宋金交战时,王炎"八字军"和梁兴组织的太行忠义社,依托太行山坚持抗金斗争。金末,蒙古成吉思汗命太师木华黎和诸亲王统军南下,数次侵占晋城,而金并山为营进行抵抗,完颜开坚持了长期游击战。"贞祐之乱"以后,华北地区经济文化长期陷于落后,晋城也不例外。蒙古军的疯狂抢掠和残酷屠杀,使晋城人口锐减,生产力遭到大破坏。元代晋城经济衰落,从州到县都沦为下等,直到中后期,晋城方重新崛起,经商人员大幅增加。

大宋开国第一战

宋太祖建隆元年（960）正月初五，开封城旌旗招展，锣鼓喧天，刚刚发动陈桥兵变的赵匡胤，举行了盛大的禅让仪式，堂而皇之当上了皇帝。然而，不到四个月时间，李筠起兵的消息就像一盆冷水一样迎面泼来。

李筠（？—960），初名荣，避周世宗讳，改名筠，太原人。唐末五代时著名战将。幼年从军，以勇力著称，史称能开百斤硬弓。在后唐时期就已经名闻军界，后周太祖时任彰德军节度使、检校太傅、同平章事，权重一时。周世宗即位后，又加兼侍中。他长期任昭义军节度使，统领泽、潞、邢、洺、卫等州，横跨晋、冀、豫三个重要财赋区，是当时势力最为强大的一个藩镇。

赵匡胤早就想方设法笼络李筠，但他自称与周世宗"义同兄弟"，对后周忠心耿耿，不愿做半点对不起后周的事情。赵匡胤登位后，拿出惯用的手段，加封李筠为中书令。不料李筠不吃这一套，与北汉君主刘钧密谋联合出兵伐宋。

建隆元年（960）四月十四日，李筠命令幕府起草檄文，列举赵匡胤罪状，布告天下，并请求北汉出兵支援。同时，亲率兵3万南下，杀死泽州刺史张福，占据了泽州城。

泽州城丢失的消息，令赵匡胤吃了一惊。泽州之重要，乃因它是中原咽喉。往北，可直抵太原，进而攻取河朔；往南，出太行则抵孟、怀，进逼京城。赵匡胤对此十分清楚，并且从泽州的丢失中看到了李筠的实力。

李筠有北汉刘钧的援助，刘钧又有凶悍的契丹做后盾。南面，握有重兵的李重进也蠢蠢欲动。

李筠起兵时，请求北汉出兵支援。刘钧感到多了一个对付宋朝的帮手,自然高兴,除将一批金帛和马匹赠送给李筠外,还准备与契丹联合出兵。但李筠不愿与契丹联合,或许认为自己是周朝的旧臣,与契丹为宿敌,感情上难以接受。史书或说有几千契丹兵参战,其实李筠的先决条件就是不让契丹出兵,否则就不会与北汉联合。

刘钧与宋朝作战的心情非常迫切,尽管宰相赵华反对,但他仍不为所动,准备孤注一掷,倾国内所有兵力与宋朝一争天下。刘钧举行了隆重的阅兵仪式,然后亲率大军南下,与李筠会合于太平驿。曾经势不两立的敌手,为了对付共同的强敌赵宋,终于联起手来。为表诚意,刘钧下令在李筠朝拜时不称其名,座次也安排在宰相卫融之上,并封他为西平王,另外还拿出奇珍异玩及300匹良马赐赏。

镇守扬州的李重进,是后周王朝的开国功臣,也是周世宗柴荣的顾命大将。他打心眼里瞧不起赵匡胤。当他为后周王朝的建立而指挥千军万马浴血疆场时,赵匡胤不过是一个普通兵卒。如今赵匡胤一步登天,坐上了皇帝宝座,这在李重进心里无法接受。听说李筠起兵,李重进打算起兵响应,与李筠联合反宋。

形势危急!如果南北响应,形成夹击之势,将给刚刚建立的大宋王朝带来灾难性的后果。

赵匡胤当机立断,运筹帷幄,显示出高超的处理复杂局势的能力。打蛇打在七寸上,重拳出击的对象当然是已经发难的李筠。赵匡胤采纳枢密使吴廷祚的建议,制定作战方针。其一,速战速决;其二,引蛇出洞,调虎离山。这是根据太行地形、李筠经营多年以及他的性格特点而作出的判断。

接着进行战略部署。伐李之战,关系重大,赵匡胤在选择作战将领时,首先选准了侍卫副都指挥使石守信和殿前副都点检高怀德。两人骁勇善战,又都是自己的亲信。高怀德虽然新婚宴尔,但为了国家的利益,不得不让他挂甲出征。同时,命殿前都点检、镇宁节度使慕容延钊,彰德军留后王全斌率兵从东路进发,与从南路而上的石、高会合。又派遣宣徽使昝居润赴澶州巡检,防止契丹南下;授驻守在邯郸一带的团练使郭进兼任本地防御使和西山巡检,防备北汉东出。

赵匡胤还积极准备亲征。

兵马未动,粮草先行。在后勤供应上,命令户部侍郎高防、兵部侍郎边光范同时充任前军转运使,并责成三司使张美调集兵粮。令赵匡胤高兴的是,怀州刺史马令琮考虑到李筠迟早要反,早就有了准备,积聚了大量粮草以待王师。这样,攻伐李筠,军粮可以就地供应。

完成军事部署的同时,对首都的事宜也进行了安排。吴廷祚被任命为东京留守,派吕馀庆协助,皇弟、殿前都虞候赵光义为大内都点检,侍卫马步军都指挥使韩令坤率兵驻守河阳(即孟州)。赵匡胤这种安排是大有深意的。吴廷祚是个厚道之人,在李筠问题上有独到见解,得到信任。赵光义控制近卫军队,不会发生大的变故。好友韩令坤驻河阳,进可攻李,退可防东京变故。赵匡胤亲征前,慎重地对赵光义说:"是行也,朕胜则不言,万一不利,则使赵普分兵守河阳,别作一家计度。"(宋·王君玉《国老谈苑》)可见赵匡胤已经做了最坏的打算,万一失败,据守河阳以东地区,以图东山再起。

由此可见这场战争关系到大宋王朝的生死存亡,泽州战事意义重大。

至于对付扬州李重进,一个偶然的机会帮助了赵匡胤。在李筠举兵之时,李重进派出心腹之臣翟守珣秘密同李筠联络,准备起兵响应。不料,亲信已生背叛之心,他没去上党,却到了开封告密。赵匡胤大喜过望,盛情款待,并厚加赏赐,给予爵位的许诺。他一方面高唱和平,向李重进颁赐"铁券",以示永葆富贵,誓不相负;另一方面让翟守珣火速返回扬州,编造假军情,延缓李重进起兵时间。翟果然不负众望,费尽口舌劝说李重进要"养威持重",多做准备,不要贸然行动。李重进就这样被一介小臣所左右,丧失了时间和战争的主动权,最后落了个同李筠一样的下场。

赵匡胤的部署,精明而严谨,可谓无懈可击。

五月二十一日,赵匡胤御驾亲征,率领10万大军向泽州进发。二十四日,宋军到达荥阳。洛阳留守向拱建议,大军应急渡黄河,翻越太行山,趁李筠的部队还未完全集结时进行攻击。如果滞留拖延时日,李筠的势头就会越发猛烈。赵普也建议日夜兼程,攻其不备,一战而胜。这些建议使赵匡胤更加坚信自己的决断。

东、南两路先锋军的进军非常顺利。赵匡胤给南路先锋下达的命令是:"勿纵筠下太行,急引兵扼其隘,破之必矣。"(《续资治通鉴长编》)这

晋城回军塔（文峰塔）

就是说，宋军必须抢先占领太行险关，把李筠的部队控制在泽州一带予以歼灭，千万莫让他南下纵横。石守信、高怀德牢记太祖之言，马不停蹄，昼夜兼程，抢先占领了太行要隘天井关，堵住李筠的南下之路。李筠没有展开天井关的争夺，只是率3万余众屯于泽州城南的碾子谷一带，等候与宋军决战。

李筠的部署,确实令人费解。天井关乃太行要冲,泽州门户,一夫当关,万夫莫开,历来为兵家必争。李筠长期驻守上党,不能不清楚此关的重要。而赵匡胤早在六年前跟随周世宗进行巴公原决战时,就意识到天井关的战略重要性。当李筠举兵的消息一传到开封,他的第一反应就是扼住险隘,阻其南下。

战略思想主宰着战场上的主动权。石守信、高怀德抢占天井关后,又迂回袭击了泽州通往潞州运输线上的长平,斩首3000级。慕容延钊、王全斌又从东路斩关夺隘,迂回到泽州,与南路军胜利会师。李筠军需受阻,左右受敌,更严重的是赵匡胤又率重兵杀奔而来。

赵匡胤率军直趋太行山下。羊肠古道,是赵匡胤极为熟悉的道路。六年前征战泽州,他就是沿着这条太行通道策马而上,参加了震撼中原的巴公原之战。战后,他又满载着荣誉和奖赏,风风光光地沿此路下山。不料现在道路上遍布乱石,无法通过。原来,太行山下的地方官员,担心李筠南下,发动兵民遍采乱石,堵塞羊肠古道。明陈邦瞻《宋史纪事本末》载:"六月辛未,帝自帅大众讨筠。山路险峻多石,帝先于马上负数石,将士因争负之,即日平为大道。"石头堆在一处,俨然成了一座石头城。石头城由于城池太小,后人就称它碗子城,一直保留到现在。

赵匡胤还未到达泽州,石守信已统前军取得了碾子谷大捷。碾子谷之战,是赵匡胤平李筠的一场关键性战事。

碾子谷地处泽州城南,为一狭长的谷地。历史上泽州城的攻守之战,往往要在城南的茶元村一带、白水河沿线及南村一线打一场外围战,攻者先要扫清外围,守者亦要保住前沿阵地。

碾子谷之战早就纳入了赵匡胤的战略构思中,东、南两路先锋在泽州游击作战,其目的也就是为了"引蛇出洞""调虎离山"。而李筠不知不觉陷入了这个圈套。天井关失守,大会寨被破,运输线被断,扰得他心烦意乱。宋军神出鬼没,牵着李筠的鼻子到处乱转。李筠索性来了个以逸待劳,集结大军驻扎在城南碾子谷一线,构筑工事,专等宋军来决战。

看来,头脑发热、感情用事的李筠毕竟不是政治家赵匡胤的对手。在战略方针上,李筠同样犯下了错误。从事间丘仲曾向他建议:"大梁甲兵精锐,难与争锋,不如西下太行,直抵怀州、孟州,塞虎牢,据洛邑,东向而争天下,计之上也。"(《宋史·李筠列传》)这是后汉刘知远当年争夺天下所走的路线。此建议是说，不直接与宋军主力相抗，而是攻下今天河南沁阳、孟州一带，进而攻占洛阳，迂回与宋军决战。再联合北汉，勾结契丹由幽州南下，则宋王朝就会三面受敌。刚愎自用的李筠说："吾周朝宿将，与世宗义同昆弟，禁卫皆旧人，闻吾之来，必倒戈归我，况有儋珪枪、拨汗马，何忧天下哉！"（《宋史·李筠列传》）儋珪是李筠的爱将，有勇力，善用枪；拨汗是李筠的坐骑，一天能行七百里，所以李筠才这样夸赞。他过高地估计了自己的力量和影响，力主直攻开封，与宋军主力交战。

五月二十九日，宋军两路先锋齐进，会聚碾子谷。这次战役，是由石守信指挥的。宋朝建立后，石守信列在六位主要开国元勋（翊戴功臣）之首。平李筠时，赵匡胤派石守信为主帅率前军进讨。战事结束后以功加同平章事。

两军列阵搦战。李筠一直有种幻想，认为赵匡胤手下大将皆是周朝宿将，临到战时，只要他振臂一呼，定会反戈相助。岂知这些旧臣，早已甘心归依新主，否则也就不会出现陈桥兵变。当他望见石守信、高怀德等，劝其归降时，反被石守信抓住了把柄，怒斥他先后事后唐、后晋、后周三朝，此时有什么理由反叛呢？

开战不久，北汉河阳节度使范守图被俘，宣徽使卢赞被杀。太原援军中掉队的3000人马，在宋兵追击中，只好缴械投降，结果被宋军全部杀死。李筠大败，退守泽州城中。从这次战役的情况分析，石守信攻击的重点是北汉军。因为李筠和他手下大将儋珪有万夫不当之勇，在主力军未到之前，要一战将其擒获是件不太容易的事情。

宋军正在打扫战场之时，赵匡胤率大军来到。石守信等将以自己的勇敢和机智，为宋太祖赵匡胤送上了一份丰厚的见面礼。

六月一日，赵匡胤来到泽州，立即下令攻打泽州城。

泽州城池虽小，但异常坚固。泽州城乃贞观元年（627）所建，经历了安史之乱、梁晋对垒的考验，在战乱中不断吸取周边城邑的特点进行加固，加之优越的地理位置，很难轻易被攻破。

皇帝亲临前线，对将士的鼓舞很大，人人争先，个个献勇，都不愿放弃立功领赏的大好时机。但一轮一轮的猛烈攻击，都被城墙上如雨的箭矢击退。泽州城久攻不下，使战局陷入胶着状态。对宋军来说，是有危险的。一旦潞州军队进援,北汉和契丹南下,翟守珣拖不住李重进,后果不堪设想,赵匡胤心急如焚。

事实上,城中的李筠也是如坐针毡。城虽未破,但宋军大兵压境,难以持久坚守,破城只是一个时日问题。李筠之妾刘氏,是一个很有见识的女子。她向李筠建议,放弃死守泽州的打算,趁着月暗天黑,率领骑兵突围,返回潞州,然后向北汉求援,再从长计议。但左右极力反对,优柔寡断的李筠拿不定主意,错失了突围的大好时机。

赵匡胤苦思无计,召左厢都指挥史马全义到御榻前赐食问计。马全义说,李筠守的是孤城,只要合力猛攻,一定可以攻下。要是放松,只会对敌人有利。赵匡胤说:"此吾心也。"并让马全义成立一支敢死队,冒死突击,打开缺口。

十二日,更加猛烈的攻城战役开始了。赵匡胤在禁卫部队的防护下,亲自督战攻打。马全义率领的敢死队越过护城河,一直扑到城下,架起软梯。精心挑选的敢死队员,奋不顾身向上爬去。殿前散都头指挥使蔡审廷冲在前面,被飞石伤足,从半空中掉了下来。赵匡胤赶到救护伤员的大帐中,赐以良药、美酒。及车驾还京,幸其官署问之,赐赍甚厚。

战斗进行得异常激烈。城上箭如飞蝗,马全义"率敢死士数十人乘城,攀堞而上,为飞矢贯臂,流血被体。全义拔镞临敌,士气益奋"(《宋史·马全义列传》)。骁武副指挥毋绍斌被流矢射中眼睛,痛入骨髓,但他咬紧牙关,继续攀登。马全义率领的数十名敢死队员终于冒死爬到城上,攀住雉堞登城。

泽州城危机立现。李筠经常挂在嘴上的爱将、神通无比的儋珪见宋军势大,城池难保,竟在关键时刻悄悄逃走,急得李筠惊惶失措。刘氏又一次催李筠率精兵突围,李筠仍犹豫不决。守城士兵已经同宋军的敢死队员打起了肉搏战。看来,李筠不愿临阵逃脱。

马全义率领的勇士冲上城墙,打开了进城之路。王全斌军队率先入城。经过多日激战,泽州城终于落入宋军手中。

李筠见大势已去,命人堆积柴草,准备自焚。刘氏挽住他的臂膊,决意同归于尽。李筠叹道:"我自问已无生理,所以甘心赴火。你肯从死,志节可嘉,但你身怀有孕,倘得生男,将来或可为我报仇。你就看在我俩夫妻一场的份上,为我李家后代着想,速去逃生吧。"夫妻俩抱头痛哭,周围的护卫也无不落泪。宋军士兵的杀声由远而近，传了过来，李筠把爱妾一推，纵身跳进熊熊烈火之中。

宋军突入城中，知道李筠已死。王全斌一马当先，带头大开杀戒，放火烧城。令人不解的是，赵匡胤严于治军，对下级军官和士卒违法者处理极严，特别反对攻陷城池之后大肆抢掠，滥杀无辜，"若犯吾法，唯有剑耳"（《续资治通鉴长编》）。王全斌竟敢在皇帝视野内，大肆烧杀抢掠，岂不怪哉？当然，王全斌在日后伐西蜀时，犯下同样的罪行，遭到了赵匡胤的处罚。

赵匡胤入城，先下令救火，然后揭榜安民。北汉宰相卫融在突围时被宋将活捉，赵匡胤劝他降顺。卫融愤然道："你敢负周，我不负汉！"这两语触动赵匡胤的痛处，他命令士兵用铁器击打卫融的前额，血流满面。卫融大呼道："我死不负主，死也值得了！"赵匡胤见他忠心可嘉，又不觉怜悯起来，令卫士为其松绑，好言相劝。后把卫融放回了太原。

泽州城被破，李筠已死，宋军取得了决定性的胜利。但此时，坚守潞州的李存节仍未降宋。破城之后的几天时间，宋军进行了短暂的休整。十七日，三军开拔，复攻潞州。潞州守将李存节是李筠的长子，他一直不同意其父起兵。如今到了这个地步，一筹莫展，只好开城投降。赵匡胤兵不血刃，征服了潞州。

赵匡胤平李筠，从战场上得到了意想不到的收获。不仅得到了泽、潞等州的土地和人口，复占了后周时期的统治范围，更重要的是，慑服了各路观望的诸侯。北宋中期的名臣富弼曾评说，宋太祖登基之初即以破竹之势平李筠，"则其余藩镇自是束手而听命矣"（《宋史全文·宋太祖二》）。比如，成德节度使郭崇，听说赵匡胤受禅，顿时"忧懑失据"，时常为周室痛哭流涕。平了李筠之后，郭崇主动请求入朝。保义节度使袁彦，闻知赵匡胤自立为帝，日夜缮甲治兵，磨刀霍霍，大有起兵作乱之势。李筠兵败后，赵匡胤令其入朝，袁氏只好打点行装上路。建雄节度使杨庭璋，也是后周的皇亲国戚，其姐乃周太祖郭威之妃。赵匡胤对他尤不放心。平李筠后，杨不得不俯首称臣。

泽州之战的胜利，是赵宋王朝建立后的第一场战事，对于维护社会安定、巩固宋朝统治，起到了至关重要的作用。

程颢兴学与晋城书院

程颢办学,在晋城历史上是一件具有重要意义的大事,对晋城的文化、教育产生了深远的影响。自此,晋城文风大盛,声名鹊起,成为"文献名邦"。

程颢(1032—1085),字伯淳,世称明道先生,北宋著名的哲学家、教育家,理学奠基人。

宋英宗治平二年(1065),程颢调任泽州晋城县令。当时晋城的经济发达,所纳商税占泽州6县总额的三分之二,居山西前三名。但文化状况却不容乐观,"其俗朴陋,民不知学"(朱熹《伊洛渊源录》)。晋城本是"先王遗教"之地,民风甚好,但经过唐末五代长期动乱,民风骤变。正如陈廷敬所言:"当五季迭乱,金革创残之余,礼乐诗书弦诵之习,久而未兴。"(《体仁书院记》)

"以兴起斯文为己任"的程颢,认为要开启民智,必须以教化为先,重教兴学。他提出了"乡必有校"的口号,在全县范围内掀起了兴办乡学的热潮。晋城原来的财富多用于修建寺庙,但在程颢发展教育的倡导下,好钢用在刀刃上,转向兴修学校上。"泽人淳厚,尤服先生教命"(《明道行状》),在短短3年内,晋城开设了乡学72所、社学数十处,可知办学力度之大。

在办乡学、社学的同时,在州城之北的附近办了一处书院,这就是后来称为"程颢书院""明道书院"的古书院。它是晋城当时规模最大的一所书院,也是程颢讲学的地方。《二程集》载:"先生择其秀异,为置学舍粮具,聚而教之。朝夕督学,诱进学者,风靡日甚。"这座书院就读的学生,都是程颢从全县各校中选取的高才生,作为重点培养对象。短短几年,"应书者至数百,登科者十余人"(朱熹《伊洛渊源录》)。

程颢于政务闲暇时,常来书院讲学,讲授的内容以儒家传统经典为

程颢画像

主,亦着重从中发掘新的义理,而非死守旧说。程颢对学生悉心教导,十分爱护和关怀,师生结下深厚的感情。他的讲课不仅生动、精辟,而且注重启发诱导,寓教于乐,学子们恭敬聆听,如沐春风。据《凤台县志》记载,程颢"行县时亲为儿童正句读。春风蔼仁,所在向化。迄今人犹向往之"。

针对晋城人尚武的习俗,出于保境安民的需要,程颢还在书院中开设了武科,明万历《泽州志》载:"农隙讲武事,一时义勇咸为精兵可用。"朱樟《明道程先生祠堂记》云:"集义勇较艺,可当一军。"

为了教化百姓、启迪民智,营造良好的社会风气,不论在乡间的小路上,还是在父老乡亲的家中,程颢动之以情,晓之以理,"有事至县者,(程颢)必告以孝弟(悌)忠信。入所以事其父兄,出所以事其长上"(《宋史·程颢列传》)。由于程颢教化有方,使晋城民风为之大变。《明道行状》记:"乡民为社会,为立科条,旌则善恶,使有劝有耻。邑几万室,三年之间,无强盗及斗死者。"甚至"行旅出于其途者,疾病皆有所养"(《宋史·程颢列传》),俨然成为一个礼仪之邦。

在程颢的努力下,晋城人人好学,家家思进,"虽穷乡曲巷,时闻弦诵声",甚至出现了"驱儿市上买书读,宁使田间禾不薅"的动人景象。程颢办学前,泽州"其民之不喜儒术,境内贡举五六十年无一人登高第者"(李俊民《重修庙学记》),而在其办学之后,"大儒辈出,经学尤甚,虽为决科文者,六经转注,皆能成诵,耕夫贩妇,亦知愧谣诼,道文理,带经而锄者,四野相望"(郝经《宋两先生祠堂记》)。宋元丰八年(1085),河东提点刑狱黄廉来晋城视察,见晋城民众研文习武,谈经论道,蔚然成风,曾经写下了这样的诗句:"河东人物气劲豪,泽州学者如牛毛。大家子弟弄文墨,其次也复挎弓刀。去年校射九百人,五十八人同赐袍。今年两科取进士,落钧连引十三鳌。"(《行县诗》)生动地反映了晋城在程颢办学以后出现的文风鼎盛、人才辈出的景象。

程颢的思想及其兴学重教的功德，不仅为当地造就了一批又一批名士大儒，对晋城后来的历史发展产生了十分深远的影响，而且直接影响了周边地区。明朝官员张琎在《重修程子祠记》中称："熙宁、元丰间，应召者数百人，登科者数十人，达乎邻邑高平，渐乎晋绛，被乎太原。所谓济济洋洋，有齐鲁之风焉者是已。"《泽州府志》和《高平县志》中也记载："宋程明道先生虽为晋城令，教化旁及（高平）士风，发生巨变"，"多建庙祠以祀之"。

北宋治平四年（1067），程颢在晋城任职期满，调往京城开封任职。听到他要走的消息以后，成千上万的老百姓，扶老携幼，前来送行。《凤台县志》记载："程县令去之日，民哭声振野，沿街设香案、摆供品，夹道相送，牵衣顿足者不计其数。"此情此景，让人感动。程颢满怀深情地告别了这片热土，回到朝中。后来城中建起明道先生祠，以"观先生之容，诵先生之书，行先生之行"（贾鲁《明道先生祠堂记》）。他用心血栽植的教育之树，在日后李俊民、郝天挺、晁会、晁国章、侯大中等一代代教育家的浇灌下，结出了丰硕的果实。

晋城书院街程颢书院

程颢创办的书院留在晋城大地上。市区书院街以北,有处叫"古书院"的地方,也就是他当年讲学的地方,后来逐渐形成村落,便名书院村。清嘉庆年间所刻的明道祠碑文中记载:"明道祠者,宋程明道先生讲学地也。斯地旧无居人,因就教而遂家焉,故是村特以古书院为名。"书院毁于金末战火,明代在书院原址重建"文昌书院",又更名为"体仁书院",清代易名为"明道书院"。

除程颢书院之外,晋城历史上的棣华堂、鹤鸣堂、尼山书院、望洛书院、海会别院、文华书院、它山书院、长平书院、正蒙社学、晋城书院、宗程书院、崇正书院、碧峰书院、镜山书院、云月书院、白岩书院、樵山书院等,都是著名的书院。这些书院,为晋城培养了大批人才,是晋城历史上一道独特的人文风景。

程颢在晋城创建书院,兴学重教,是对晋城文化的积极推动,成为晋城人辉煌的文化记忆,它将作为一笔宝贵的精神财富世代流芳。

宋代铁钱

宋代是晋城冶铁业快速发展的时期。代表晋城当时冶铁水平的一个重要标志是铁钱铸造。

宋朝是中国传统社会经济高度发展时期,也是我国古代文化艺术发展的高峰时期。钱币铸造在这一历史时期也呈现出色彩缤纷、争奇斗艳之势。宋币是我国古代数量最多、造铸最好的钱币。宋币上铭刻的文字书法优美,多为名家及皇帝手笔,篆隶真行草俱全,还有古篆体、瘦金体,工艺也非常精良。

北宋时期,泽州和晋州是山西乃至中国北方重要的铸钱基地。当时铸的是轻巧、方便的方孔圆钱,有大钱、小钱之分。

宋朝钱监的管理,在各监铸造钱币之前,事先用铜、锡铸成母钱,由中央颁发到各地,各地据此翻砂铸钱。母钱之上是雕母,母钱之下是样

宋代铁钱

钱,以供工部、户部颁发给各省各地钱监钱炉参照。然后,各个钱监才能根据样钱铸造钱币,不得擅自铸造或者改制铸造。钱监对工匠的管制非常严格,还专设军队保护。

泽州北宋钱币的铸造,有据可查的是从宋仁宗时开始的。康定元年(1040),西夏王李元昊进攻陕西等地,宋朝派兵讨伐,原只使用铜钱的陕西路开始兼用铁钱。其目的为加强陕西战备,防止铜钱外流。《宋史·仁宗本纪》载,康定二年(1041)九月,命河东铸大铁钱。既而陕西都转运使张奎、知永兴军范雍,请铸大铜钱,与小钱兼行,大钱一当小钱十。又请晋州以积铁铸小钱。庆历二年,张奎转任河东都转运使,于当年十月,"又铸大铁钱于晋、泽二州,亦以一当十,以助关中军费。"(《续资治通鉴长编》)。自此,河东路产铁州晋州和泽州始铸大铁钱,全部运往陕西,也自此开了北宋陕甘地区大规模行用铁钱的先例。初行为当十大钱,随后泽州也铸小铁钱。欧阳修《乞罢铁钱札子》:"臣寻至河东取索晋、泽二州铸钱监及诸州军,见使铁钱数,又将都转运司到庆历三年一年都收支钱数……大铁钱自起铸至目下,其铸到四万四千八百余贯,小铁钱自起铸至目下,共铸到一十一万七千七百余贯。"可见当时的铁钱量之大,自然用铁量也大。宋代钱监铸钱,都有一定的重量标准。《文献通考·钱币考》载:"铸大铁钱二百四十两,得钱千,重百九十二两,此其大法也。"也就是说,一贯大铁钱需铁 15 斤。《续资治通鉴长编》载:陕西铸"折二大铁钱二十万贯,计用铁三百六十万斤。"也就是说,一贯折二大铁钱需铁 18 斤。《宋朝事实》所记川蜀用铁钱,"小钱每重六十五斤",按比例每贯约用铁 8 斤。两州铸大铁钱以每贯 15 斤计,需铁 67.2 万斤;小平钱以每贯 8 斤计,需铁 94.16 万斤,共需铁 161.36 万斤。

铁钱的铸造工艺要求十分严格。据张世南《游宦纪闻》载,铁钱"用工之序有三:首曰为模作,次曰磨钱作,末曰整排作"。首先,制作沙模,"液爱泻于兜杓,匣遂明于模印";其次,磨钱,"蹉之以风车之绷轧,辘之以水轮之矸隐",用风力机械和水力机械来磨磋和淘洗钱坯;最后是排整。在这三道工序之前还有化铁等前期工序。从中可以看出,早在900多年前,泽州先人已掌握了利用风力和水力进行机械加工的技术。

如此复杂的工艺,如此精美的宋币,决非普通百姓都可掌握的。令人惊奇的是,泽州之地竟出现了私铸铁钱的歪风,且愈演愈盛。庆历四年(1044)四月,时任太常丞、知谏院事的欧阳修奉命出使河东,在巡察泽州和晋州的铸钱情况时,发现了私铸问题,尤以私铸大钱为盛。他在《乞罢铁钱札子》中讲得很清楚,"小铁钱将本利计算,其利甚薄,不过一倍……其大钱利既博至二十余倍,议者皆谓其利厚于黄白术,虽有死刑,不能禁止。臣昨在河东,于提刑司取索得犯私钱人数已五火。自臣出界后,又续供到新捉获二火。是小钱利薄不足铸,大钱犯法者日渐多","今开厚利之门而致人死法,则诱愚民以趋死;若贷其死,则犯者愈多;急于捕察,则良民一例搔扰;纵而缓禁,则民不胜奸。是深法不可,缓法又不可,捕察又不可,纵之又不可。"况且,"用之既久,币轻物贵,惟奸民盗铸者获利,而良民与官中常以高价市贵物"。经过调查研究,欧阳修得出了停铸铁钱的见解,并且以算账的方式,认为铸铁钱不如铸铜钱,遂给朝廷上书。

对于欧阳修建言中的私铸问题,朝臣看法基本一致,但苦于无法处理。在北宋,私铸一直是个令人头疼问题,到宋末都未能解决。大臣们也曾想了不少办法。如庆历中,"永兴路安抚吴中复请以钱四十买缺薄恶钱一斤,以所买恶钱悉改铸大钱";徽宗时蔡京建言,"召募私铸人,令赴官充铸钱工匠,广为营屋,许其一家之人在营居止,不必限其出入,官给以物料,尽其一家人力鼓铸,计其工直,率十分中支若干分数充其工价,又可收私铸人在官,盖昔人招天下亡命即山铸钱之意"(《文献通考·钱币考》)。这些都是比较温和的手段。其实,盗铸现象从有金属铸币以来即存在,酷刑亦不能解决问题。早在西汉时贾谊即有谏言:"令禁铸钱,则钱必重,重则其利深,盗铸如而起,弃市之罪又不足以禁矣。"(《汉书·食货志》)

对于欧阳修建言中的铸铁钱不如铸铜钱之事,朝臣意见不一。其实,朝廷铸铁钱的初衷,一是解决边关军队经费问题,二是解决边关铜钱流向敌国问题。罢铸铁钱之事争来争去,变来变去,始终未能解决。直到庆历八年(1048)七月,朝廷方罢铸铁钱。但"铜少终不能得",加之"钱荒"问题得不到解决,也不可能彻底罢铸。时间不长,又恢复了铁钱铸造,且铸造的数量愈来愈多。熙宁八年(1075)二月,神宗皇帝诏令"河东转运司依前诏铸钱七十万缗外,增铸小钱三十万缗"(《续资治通鉴长编》)。崇宁二年(1103)始,河东还铸了一种夹锡钱。《文献通考·钱币考》载:"河东运判洪中孚言:'二虏以中国钱铁为兵器,若杂以铅锡,则脆不可用,请改铸夹锡当三、当十铁钱。'从之。"目的很明确,就是防止敌国熔铁钱以铸兵器。后来有了"交子"(纸币),也没有真正停止铁钱的铸造,只能说数量减少而已。

铁钱是中国货币文化中的一朵奇葩。在世界货币文化中,中国并非最早以铁为货币的国家,但历史上任何一个国家,历史上都没有像中国这样铸行过种类、币值等级异常繁多复杂的铁钱。可以说,中国铁钱不仅在东方货币文化史上具有特殊的意义,而且在世界货币文化史上,亦占有重要地位。泽州的铁钱铸造,无疑在中国货币史上占据重要一页。

孔三传与上党宫调

中国戏曲凝聚着中国传统文化的美学思想精髓,在世界戏曲文化的大舞台上闪耀着它的独特的艺术光辉。北宋时期的晋城人孔三传,为中国戏曲的发展做出了不可磨灭的贡献。

孔三传,生卒年不详,为北宋神宗、哲宗时期人。据宋人王灼《碧鸡漫志》卷二称,孔三传大约活动于熙宁到元祐这一段时间里。孔三传佚其本名,以艺名名于时,传于世,意为"多知古事,善书算、阴阳"。又有人

孔三传画像

称孔氏以说唱内容皆演山西故事之佚名撰《刘知远》、董朗撰《西厢记》及王伯成撰《天宝遗事》三诸宫调驰名,故自号三传。他首创诸宫调,是中国戏曲史和曲艺史上有重要地位的艺术家。山西世代相传的上党宫调,就是源于诸宫调。

北宋时期,随着商品经济的发展,城市的不断壮大,市民阶层的兴起,音乐得以繁荣发展,诸宫调就是这时民间兴起的一种说唱技艺,民间艺人孔三传以擅演诸宫调而名噪一时。《碧鸡漫志》载:"熙、丰年间……泽州孔三传者,首创诸宫调古传,士大夫皆能诵之。"耐得翁《都城纪胜》载:"诸宫调本京师孔三传编撰,传奇灵怪、入曲说唱。"宋代孟元老在《东京梦华录》中追忆汴梁"京瓦伎艺"时也说,崇宁、大观以来,孔三传在东京演唱诸宫调,名扬京华。

诸宫调是宋金元时期流行的一种将"说"与"唱"结合起来的说唱艺术,它是取同一宫调的若干曲牌联成短套,首尾一韵;再用不同调的许多短套联成数万言的长篇,杂以说白,以说唱长篇故事。它曲体宏大,曲调丰富,语言通俗生动,曲词可长可短,比较灵活,比以前唱赚等说唱形式在形式特点、音乐体制和表演方式等方面有了更大的突破。孔三传在实践中将唐宋以来的变文、大曲、词调、缠令、缠达以及宋代当时流行的其他俗曲等一类说唱艺术进行了加工整理,把所有的曲调按其声律高低和音色特点,相应地归入各个不同的宫调,将同一宫调的数个曲牌联成一个套数,首尾一韵,再把若干宫调的许多套数连缀起来,最终形成一个完整作品,表演形式以唱为主,兼而有说,用来说唱长篇故事。诸宫调在艺术上超越了以往的各种说唱艺术,这一新颖活泼的文艺样式,不论是在瓦子勾栏,还是在达官贵人的府第,都很受欢迎,成为当时最流行的说唱艺术。

诸宫调的运用是我国说唱艺术发展的一个新阶段，它从乐曲、结构到内容，都为之后元杂剧的形成创造了更成熟的条件，为中国戏曲艺术的发展奠定了基础。关于它对元杂剧的影响，郑振铎先生在《宋金元诸宫调考》中说："就文体演进的自然的趋势看来，从宋的大曲或宋的杂剧词而演进到元的杂剧，这其间必得要经过宋、金诸宫调的一个阶段。"张庚、郭汉城主编的《中国戏曲通史》中指出："诸宫调不仅广罗了各种传统音乐的曲调，也把传统音乐中原有的各种曲牌联套的形式加以发扬光大，使之提到一个新的高度，在历史上第一次完成了一种既有曲调变化、又有宫调变化的联套体制。可以这样说：北曲之作为一个声腔系统出现，这个历史是从诸宫调开始的。"元杂剧中著名剧作家王实甫的《西厢记》正是在金代董解元的《西厢记诸宫调》基础上创作的。

诸宫调对后世戏曲产生了重大影响。上党戏曲的形成与发展，与诸宫调这一艺术创造有着极为重要的渊源关系。现在流行于上党地区的上党梆子，曾称作"上党宫调"，民国时赴并演出即以"上党宫调泽州艺员赴并公演团"为名。到20世纪50年代山西省举办戏曲汇演时方改为"上党梆子"。上党艺人用"宫调"命名上党戏曲艺术，除了表达对先贤的敬仰，还由于孔三传所创的诸宫调与上党戏曲有着密切的联系。诸宫调与宋杂剧、金院本都是宋金时期上党地区流行的表演形式，它们与当时上党地区丰富多彩的民间艺术相互交流、相互融合、相互促进，而宋金时期的社会状况又为这种交流和渗透提供了条件，它们共同促进了上党地方戏曲的形成与发展。高平二仙庙中的宋代石刻"宋金队戏图"及上党地区现存的大量宋金时期的舞楼、舞台、舞亭都可以显示出宋金时

高平王报村金代戏台

沁水郭壁元代舞楼

期上党地区各类演出的繁盛。上党戏中最负盛名的是表现杨家将的"杨家戏"和歌颂岳家军的"岳家戏",这些题材也恰恰与宋代抗辽抗金的历史相对应。文艺作品是时代的反映,这说明,宋金时期是上党戏曲形成过程中一个非常重要的阶段,当时极为流行的诸宫调对上党地区戏曲的重要影响是显而易见的。

关于上党梆子形成的确切年代,从上党地区发现的大量清朝康、乾年间的舞台题壁来看,迟至清乾隆年间,上党梆子已经是一个拥有5种声腔的成熟剧种了。上党梆子以梆子腔为主,兼容昆曲、皮黄、罗戏、卷戏,俗称"昆梆罗卷黄"。其中昆曲唱腔的组织形式为曲牌联套体,其唱段风格的主要表现是典雅细腻、阴柔缠绵、含蓄深沉,清朗上口;梆子和皮黄唱腔的组织形式为板式变化体(亦称板腔体),梆子唱腔风格以高亢激越、粗犷豪放、淳朴大气为长,皮黄唱腔风格的主要表现是沉稳健朗、大气磅礴、庄重大方；罗、卷两种唱腔的组织形式为单曲、小曲、民间俗曲，声腔风格的主要表现是轻松活泼、诙谐调皮。上党梆子在其形成后相当长的一段时期内，曾经是"昆梆罗卷黄"五声腔同台演出的格局。顺治年间，百顺班在阳城县上伏村大王庙舞台后墙的题壁上，写明演出的剧目是《春灯谜》《恩荣第》和《双包记》，其中《春灯谜》是明崇祯年间的昆曲作品。乾隆年间李绿园所著小说《歧路灯》中曾记录"山西泽州锣戏"在开封演出的情节。后来，随着梆子声腔的逐渐强盛，"昆、罗、卷、黄"渐趋式微，只是以梆子为主，有些剧团或唱些皮黄，"上党梆子"成为名副其实的梆子戏。

源远流长的八音会

　　唐宋时期，是八音会重要的发展时期。研究八音会，如果抛开这一阶段，势必会成为空中楼阁。

　　八音会是晋城地区广为流传的一种民间吹打乐，是将各种乐器组合起来的一种乐器演奏形式。由于主要使用鼓、锣、钹、笙、箫、笛、管等八种乐器，故名八音会。又因其广泛流行于晋城、长治一带，故亦称上党八音会。

　　八音会源远流长，并非某一个时代的产物。它与中华文明几乎同步发展，经历了不同历史时期、不同音乐形式的广纳兼容，最终形成了具有鲜明地域特色、节奏热烈奔放、音响高亢洪亮、适宜群体演奏的音乐形式。从晋城民间音乐的发展来看，经过漫长时期的音乐沉淀，到秦汉时上党八音会从乐器配置、使用到演奏方式、用途皆与汉代"鼓吹乐"有相同之处。进入盛唐，晋城地区的民间音乐也进入快速发展时期，对上党八音会的形成影响颇大。

　　唐朝是中国古代社会发展的鼎盛时期，也是我国古代音乐文化取得辉煌成就的时期。唐代的乐舞演奏就有了"正、散、雅、俗"之分，"正"

乐乃官方礼仪之乐（也称雅乐），"散"乐则为民间之乐（即俗乐）。唐代各朝天子的音乐视界大都较为开阔，在一定程度上改变了以往重雅轻俗的做法。这一思想观念上的解放，为唐代乐舞特别是其中具有观赏娱乐价值的俗乐舞的兴盛创造了更加有利的条件。唐玄宗不但成立了教坊、梨园这样专门训练俗乐的机构，而且亲自指点乐工，这对俗乐的发展提高、专业人才的培养起到了极其重要的作用。唐时，晋城是著名的经济富裕之地，也是文化昌盛之州。李元嘉、李元晓、李上金、李宪等十多位李唐皇子在晋城或封王，或为官，或为僧。皇族宗室之人是一个特殊的贵族阶层，其成员从小受到良好的教育，多为通今博古、兴趣广泛之士，对晋城文化的影响颇大。尤其是李宪、李隆基兄弟，均为酷喜音乐之人。李隆基之兄、"让皇帝"李宪在开元年间担任泽州刺史。他和儿子李瑀都

是名闻朝野的音乐奇才,不能说对泽州没有影响。李隆基曾任潞州别驾,在上党地区生活过4年。酷爱音律的他势必会对当地的乐事活动积极倡导,《潞安府志》载:"唐时民间以玄宗自潞州还京师制《还京曲》。"李隆基即位后,视上党为发迹之地,开元年间曾3次巡幸上党,当时民众鼓乐歌舞相迎,有诗形容当时的盛况:"宫里府外灯连彩,街头巷尾笙和歌。"唐玄宗至今被上党戏曲艺人、民间歌舞艺人供奉为梨园鼻祖。除李唐宗室之外,还有一批朝廷重臣、著名诗人担任泽州刺史。赵国公王琚,开元初任泽州刺史。他又是一位诗人,著有《射经》。皇甫曙,开成初任泽州刺史。他与白居易是好友又是亲家,音乐的素养很高,唐代有位诗人叫宝庠,写了一首《留守府酬皇甫曙侍御弹琴之什》,诗中写出琴的演奏合之以箫,并有玉磬加入。这是唯一记录了琴箫合奏的唐代诗作。

皇城相府八音会全景图

诗的结尾处写道:"几载遗正音,今朝自君始。"皇甫曙的《立春日呈宫傅侍郎》,也是一首可供演奏的诗作。可见皇甫曙的音乐素养是很高的。有关音乐工作者考证:现存于上党梆子和民间八音会中的音乐曲牌《大开门》、《得胜令》、《十番》等,就是盛唐音乐的延续。

唐代也是中国佛教和佛教文化发展的鼎盛时期,这时期庙堂音乐得到高度重视与极力推广,并迅速传布民间。晋城地区是一个庙宇极多且佛事繁荣之地,尤其是"隋唐佛都"青莲寺的梵乐向来著名,一直延续到清代。青莲寺现存唐塔,其八角须弥座塔基束腰部分所雕伎乐天,二尊歌舞,六尊奏乐,乐器可见有吹奏的排箫、横笛,有击打的腰鼓、手鼓、钹,还有弹拨类的,是当时泽州地区民间器乐演奏形式的真实再现。这种历史悠久的宗教文化以及频繁的庙会活动,必然使庙堂音乐与上党地区民间音乐相互影响、相互交融。

宋代在中国音乐发展史上是一个重要的转折时期,其最重要的特征就是受商业繁荣的影响,宫廷音乐逐渐世俗化,市井俗乐成为社会音乐生活的主流,各种新的音乐艺术形式层出不穷。从现存宋金的一些文献资料可知,此时的民间音乐不仅是"吹打"的特点突出,而且乐器也更加繁多,从演奏的形制与乐器的使用上看,比唐代更为讲究,配伍也近似现今的八音会。高平开化寺的宋代壁画"露台表演图",其演奏乐队就有12人之多,两边八字排座,所用乐器有拍板、笛子、笙、箜篌、杖鼓、排箫、管子、琵琶等,可见当时民间吹打乐已用于神庙祭祀的演出。现存高平二仙庙宋代石刻"宋金队戏图"中,乐队的乐器有拍板、托鼓、杖鼓、箫、管、笛等,以及宋金时上党地区有不少的舞楼、乐楼等都可以说明上党地区民间吹打乐与宋代杂剧、队戏这种互相融合、互相促进的关系。

八音会经过漫长的历史发展过程,到唐宋时又经历较大的融合和变革,跨入明清也就瓜熟蒂落。晋城地区的经济快速发展,这在客观上为乐户群体的不断增加和当地民间音乐的丰富发展提供了经济支持。在晋东南地区出土的文物中,有一些描绘乐户人的石雕、砖雕、悬雕和壁画,它们神态各异,栩栩如生。晋城现存的明清建筑府城关帝庙中的石柱上就雕刻有乐户鼓吹、打击、弦乐、演唱的各种表演。明末清初,八音会融汇了宫廷、庙堂、戏曲、民歌等音乐精华,定型为一种成熟而大众化的演奏形式,并在晋东南区域繁衍,流传至今。

时代发展到今天,八音会在继承传统的基础上,结合了现代的表演风格,通过艺人们的长期加工和发展,已形成了一种普遍、实用和极具地域特色的民间娱乐文化,深受广大民众喜爱。民俗活动中的婚丧嫁娶、岁时节日、迎神赛社、添丁祝寿、开业典礼、剪彩上梁……都离不开"八音会"来表演。近些年,"八音会"这一文化品牌更是享誉三晋、走向全国,被列入第一批国家级非物质文化遗产名录。

玉皇庙泥塑与开化寺壁画

府城玉皇庙是晋城古代规模最大、影响最广的道教庙宇之一,也是华北地区至今保存最完整的一座道教宫观。庙宇初创于隋,后历经宋、金、元、明、清各朝屡次修葺,方蔚为大观,现基本保持元至元元年

高平市开化寺壁画"露台表演图"

二十八宿塑像之亢金龙

二十八宿塑像之冀火蛇

（1335）重建时格局。其建筑风格融合了中国宫观建筑的主要特点，庙宇内的彩塑、壁画、琉璃构件和木雕皆出类拔萃，是一座名副其实的艺术宫殿。1988年被列为第三批全国重点文物保护单位。

玉皇庙现存的彩塑为全庙艺术之冠，不但数量众多，而且造型独特，自成体系。庙中珍藏有宋、元、明三朝的道教彩塑300余尊，其中玉皇殿中的51尊宋代彩塑是现存北宋道教塑像中不可多得的佳作。对于这组彩塑中的侍女像，艺术界评价甚高，有专家认为，彩塑十分完美，和晋祠侍女像相比较，可以说毫不逊色。玉皇庙最具影响力的是元塑二十八宿，堪称中国古代雕塑艺术的最高成就的代表。

二十八宿塑像，内容奇特丰富，布局严谨合理，思想新颖大胆，情态生动逼真。作者将天文学中的28组赤道星座，与唐代五行家袁天罡确定的28种动物同金、木、水、火、土、日、月合于人，创造出形象丰满的神话人物。这种以人物和动物形象相结合的二十八宿塑像为全国仅有。从塑像风格与手法上来讲，二十八宿塑像既是中外雕塑艺术结合的典范，又是中国古代雕塑艺术现实主义与浪漫主义完美结合的范例。中国传统塑像，膀大腰圆，而二十八宿塑像中一些造像腰部细长，鼻子直挺，犹如希腊鼻，人体比例恰当，毫不

高平开化寺壁画"释迦牟尼说法图"

夸张,明显受到西方雕塑风格的影响。作者把天界的神君想象成人界的品质,化抽象为具体,内容奇特、新颖而大胆。所塑人物类型分明,无呆板雷同感,充分体现了作者丰富的想象力。这些人格化了的天界神灵,女性秀丽温柔,男性温谦凝重,老者睿智慈祥,武士威猛刚健,刻画得栩栩如生。每个人的造型、表情就像我们生活中活生生的人,不分男女老幼,都似曾相识,鲜活地站在面前。杨伯达先生在《中国美术全集》的《概论》中讲:"元代道教造像中最为生动的是晋城玉皇庙二十八宿泥塑像,它是全国泥塑之冠。"我国著名古建筑学家罗哲文在玉皇庙进行考察后,对二十八宿塑像的评价是:"其艺术品位之高,可以说是世界绝版,

海内孤本。"

开化寺创建于唐末天祐年间(904—907),是在唐末诗人、高僧大愚所居五音洞的基础上建立起来的。现存主殿大悲阁、大雄宝殿、观音阁为宋代遗构,其余皆明、清建筑。2001年,开化寺被国务院公布为第五批全国重点文物保护单位。

大雄宝殿是寺内的主要建筑,也是最有价值的建筑。集建筑、彩绘、壁画于一身,堪称三绝,是我国古建筑中的艺术珍品。尤其是该殿的壁画,更是让人赞叹。它是我国现存宋代寺观壁画中面积最大、数量最多、独具特色的珍品,为我们研究古代历史、宗教、建筑、绘画等各个方面提供了珍贵的资料。殿内的东、西、北三面墙壁上绘满了壁画,总面积共96平方米,内容多为佛本生和佛经故事以及当时的世俗生活写照。整个画面构图严谨,笔力遒劲流畅,为研究宋代绘画艺术提供了宝贵资料。画面上还有画师郭发写的题记,始绘于宋元祐七年(1092),告竣于绍圣三年(1096)六月,历时5年。所画笔法精到,胡须历历可数,其图案花边为现代建筑师所效法。从这件900多年前的巨大艺术精品中可以看出,画师郭发是一位对人物、山水、界画都很精通的画家。界画是以宫室、楼台、屋宇等建筑物为题,采用界笔直尺画线的绘画。壁画的保存情况,各部分不同。东壁残损严重,部分画面已经漫漶不清,部分经过后人补绘过,是用连环画形式绘成的佛传故事。另外两壁的壁画保存较好。西边墙壁上的壁画分为三组,以连环画的形式讲述了西方净土世界和如来佛、华色比丘尼的故事等,这组壁画构图严谨、画面工整,人物神态各异,具有很高的艺术价值。尤其是华色比丘尼的故事画得最为精彩。这一段画面仅占二三十厘米见方的篇幅,图中众多人物却神情各异,被刻画得鲜明生动,完全可以同当时精美的卷轴人物小品媲美。北壁画的是"鹿女本生""均提出家"和"西方净土变"等故事,下部绘男女供养人像。画面上生子、乞火、割肉救母、刺瞎双目、流落异邦、回家团圆等情节,都栩栩如生。画中的达官贵人、文人学士、和尚道士、织女耕夫、大贾小贩,乃至于恶徒盗贼等,都是形态逼真,生动传神。壁画手法之高、画技之精、色彩之鲜艳、笔法之细腻令人叹为观止,艺术感染力非常强烈。郭发,这位在中国绘画史上默默无闻的民间艺人,在高平留下了足以震撼后人的作品。

中国"古建博物馆"

晋城市悠久的历史传承、丰厚的文化底蕴,留下了众多的历史文化遗存和文物古迹,是我国名副其实的文物大市。全市现有市级以上文物保护单位达600多处,其中国家级重点文物保护单位就有65处。尤其是现存宋、金、元基本保存完好的木结构古建筑,约占全国总数的三分之一,几乎超过南方此期古建文物遗存的总和,且每处建筑都有鲜明的时代特点,因此,晋城被誉为中国"古建博物馆"。

宋代是晋城经济、文化、科技大发展时期,也是道庙佛寺建筑发展

泽州青莲寺下寺

的一个高峰期,至今留下的木结构建筑有泽州县的青莲寺、府城玉皇庙、小南村二仙庙、冶底岱庙、北义城玉皇庙、周村东岳庙、高都景德寺、河底成汤庙,高平市的崇明寺、开化寺、游仙寺、大周村古寺庙建筑群,陵川县的南吉祥寺、北吉祥寺、小会岭二仙庙等。这些建筑,是晋城经济、文化状况的真实反映,也充分体现了宋代建筑的特点。此处重点介绍泽州青莲寺、高平崇明寺,以及堪为宋代建筑标本的泽州小南村二仙庙和陵川北吉祥寺。

青莲寺始建于北齐天宝年间(550—559),经隋、唐、宋、金至明、清各代相继修建,蔚为大观,是一处集建筑、彩塑及石刻为一寺的艺术宝库,成为我国现存佛教文物最丰富最完整的寺院之一。该寺由上寺和下寺两部分组成,殿堂楼阁鳞次栉比,建筑类型极为丰富。上寺系唐末宋初建筑,是在慧愔时代寺院建筑的基础上进行的翻新和复修,仍有浓浓的唐风,寺貌威严,艺术价值甚高。释迦殿为宋代原构,其建筑出檐深远,举折平缓,庄重稳健,古朴坚固,无论是大木构架,还是柱、额、斗拱

高平崇明寺木构

手法,都反映了晋城地区的地方风格,是晋城地区宋代建筑之代表,也是研究我国古代建筑的珍贵资料。罗汉楼与地藏楼原本均为单层建筑,清乾隆十年(1745)大修时,把宋代遗留的一层整体抬起,在宋代的建筑下附加一层,形成现在的二楼为宋代原建、一楼为清代建筑这种"抬楼增基"的方法,堪称建筑史上的传奇杰作。1988年被列为第三批全国重点文物保护单位。

崇明寺建于北宋开宝四年(971),历代屡有修葺。中佛殿为宋代早期建筑,在建筑风格上沿袭唐风,且结构独特,可谓我国古代建筑中的一朵奇葩,具有很高

的建筑艺术价值。该殿柱头无普柏杭。斗拱七铺作，双抄双下昂，昂为批竹式，昂尾压在四椽栿下皮。补间斗拱五铺作，双抄偷心造，下部无栌斗和直斗与唐代建筑五台山佛光寺东大殿一致。殿内梁架彻上露明造，使用的一对"断梁"，结构奇特，是民间匠师独特的创造，这在建筑史上具有较高的实践意义。断梁是利用两根直径、长短相等的短梁对接而成，"断梁"正中缝下，用顺栿来承托，两端架于前后檐柱斗拱后尾上，并将尾盖重力平衡到前后檐柱之上，这一建筑特点是古代匠师因材设计、小材大用的独特创举。三间殿宇，七铺作斗拱，出檐之深远，又超过了五代时期的建筑平遥镇国寺万佛殿，其建筑风格当属古制。2001年5月26日被国务院公布为全国重点文物保护单位。

　　小南村二仙庙和北吉祥寺，堪为宋代建筑的标本。两处均为国家重点文物保护单位。小南村二仙庙创建于宋绍圣四年（1097）。正殿为宋代建筑，其主体梁架为四架椽栿前压乳栿用三柱，这种减柱布列的形式反映了宋《营造法式》中规制的布局。殿内木雕楼阁式神龛，是宋代天宫楼阁型小木作的杰出范例。神龛为宋崇宁五年（1106）遗物。平面分布总体呈"凹"字形，空间排布由后室并列的两座主龛，与前向突出、左右对称

陵川北吉祥寺

的附龛及连接两附龛的跨空栱形廊桥等五部分构成。附龛位于主龛前向，由两侧对称的二层单开间楼阁与楼阁间跨空弧形廊桥三位一体组成。附龛楼阁平面四柱见方，二层楼阁，腰缠平座，歇山顶。两附龛之间，由一层屋脊起始作弧形跨空桥相连，桥面两端与两龛之平座勾栏相交。桥上两端设有游廊，中央凸起处建歇山顶凉亭一座。主龛与附龛及附龛后壁两山的柱间空隙则均置壁板封闭，使其在平面上连成一体，形制别致，构造奇巧。其中斗栱在楼阁中起着重要的装饰兼结构功能，神龛檐下斗栱密排，按不同的位置采用不同的形制，显得格外富丽。木雕楼阁式神龛是宋代建筑的浓缩体，不仅反映了晋城地区宋代建筑技术的成就，同时也为研究宋代建筑中的斗栱形制、出檐及平座、勾栏等构造风格特点提供了宝贵的实物资料，具有很高的历史、科学与艺术价值。北吉祥寺创建于唐大历五年（770），现存建筑前殿、中殿为宋代遗构，为研究宋代建筑提供了珍贵的实物资料。以前殿为例，该殿面宽进深各三间，共用木柱14根，其中金柱两根，周檐柱12根，属山西地区宋金时期较常见的减柱造格局。各柱头卷刹和缓，风格统一，其不同部位的尺寸与宋《营造法式》的规定正相吻合。各金柱底设有青石质宝装莲瓣式覆盆柱础一枚，础盘边长、盘厚、其上覆盆高凸、盆唇高等，也与宋《营造法式》中的相关规定基本相符，而斗栱用材尺寸恰又与宋《营造法式》用材规定相符。

金代虽然是少数民族统治的朝代，但是在晋城，却出现了金统治区极为罕见的现象。文化、教育出现了晋城历史上第二个高峰，而且经济继续发展，并大兴土木，兴建和维修了一大批寺庙。至今留下的木结构建筑有泽州县的尹西东岳庙、西顿济渎

陵川西溪二仙庙梳妆楼

庙、坛岭头岱庙，高平市西李门二仙庙、中坪二仙宫、二郎庙、嘉祥寺、三王村三峻庙，阳城县润城东岳庙、开福寺，陵川县的西溪二仙庙、崔府君庙、玉泉东岳庙、石掌玉皇庙、白玉宫、南神头二仙庙、寺润三教堂、北马玉皇庙、三圣瑞现塔等。这些建筑，充分反映了金代晋城地区的经济状况及建筑特色。其中以高平西李门二仙庙为代表。

西李门二仙庙，以奉祀乐氏二仙女得名。始建年代不详，今存建筑三进院落，布局均衡整洁，庄重严整。中殿始建于金正隆二年（1157），保存完好。结构简洁牢固，美观壮丽，为研究金代建筑史的宝贵实物资料。中殿前有金代石筑月台。月台须弥座台基的东西两侧，镶嵌有两幅线刻图，东为"宋金队戏图"，乐队展现的乐器有横笛、洞箫、尺八、托鼓、绰板等，服饰为汉人宋式；西为"金人巾舞图"，为一舞队，有手持方巾舞者、吹奏击打乐者，还有击掌观看者，服饰为胡人服饰。所刻人物比例协调，姿态生动传神，衣纹线条流畅。这两幅线刻图是我国已经发现的年代最早的戏剧实物资料之一，是研究宋金文化和上党戏曲发展历史的重要实物资料，文物价值极高。1996年被列为国家重点文物保护单位。

元代是晋城历史上的经济衰落时代。经过金末动乱，蒙古军疯狂抢掠和残酷屠杀，人口锐减，从州到县都沦为下等。直到元末，经济方有起色。然而，就是在这特殊的年代，一些经济相对富裕的地方，仍留下了一批木结构建筑，如泽州县的大阳汤帝庙、川底佛堂、史村东岳庙、水东崔府君庙、薛庄玉皇庙，高平市定林寺、清梦观、古中庙、良户玉虚观、南庄玉皇庙、董峰万寿宫、建南济渎庙、石末宣圣庙、姬氏民居，陵川县的崇安寺、南召文庙等。元代的建筑有着自己的特色，下面以泽州县大阳汤帝庙为例作以介绍。

大阳汤帝庙，始创于宋乾德五年（967），并在宋宣和元年（1119）重修，后在金初为兵火所毁。现存主要建筑成汤殿，其构造充分体现了元代减柱、移柱造的风格特征。以其柱网分布的角度区分，面阔三间，进深三间；以所用梁缝及枋角度区分，为一座面宽七间的八架椽屋。单檐悬山顶，举折平缓。在空间布局上被间隔分成了神居之"屋"和台明两部分，神居之"屋"为七间，正中的三间明间为汤帝殿，东西的两间次间分别为佛祖殿、老君殿。其建筑古拙自然、崇尚实用、灵活洒脱，而减柱、移柱造及自然弯材的使用更是元代建筑的独有标志，堪称晋东南元代建筑的典范。2006年被列为第六批全国重点文物保护单位。

寺庙建筑与当地的信俗文化密切相关。如二仙信俗，这是晋东南地区特有的民间信仰。关于"二仙"的历史传说，在民间最少已经流传了一千六七百年。尤其是宋、金、元时期，二仙崇拜达到高峰。传说中的"二仙"，乃冲惠、冲淑二真人，本是民间二孝女，后来升天为仙，被人们尊之为神。"隆冬采菇""酷暑取冰""尖桶挑水""捡麦升仙"等故事至今在民间广为流传。二仙神话的实质，就是中国的孝道文化，体现的是中华民族传统美德。在晋城，各县都建有不少二仙庙宇，留下了珍贵的历史文化遗产。在国家级重点文物保护单位中，创建于宋代的陵川府城小会岭二仙庙为此类庙宇之先例；高平河西镇西里门村的二仙庙，其中两幅线刻画为全国孤例；陵川潞城镇南神头岭村金代的二仙庙，其现存二仙传说壁画为全国孤例；陵川崇文镇岭常村西溪二仙庙的梳妆楼，被有关专家称为中国古代楼阁式建筑的代表作；泽州小南村二仙庙有目前仅存的、也是最早的宋塑"二仙"像。

除庙宇之外，晋城还有一处珍贵的元代民居——高平姬氏民居。姬宅建筑前檐以四根石柱支撑，青石门墩上刻有"大元国至元三十一年"

高平元代姬氏民居

等字样。其木构为典型的元代特色,是中国目前发现的年代最早的木结构民居建筑。1996年被列为国家重点文物保护单位。

到明清时期,晋城经济、文化、科技又有进一步发展,其富裕名闻天下。从明初到清末,土木工程从没停止过,寺庙建筑进入了巅峰期,晋城现存的木结构建筑多数是这一时期留下的。仅泽州一县现存寺庙就达839座。沁河流域的古堡群,基本上也是这一时期所建。

"三晋异才"刘羲叟

刘羲叟是北宋著名的天文历法学家,编修有《历志》、《历法》、《天文志》等,被司马光称为"三晋异才"。

刘羲叟(1018—1060),晋城高都镇东刘庄村人。自幼聪颖,强记多识,中进士,寓于乡。欧阳修任河北道转运使时,路经泽州,在陋巷中发现了他,知他博涉经史,明于治乱,"其学通天人祸福之际,可与汉之向、歆、张衡、郎𫖮之徒为比"。于是向朝廷写了推荐书,并说"或不如所举,臣甘当朝典"。随后,欧阳修又收到刘羲叟写的《春秋灾异》一书,大加称赞,立即写成奏状,将此书推荐给朝廷,并说"其辞章精博,学识赅明。议论有出于古人,文字可行于当世。然止是羲叟所学之一端。其学业通博,诘之不可穷曲",再次向朝廷推荐,于是朝廷起用了刘羲叟。

入朝后,刘羲叟先后任试大理评事、权赵州审事判官、秘书省著作佐郎、崇文院检讨等官职。

《宋史》记载刘羲叟"尤长于星历、术数",宋仁宗皇祐元年(1049),任唐史编修官,与著名史学家宋祁、宋敏求、吕卿、范镇等共同编修唐史。刘羲叟负责编修《历志》、《天文志》、《五行志》等部分。《宋史·律历志》中记载,"皇祐四年,十一月日月食","崇天历"与"古圣历"不一致,皇帝下诏以唐人历对照审定。参加审定的人都以为崇天历制定的度数密了一点,欲作改动。刘羲叟说:"崇天历颁行逾三载,所差无几,怎么能因为稍出差错就轻易改动呢?"他又说:"古人制定历法的目的,是让我们掌握节令。我们在古人基础上制定的历法,毕竟是前进了的东西,两者不必完全吻合。辰刻出现的差异,未必是历法的问题,也可能是我们校检的问题。"于是"从刘羲叟言,复用崇天历"。后来,周琮、沈括等人对崇天历作过改动,但都失败了,这时他们才相信刘羲叟之言是对的。当时历学首推刘羲叟为第一,欧阳修、司马光皆遵用之。

经过11年的努力,到嘉祐五年(1060),刘羲叟终于完成了《历志》的编纂,计《历法》6卷、《天文志》3卷、《五行志》3卷,共约30万字。

刘羲叟的学识与著作是多方面的,尤其在史学研究方面的成就较为突出。史书记载他著有《十三代史志》、《刘氏辑历》、《春秋灾异》等史著,可惜大都亡佚。

刘羲叟画像

《宋史》还记载,刘羲叟精通算术之学,据说他有观天象而知人事的本领。以致以后的人对他由相信而崇拜,由崇拜而迷信,由迷信而神化。

宰相司马光在刘羲叟母逝回家丁忧时写了《送仲庚归泽州》一诗:

太行横拥巨川回,三晋由来产异才。
展墓乘春走乡陌,负书拂晓下兰台。
河阳路侧花应合,天井关头雪未开。
会使乡人惊六印,莫羞今日敝裘来。

嘉祐五年（1060），刘羲叟修完《历志》。他未生病时，就对人说自己秋天要死，便选好坟地，告诉妻子如何安葬。这年七月，《新唐书》送上朝廷，皇上给他加官至崇文院检讨，但他还没有来得及去面见皇帝，便"疽发背"去世了。据说，他预见生死，坦然离世。

山水画大师萧照

萧照是阳城人，南宋著名画家，是我国古代青绿山水派的代表画家之一。他青年时代便知书善画，十分崇拜当时的名画家李唐，但因不能相见，深感遗憾。靖康年间，金兵南下，中原人民奋起反抗，萧照在太行山参加了义军。一天，他们出击金兵，途中捉住一个过路人，检查他的行李，尽是画笔和颜料，经过审问，乃知他就是萧照仰慕已久的李唐。萧照拜李唐为师，不久，跟随他到临安（今杭州），专心学画。李唐"感其生全之恩，尽以所能授之"。不出几年，萧照便全学得了李唐的画艺，并有所创新和发展。绍兴年间（1131—1162），萧照被选入画院，任待诏，补迪功郎，与李唐、李迪、苏汉年、赵伯驹等人齐名。宋高宗曾给他的画《山水小景》题诗："白云断处斜阳转，九曲青山照画屏。"

当时南宋的画院主要是青绿山水画。李唐初法唐代李思训，又受荆浩、范宽影响，画风古朴苍劲，积墨深厚，促成了南宋初年山水画风的大变化。萧照师承李唐，自然成为这一画派的健将。萧、李开创了南宋画院水墨画苍劲山水一派。

萧照虽是李唐的传人，但他并不拘泥于李的传授，而是注意吸取众家之长，形成了自己的风格：墨气厚重，题款用石鼓文书于树石间。他的山水画，异松怪石，苍浪古野，极富感染力，让人感到一种波涛汹涌、云屯风卷的气势，其作品有《岳祠汉柏图》、《松壑清阳图》、《春江烟雨图》、《山居图》、《江山图》、《山腰楼观图》等。其中《松壑清阳图》描写绝壑危崖，松柏森林，庙宇高下，散处其间的景色，被誉为"妙得李唐之神"，"真景会意

萧照《秋山红树图》(局部)

先,笔游天外者"。《江山图》极为强烈地表现了萧照的爱国精神,用画笔抒发了他"长江吞吐恨无极"的情感和"别洒妙墨为圩谟"的抱负。

萧照与其他画家不同,他还从事大型山水画的创作,如杭州显应观、西太乙宫等处,都有他的绘壁。其中最为著名的是在绘画史上传为美谈的孤山凉堂壁画。孤山作为旅游胜景,受到皇帝的青睐,孤山凉堂建成后,墙高三丈,皇帝次日就要驾临,但四壁还是空空,急得太监团团转。他们去请萧照,萧照欣然应允,只是提出一个要求,要他们准备四斗官制好酒。萧照傍晚方来到孤山,喝一斗酒,画一堵墙,四斗酒光,四壁画毕,他也酩酊大醉,让人抬回。第二天宋高宗驾到,环视壁画,十分赞赏,得知是萧照的手笔,即赐其金帛。

萧照的画以人物画造诣最高,舟车、屋馆也皆造型精妙。他的人物画作品主要有《中兴瑞应图》、《采芝仙女图》、《竹林七贤图》、《赤松黄石图》、《伯夷叔齐采薇图》等,主要画的是道家人物和历史人物。《中兴瑞应图》是萧照流传至今成就最高的画卷,全图共描绘了近400个人物,其中有帝王将相、后宫丽人,也有平民士兵,无不栩栩如生,宛若真人。画中的房亭馆舍、山林石松有力地烘托了特定的气氛,真实地表现了当时的环境。全图既分段独立,又连贯照应,实为"穷工极妍"的艺术珍品,有相当的历史价值。后人评论《中兴瑞应图》的艺术成就,认为萧照人物笔法源于李唐,而沉着老练则有过之而无不及,所以更觉古雅。此外,《竹林七贤图》画法精细,大有唐人风致,也是萧照人物画中的精品。萧照的作品大都失传,现仅存《中兴瑞应图》和《秋山红树图》。

抗金义士王彦、梁兴

北宋靖康元年(1126),金兵大举进攻北宋,长驱南下,直入中原。攻破汴京(今河南开封)后,掳去徽宗、钦宗二位皇帝,北宋灭亡。宋皇室南逃后,徽宗之子赵构在临安(今杭州)称帝,建立南宋,苟且偷安。中原人民奋起抗金,在抗金战争中,上党出了两位著名的抗金将领:一位是"八字军"首领王彦,一位是"太行忠义社"首领梁兴。

王彦,宋代高平人,自幼性情豪放,为人正直,喜欢读军事韬略一类的书,并练得一身好武艺。投军后,考取武河尉(下级军官),随军抗击西夏,多次立下战功。金兵侵入中原后,他慨然弃家,投身到抗金行列。他才能出众,受到河北招讨使张所的赏识,被提拔为都统制。将士们为表明抗金的决心,个个面刺"赤心报国,誓杀金贼"八个字,组成了抗金"八字军"。八字军在王彦的指挥下,千方百计进击金军,由于纪律严明,受到各地百姓的拥护和支持,队伍日益壮大,士兵达到十万余人。后来,控制朝政的投降派给王彦捏造了所谓"军政不肃"的罪名,解除了他的兵权,迫使他离开了军队。

王彦一生的夙愿是驰骋疆场,抗金杀敌,恢复中原,尽忠报国。然而壮志难酬,使他遗恨无穷。

1135年(宋高宗绍兴五年),晋城周村人梁兴(又名梁小哥)在太行山建立太行忠义社,组织农民奋起抗金。这年冬,梁兴率义军渡黄河,投到抗金名将岳飞部下。1140年(绍兴十年),岳飞率军北伐,命梁兴北渡

梁兴兵寨遗址

黄河，取河东、河北州县。梁兴率太行义军及两河豪杰赵云、李进、董荣、牛显、张峪等，先大败金兵于绛州、垣曲，生擒千户刘来孙等14人，获马百余匹及器甲等。接着，又在沁水南阳（今沁水县土沃乡）大败金兵，斩金兵将领阿波那，千户李孛董，兵卒死者不可计数。这次战斗是对岳飞大战郾城的有力配合。明代高平知县杨子器写诗赞道："太行忠义奋如云，人血淋漓染战裙。一战南阳余孽扫，梁兴本是岳家军。"南阳大捷后，梁兴率太行义军直逼河南济源，迫使金将张太保、成太保投降，大破金太尉兵于济源城下。后又攻下河南省沁阳、卫辉两城，大破金兀术军，打通了山东、河北的钱粮运输通道。太行义军抗金，威震山西，父老百姓争相挽车牵牛，载着粮草食物慰劳义军，义军所到之处，百姓头顶香盆迎候。今晋城市境内尚有太行忠义社所建寨堡多处。

金代七状元

金代时期，晋城地区出了七名状元，这在晋城乃至山西的历史上是绝无仅有的。他们是：李俊民、武明甫、武天佑、武天和、赵安时、赵安荣和陈载。

七位状元中，李俊民名气最大。李俊民（1176—1260），字用章，号鹤鸣老人，泽州县金村镇崔庄村人。唐恭王李元嘉之后。金承安五年（1200）经义科状元。他是金末著名诗人、词人和散文家，又是卓越的教育家。忽必烈"三召两诏"李俊民，在历史上传为佳话。

"武氏三状元"，在科举史上成为美谈。陵川武氏一家，金代时接连出了武明甫、武天佑、武天和三位状元（武明甫胞弟武俊臣还得中进士），这在金代是独一无二的，在中国1300余年的科举史上也是奇事。著名诗人元好问曾云："金元氏自有中国以科名取士，一时伟丽俊秀者，不惟汇聚于一国，且钟聚于一家。如河东李献甫、献诚、献卿、献能兄弟，一状元三进士，时人号为'四桂'；陵川武明甫、俊臣、天佑、天和叔侄，三

陵川文昌阁

状元一进士,时人号为'四凤'。故当时称科学盛者,不曰河东李,则曰陵川武云。"

武明甫(1131—1211),字无疑,号太复,系辽代武白之后裔。武明甫自幼聪明,"秉姿英异,读书一目数行"。金贞元二年(1154)中词赋科状元。初授翰林应奉文字,后拜谏议大夫右正言。武明甫性格耿直,海陵王主政时曾多次犯颜直谏,几次险遭杀身之祸,后被革职。世宗即位,重新起用武明甫,任翰林侍讲学士。世宗常询以治国之道,明甫曾多次上本进谏,说:"恩赏分明,君子才会献策,刑罚得当,小人方可敛迹。君王若能如此,国家定可兴盛。"对于古今儒士的孰优孰劣,他都评价得恰如其分,很合世宗心意。后提拔他任兵部侍郎,不久改任户部侍郎,后又出任应州彰国军节度使。这时宋金停战,时局缓和,明甫提醒世宗说:"天下虽安但不能放松警惕,忘掉备战必有亡国之危。"世宗对他的建议非常赞同。大定十九年(1179),任西京路兵马都总管,兼留守司副使,不久又升任户部尚书。大定二十五年(1185),54岁的武明甫决定急流勇退,便再三请求告老还乡,世宗一再挽留不下,方准于所请,当即特赐黄金百两、白绢百匹,并在陵川城东为其赐建别墅一所,号"乐天园",此后武明甫便在此处饮酒、赋诗,洒然无累度过晚年。

武天佑,字繁祉,号灵承。武明甫之侄。承安四年(1199)中词赋科状元。初授翰林应奉文字,后又任经筵讲官及典试。由于武天佑学识渊博,章宗皇帝曾请他讲解过非常深奥的河图洛书,对他的才华深表钦佩。当蒙古强大起来,对金进行武力进攻时,武天佑看到金国将骄兵惰、丢城失地的情景,接连上疏献御敌之策,但都未得到朝廷重视。反之,金国内部生乱,西京留守忽沙虎竟纠集党羽,杀了卫绍王,立宣宗为帝。于是,武天佑请求辞官退隐,从此安居"乐天园"著书立说,所著有《经史撮要》、《大学补》及《言志集》等书。

武天和,字繁禧,号犹龙,是武明甫之侄、武天佑胞弟。泰和年间,中经义科状元。初授翰林应奉文字,后补尚书省令史。由于他坚持正义,遭到结党营私的权贵们的极端反对和陷害,于是被谪为利州观察判官,不久又转任归州观察使司。后来重回朝中任侍读,不久升任学士。但他秉性不改,仍然仗义执言。当他看到蒙古不断南侵,而朝廷仍然沉湎酒色时,断然给卫绍王上疏,陈述时局利害,但昏庸的卫绍王仍然不听所劝。

后与其兄天佑同时辞官还乡,隐居于"乐天园"。其间仍以诸葛亮"静以修身,俭以养德"的格言作为座右铭,著书有《永言集典》内、外篇及《宁俭彦语》等。

除武氏叔侄三状元之外,陵川还出了赵氏兄弟两状元。赵安时,字全老,号东冈。贞元中(一说正隆)状元,历官中顺大夫、南京路兵马都总管、上骑都尉、永定军节度使。其弟赵安荣,为金熙宗天眷三年(1140)状元。官历朝清大夫、永定军节度使等职。

高平人陈载,为金明昌二年(1191)经义科状元。陈载幼时家境贫寒,发愤读书,日诵数千言,经史百家之书无所不览。中状元后,授应奉翰林文字。"在翰苑十余年,多所著述,早卒,士类惜焉。从祀庙庭,正祀考曰:力学安贫,见闻该博,代言撰录,著述为多"(清顺治《高平县志》)。陈载在翰林院,抱着忧国忧民之情,曾向章宗进谏四事,"其一,边民苦于寇掠;其二,农民困于军需;其三,审决冤滞,一切从宽,苟纵有罪;其四,行省官员,例获厚赏,而沿边司县,曾不沾及,此亦干和气,致旱灾之所由也"。(《金史·章宗本纪》)

关于晋城金代七状元之说,史学界存有争议,其焦点在"第一"与"状元"的区别上。如,有学者说:武氏三状元在金代科举志中,除武明甫外,其他两位缺乏史料依据,因为词赋或经义第一未必就是状元。但历修《陵川县志》和相关书籍有"武氏三状元"记载,金章宗题写有"三状元第"匾额,在陵川求学的元代文学家、史学家元好问亦有陵川武氏"三状元一进士,时人号为'四凤'"之说,与史实不应有太大的出入。

"金代七状元"是晋城人才济济的直观反映。金代和元初时期晋城地区的文化教育事业出现了历史上的第二个高峰。对于晋城这一时期的文化现象,古人早有评价,郝经《陵川集》云:"金有天下百余年,泽潞号为多士。盖其形势表里山河,而士风敦质,气禀浑厚,历五季而屡基王业,而尝雄视天下。故其为学广状高厚,质而不华。敦本业,务实学,重内轻外。"这一时期,晋城地区教育蓬勃兴起,文化空前繁荣,各方面名人辈出,成为全国典范,在中华民族的文明史上占有重要的一席。尤其是在文学方面,晋城地区的文学创作空前繁荣,出现了李俊民、郝经、晁会、李宴、赵可、秦略、刘昂霄、王翼、张翥、姬志真等众多的文学家和诗人,如果加上在陵川求学的元好问、寓居晋城的赵秉文、刘秉忠等人,几乎代表了当时中国的最高文化水平。作为一名思想家，郝经对于晋城这一时期的文化现象和成就的评价，并不仅仅停留在这些名士身上。他更多地看到的是一个地区的好学风气和礼义之俗。当然，这些都源于教育。一个地区政治、经济、文化出现繁荣现象，教育是基础。金代晋城地区承袭了程颢办学的传统，在地方政府的重视和当地教育家的努力下形成了一种合力，方催生了这一灿烂的文化现象。

忽必烈"三召两诏"李俊民

　　李俊民是金末元初著名的学者、文学家和教育家。他得中状元后，金亡元兴。元世祖忽必烈即位时，近臣刘秉忠极力推荐李俊民，忽必烈曾给他"三召两诏"的厚遇，但他隐居治学，不愿事元，后世传为美谈。

　　李俊民（1176—1260），泽州金村镇崔庄村人。唐恭王李元嘉之后。李氏兄弟六人，俊民最小。幼时在河南受教于程氏理学。金承安五年（1200），李24岁时赴京殿试，中状元，授应奉翰林学士，后为沁水县令兼长平金事，又擢朝请大夫。金元交替，世道动乱，俊民亦恶于官场应酬，遂辞官返乡，在晋城办起教育。由于他学问渊博，又有状元头衔，不远千里慕名而来者不绝于门。金贞祐二年（1214），元兵上太行，攻占泽州，他亲历了家乡百姓遭受战争抢掠之苦，教育事业也难以维系，遂于次年七月，迁至河南省福昌县，后又至嵩山、怀州（今河南沁阳）等地隐居。李俊民隐居期间，得到元初大臣、同室好友刘秉忠的推荐。刘秉忠盛赞他"易理易数，两造精微"。忽必烈召见交谈后，十分欣悦。后对臣僚们说："朕求贤三十年，惟得窦汉卿及李俊民二人。"欲授以高官，李俊民以"年事已高，难以佐理军国大事"为由，"必勿留滞"，回到家乡。

　　送归李俊民，忽必烈并未罢休。当年五月又第二次召见他，并留他在藩邸住了两个月。七月十二日，才许他离朝辞归。因李俊民不答应做官，忽必烈就赐给他一个"庄靖先生"的称号。

第三次召见李俊民是1253年秋天。这次晋见,因"庄靖先生求归心切",所以停留时间较短。这次来去,表现了元朝廷对俊民的倍加体贴。不仅下令怀州、孟州、泽州三州长官,对李俊民的衣、食、起居"一切所需,以时奉赡",而且要三州长官定期拜见,"勿忘敬礼"。特别对李俊民的缺后无嗣问题,也加以考虑过问,令其侄孙李仲修为俊民的直系继承人。

甲寅年(1254)五月二十七日,元世祖派奉御董文用至泽州,传旨说,去年秋天,召见李俊民时,因戎马倥偬,忙于战事,未及听取先生对朝政的高见。近来得便,很想再见,只虑您年事已高,行动不便,难以赴朝佐理军国大事,就请把一些可用的人才推荐给朝廷吧。

同年七月二十日,忽必烈又派宣差周惠德到泽州,令旨示曰:"庄靖先生(所)呈本州见(现)有进修学业的刘璋、张贤、张大椿、申天佑等,乞劝奖事,准呈。"

因李俊民确是"饱学之士",有真才实学,忽必烈从内心佩服他,仰慕他。如能服务本朝,不仅能在广大汉族知识分子中扩大影响,而且对治理军国大事会有很大帮助。可惜的是,李俊民年老体弱,无法满足他的要求,而成遗憾。

李俊民在晋城兴办教育是很有成绩的。元朝名臣郝经(陵川人)在《宋两先生祠堂记》中,盛赞宋朝大理学家程颢在晋城兴学办教的同时,推崇李俊民得先生(程颢)"真传","退而不仕,教授乡曲",使泽州教育事业跨入了一个繁荣的新时期。在短短的五六年间,即有122人得中乡举。

李俊民在金末元初的文坛上颇有声望,一生著述繁富。只因兵灾连绵,多数遗失。现在留下来的,仅有段直为他编印出版的《庄靖文集》10卷、《庄靖先生乐府》1卷、《庄靖集补遗》1

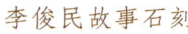

李俊民故事石刻

卷。李俊民诗文意新句奇，寓意深刻。有人评价他"所作诗类多幽忧激烈之音，系念宗邦，寄怀深远，不徒以清新奇崛为工，文格冲淡和平，具有高致，亦复似其为人"。像同情民间疾苦的《儿归来》、控诉战争灾难的《泽州图记》等，均有深远的现实意义。

元好问求学陵川

金元时期的文坛领袖元好问，曾在陵川求学6年，在此期间奠定了其文学根基。因陵川有个闻名遐迩的鸿儒大师郝天挺，才召来了元好问这个金凤凰。

郝天挺先世自太原迁上党，宋末，自潞迁陵川。郝家自八世祖以下，皆同居，世代儒业，以治经力行为本，匿德不仕，教授乡里，为一郡望族。郝天挺生长于这样的儒学世家，自幼即有严谨治学、道济平生的教养。郝天挺的伯父郝震即东轩先生，在乡里办学已蔚为知名人物。当时郝天挺始赴廷试，才能"出诸公之右"。但郝天挺不追功名，史称他早衰多疾，厌科举名扬，遂不就选。方聚乡"聚子弟秀民，教授县庠（学校）"，他习于礼仪之俗，出于父兄教养之旧；且尝以太学生游公卿间，阅人既多，虑事亦审，故其容止可观，而话言皆可传。州里老成宿德，多自以为不及也。他的处事、为人，受人尊敬与信赖，影响很大。因此，他的学

元好问画像

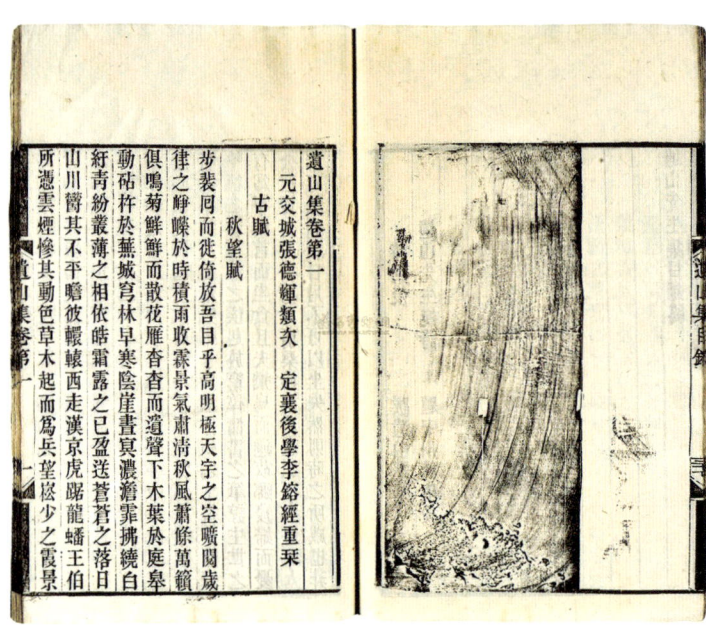

元好问《遗山集》书影

生也就来源很广。

金泰和二年(1202),忻州一个世代书香的士人元格,调官赴任,为给儿子元好问找一个好教师,谋诸亲旧,皆曰"潞泽风土完厚,人质直而尚义"。"风俗既成,益久益盛。迄今,带经(经书)而锄者,四野相望;虽闾巷细民,亦能道古今,晓文理。为子求师,莫此州为宜"。于是元格就选择了陵川县令。元好问随父到陵川,受业于郝天挺。

郝天挺尝教元好问说:"学者,贵有受学之器。器者何?慈与孝也。"又说:"今人学词赋,以速售为功。六经百家,分裂补缀,或篇题句读之不知。幸而得之,且不免为庸人,况一败涂地者乎?"又说:"读书不为艺文,选官不为利养,唯知义者能之。今世仕宦,多用贪墨败官,皆苦于饥冻,不能自持者耳。丈夫不耐饥寒,虽一小事不可为,况名节乎!子以吾言求之。"

郝天挺工于诗,常命学生和之。有人说:"如此,要他就举,学诗非可救急,不是白费力吗?"郝天挺说:"君自不知,所以教之作诗,正欲使他不为举子耳。区区一第,不足道也。"元好问说:"盖先生惠之后学者类如此,不特于我然也。"泰和六年(1206),元格卸任陵川令,17岁的元好问为就学不辍,仍留在陵川。到泰和八年(1208),"肆意经传,贯穿百家,六年而成业。下太行,渡大河,作《箕山》、《琴台》等诗,赵秉文礼部见之,以为'少陵(杜甫)以来无此作也'。以书招之,于是(元好问)名震京师,目为元才子。"以后元好问成了金元时代的一代文豪,后人称他的诗是"上薄(近)风雅,中规李(白)杜(甫),粹然一出于正","金元遗山(元好问)诗兼杜(甫)、韩(愈)、苏(东坡)、黄(庭坚)之胜,俨然有集大成之意","亦可谓集两宋之大成者矣",成为金、元之际的文坛领袖。名师出高徒,元好问的所有成就,与他六年受业于郝天挺打下的坚实基础是分不开的。

郝天挺对这个得意门生自然是欣慰有加、喜不自禁。在元好问辞别陵川南下时,他写了首《送门生赴省闱》的七言律诗,其首二句"青出于蓝青愈青,小年场屋便驰声"和尾二句"此行占取鳌头稳,平地烟霄属后生"。郝天挺晚年因蒙古兵南下,避难河南,往来于淇、卫之间。他"为人有崖岸,耿耿自信,守落魄困穷,终不至富贵之门"。兴定元年(1217)生病,他对儿子思温说:"咱郝家的儒学教授业,是从我叔父东轩老人开始的。我死后你把我埋在他的墓边,让我能够在地下照顾他。"临终,浩歌自得,不以生死为意。兴定元年(1217),逝于舞阳,享年58岁。元好问听到噩耗,万分悲痛,为他撰写了《墓铭》,对恩师生前的阳光雨露有刻骨铭心的缅怀。郝天挺死后近20年,金亡。"一片青山今而昔,百年华屋记生存!"元好问从河南返其老家秀容(今山西忻州)时写下了《高平道中望陵川》两首七言律诗,表示了他对陵川六年从师生活的深情怀念。

郝经出使南宋

元代鸿儒、政治家郝经,曾作为元世祖忽必烈的国信使出使南宋。其坚贞不屈,置威逼利诱于不顾的高尚节操,可比汉代苏武。他为元朝的统一立下了不朽的功勋。

郝经《续后汉书》书影

郝经(1223—1275),字伯常,陵川城内人,郝天挺之孙,又是元好问的高足。生于金末乱世,9岁随父逃难到河南鲁山,12岁全家又迁往顺天府(今保定),在顺天府左副守帅贾辅、蔡国万户张柔两府做馆师时,得以饱览典籍,成为博古通今的著名学者,被元好问称之为"挺然一气,立于天地之间盖亦鲜矣"的济世之才。

1252年,忽必烈在开府金莲川(今沽源北)召郝经进入幕府,从此,郝经便开始了他的政治生涯。当时的中国,宋、蒙、金三足鼎立,金内乱,宋腐败,而蒙古族雄踞北方,"尊用汉法",大有统全域、安天下之可能。郝经见忽必烈"资赋英明,乐贤下士","观其得度,汉高帝、唐太宗、魏孝文帝之流也",决心尊认忽必烈为"中国之主"。郝经所以叛逆"夷夏"之正统观念,并非以个人利害为念,而是认为"能行中国之道,则中国之君","夷而进入中国,则中国亡;苟有善者,与之可也,从之可也"。这种"从道不从君"的认识是合乎国情、顺乎历史的观念。

郝经为迅速结束内战、一统天下,给忽必烈出大谋献大策,上《立国规模二十条》、军国大政《七道》、《立政议》、《思治论》等。他劝忽必烈要

"修仁义,正纲纪,立法度,辨人才,屯戍以息兵,务农以足食,时使经存力,轻赋以富民。设学校以励风俗,敦节义以立廉耻,选守令以宣恩泽,守一代之规模,开万世之基统",使雄心勃勃的忽必烈大受启迪。

郝经既是思想家,也是个实干家。1257年,蒙古军大举伐宋,郝经随军南下。兵行到濮,有人献上缴获的南宋军事文书,忽必烈阅毕与部下求对策,郝经即献上7000余言的"七道议"表明他的军事、政治主张:修德布惠,敦族简贤,抚国制道,整兵严武。他的奏谏受到忽必烈的嘉许,于是命杨淮忠为宣抚使,命郝经为副使,率军伐宋。1259年,忽必烈的哥哥元宪宗蒙哥在四川合州中炮身亡,蒙古政局陷于混乱,在社稷安危的关键时刻,郝经连奏《东师议》、《班师议》,力劝忽必烈断然班师,亟定大计,销祸于未然;劝谏忽必烈护灵柩,接大汗玉玺;另一面他本人受命为宣抚使到南宋接受贾似道多次请和的交涉。这一"南和北攻"的战略,使北面政权得手,南面战事缓解。忽必烈先控燕京,再平各部,次年三月在开平(今内蒙古多伦的石别苏木)即汗位,开创了中国有史以来少数民族建立的第一个全国性的统一政权——元帝国。

中统元年(1260),忽必烈为争取一个巩固政权的外部条件,又派郝经到南宋议和。有人劝他"称疾勿行",郝经说:"吾学道三十年,无益于世,今天下困弊已极。幸而天诱其衷,主上有意息兵,解两国之斗,活亿万生灵,吾学为有用矣!"他以"道济天下为任",置生死于不顾,受命以翰林侍读学士,充国信大使,率领数十人,肩负着"通好,弭兵,息民"的使命,踏上了赴南宋的征程。

但是,事情比郝经想象的要糟得多。元朝内部的平章事王文统嫉妒郝经受皇帝器重,欲加害于他。郝经转道宿州五河艰苦跋涉,风餐露宿辗转入宋,但宋奸臣贾似道怕郝经入朝后他的投降真相败露,竟把元朝使团郝经一行无理拘禁于真州(今江苏仪征)军馆,隔绝于世长达十几年之久。郝经曾上书宋朝十万言,贾似道不报,却也不放他回国,也不杀他。而郝经抱着"大一统而安天下""利君、利国、利民"的信念,大义凛然,长期囚禁而志益坚,举世皆非而学益粹,还在囚禁中"讲学不辍,著书吟咏自若",随从者多人也成为学有专长的人。郝经在狱中著有《续后汉书》、《春秋外传》、《周易外传》、《太极演》、《原古录》、《通鉴书法》、《玉衡真观》等专著,及数十万言文集。这些著述今多亡佚,只有《续后汉书》

90卷和《陵川集》39卷尚存,是研究宋元史及中华民族发展史的珍贵史料。

据《元史·郝经传》和宋濂撰《题郝伯常书后》记载,郝经于1274年将帛书系雁足,给忽必烈"鸿雁传书",元廷果在汴京获雁得书,书诗云:"霜落风高恣所如,归期回首是春初。上林天子援弓缴,穷海累臣有帛书"。诗后落款是"中统十五年九月一日放雁,获者勿杀,国信大使郝经书于真州忠勇军营新馆"。帛长二尺,宽五寸,背有陵川郝氏印,充分表现了郝经举大事而忠义、临大辱而守节的高尚情操。

1274年,元朝兵陈江上,大举伐宋。贾似道迫于形势,才派段佑送郝经使团北还。郝经在归途中,目睹荒凉凋敝的社会状况,不顾风烛残年,"敢冒铁钺之险",上表奏《罪言疏》,请求元世祖下明诏"约束王府,罢其贡金",选"明干通直者,为之总统。俾持其纲维,一其号令;轻敛薄赋,以养民力;简静不繁,以安民心;省官吏以去冗食;清刑法以布爱利;明赏罚以奠黜陟;设学校以励风俗;敦节义以立廉耻"。他认为天意、民意一也,"受天所与"当"顺天"而治,理应控中央而靖四方,应天意而抚生灵。

郝经说他"旅食他乡二十余年,愿治之心比之他人尤急"。但是长期的囚禁生活,使他的健康受到了严重损害,北归之后次年七月便病逝了,时年52岁。临终前他写下了"天风海涛"四个大字,表达了他奔南走北、回天转地的坎坷一生。元朝政府以隆重丧仪,追封他为冀国公,谥文忠。元仁宗时(1318)又下诏,将郝经的雁传帛书装潢成卷,藏之东观,翰林学士题词赞颂,朝野传为美谈。

第七章

人才辈出　经济勃兴
（明清时期）

■ 概述

明清时期晋城的建置是：明为直隶州，裁附郭县、晋城县入泽州，领高平、阳城、沁水、陵川4县，属冀南道，隶山西布政司。清沿明制，雍正六年（1728）升州为府，领凤台、阳城、高平、沁水、陵川5县。

明清时期，社会相对安定，晋城的经济、文化都有了长足的发展。朱元璋称帝后，实行休养生息政策。在明初山西大移民中，泽、潞地区是外迁次数最多的地区之一。通过移民，使晋城人多田少的状况得到一定缓解，腾出的土地可以发展桑蚕业，晋城成为北方著名的桑蚕之乡。明末动乱，陕北农民军转战山西，36营齐聚晋城。明王朝从各地抽调精兵强将，开赴晋城镇压农民起义军。从崇祯四年（1631）到六年，晋城成为主战场。在这次动乱中，晋城各地纷纷筑垒自保，仅沁河流域一下建起了54座城堡，形成了震撼全国的沁河古堡群。现存的皇城相府、郭峪古堡、湘峪古城、砥洎城、柳氏民居、郭壁和窦庄古堡等，成为国家重点文物保护单位，堪为我国民居建筑的奇观。

明清时期，晋城为人称道的首推经济。冶铁与丝绸形成了两条重要的产业链。铁器品种多达3000多种,形成了规模庞大、品种齐全、质量上乘的晋城铁器。大阳衣针占领了大半个中国,并且销到中亚等地。阳城犁镜冶铸工艺,是我国以生铁冶铸之早期发明与广泛应用为突出特点的钢铁技术体系的代表作。晋城丝绸生产在明清时也步入了巅峰,成为中国北方的丝绸织造中心。交纳的贡品中有上解户部的潞绸,上解工部的绫、绢,以及由朝廷调拨给新疆的双丝织绸。在历史上享有盛名的"九头十八匠",村村都有特色手工产品。在经济发展中出现的"一村一品""一片一品"模式,直到今天仍有其现实意义。以南村为中心的锅鼎生产,涉及几十个村子、数百家厂子,在全国市场上占有相当比重,并"极获欧洲行家们的赞许"。起步较早、以实业为依托的泽州商帮,也相应得到大发展,涌现出山西首富王泰来、名震晋冀的卫其杰、占据天津一条街的王重新、拥有商号百座的赵文熙等著名商人。楸木山庄王氏家族,"查其家产,现银一千七百万有奇",可谓富可敌国。泽州商人多为儒商,在历史上以"义"著名,被誉为"大义泽商"。

  明清时期,还是晋城人才辈出的时代。明代是晋城历史上继北宋和金之后又一个文化、教育高峰期。人文熙洽,科第相望,是晋城出官最多的时期,仅尚书就出了14位。涌现出茹太素、侯珮、李瀚、刘东星、孙居相、张慎言等一大批名臣高士。佥都御史杨继宗,在成化年间名列天下四大清官之首。万历初期的政治家王国光,是张居正改革的得力助手。入清之后,晋城籍官员以陈廷敬最为著名,既是帝师又是重臣,官至文渊阁大学士兼吏部尚书,他还是一代文学家,《康熙字典》的总裁官。顺治朝的名臣毕振姬和雍正朝的重臣田从典,都是享誉一时的廉臣。道光年间的两广总督祁𪩘,加强海防建设,为抵御英军进攻起了一定作用。

泽潞大移民

明初山西大移民,在中国历史上具有深远影响。大槐树声名远播,至今民间纷纷到洪洞认祖归宗。但是,从史料来看,泽潞移民的规模并不在其下。

出身赤贫农家的朱元璋登基后,实行了发展生产、与民休息的政策。兴修水利,赈济灾荒,敦促农桑,稳定了农民生活。同时,他听从大臣的建议,决定移民屯田,掀起了一场大规模的移民高潮。而在历经数朝长达50余年的移民中,泽、潞首当其冲。

山西移民,始自洪武六年(1373)和九年。《明史》载,这两次都是迁山西及真定民屯田于凤阳。山西民没有提具体地方。而史籍中第一次提到具体州名的是泽、潞。《明史·食货志》载:"明初……户部郎中刘九皋言:'古狭乡之民,听迁之宽乡,欲地无遗利,人无失业也。'太祖采其议,迁山西泽、潞民于河北。"《明史·太祖本纪》载:洪武二十一年(1388)八月癸丑,"徙泽、潞民无业者垦河南、北田,赐钞备家具,复三年"。《明太祖实录》记载的外迁地方是:"(洪武)二十一年八月,徙山西泽、潞二州民之无田者,往彰德、真定、临清、归德、太康等闲旷之地。"移民政策比较优惠,"令自便置屯耕种,免其赋役三年,仍户给钞二十锭,以备农具"(顾炎武《日知录》)。在这次规模较大的移民中,仅涉及泽、潞二州。

之后,泽、潞之民又多次外迁。

洪武三十五年(建文四年)九月十五日,"命户部遣官核实山西太原、平阳二府,泽、潞、辽、沁、汾五州,丁多田少及无田之家,分其丁口,以实北平各府州县,仍给钞使置牛具种子,五年后征其税"(《明史·食货志》)。

永乐元年(1403)三月十八日,迁泽、潞民于河南裕州。《明太宗实录》记载:"河南裕州言:本州地广民稀,山西泽、潞等州县地狭民稠,乞于彼无田之家,分丁来耕。上命户部如所言行之。"南阳府裕州,时辖舞阳、叶二县,顺治《舞阳县志》谓该县"土著之民寡,流徙之民半"。《国榷》卷十三"永乐元年三月乙未条"记:"以泽、潞民稠土狭,分佃裕州。"

永乐二年九月丁卯和三年九月丁巳,"徙山西太原、平阳、泽、潞、辽、沁、汾民一万户实北京"(《明太宗实录》)。

永乐五年五月,"命户部从山西之平阳、泽、潞,山东之登、莱等府州五千户隶上林苑监,牧养栽种"(《明太宗实录》)。

除《明史》、《明太祖实录》、《明太宗实录》等的记载外,其他书籍、碑刻、家簿中亦有关于泽、潞移民的记载。

顾炎武《天下郡国利病书》卷5《北直隶》引《大名府志·田赋志》记:"国家洪武初,承金、元之后,户口凋耗,闾里空旷,诸州县频徙山西泽、潞民填实之。予过魏县,长老云:'魏县非土著者什八,及浚、滑、内黄、东明之间,隶屯田者什三,可概见矣。'"

康熙《魏县志》说:"明洪武三年县为漳水冲没,迁今五姓店,原旧土民九里,因土旷人稀,永乐间迁山西襄垣、高平、黎城三县,沁、泽两州五处人民实之,人各给地一百亩,征税粮五石三斗五升,编户三十六里,后增为五十里,正德十四年减并四里,后又减并一里,存四十五里。"志中所记来自晋城的移民为高平和泽州(原晋城县)。这两个地方历来为晋城的人口稠密之地。

民国二十四年(1935)《获嘉县志》载:"郭氏,永兴屯始祖失名,称郭老大,明洪武十四年,由山西凤台滩里村迁来,后有迁王井、新城等村者,有谱有宗祠。赵氏,永兴屯始祖赵本,明洪武十四年,由山西凤台县水磨头村迁来,后有迁往王井、冯堤者,有谱有宗祠","朱氏,朱庄始祖朱岩,明初由山西高平县马村迁来,后有迁往扶沟县张坞岗者"。民国版《新安县志》记载:"西关董:洪武初由山西高平迁芮城后徙新安。"

关于泽州移民,著名的实物资料是卫辉府汲县郭全屯结义庙的迁民碑。该碑于洪武二十五年仲秋所立,内载:"山西泽州建兴乡大阳都为迁民事,系汲县西城南社双兰屯居住。里长郭全,下人户一百一十户。"并记有户主始名。郭全屯原名双兰屯,因泽州大阳人迁此后,里长是郭全,故更其名为郭全屯。《汲县李氏族谱稿》云:"明洪武二年自山西泽州府凤台县头村迁汲。"晋城市区周围带"匠"带"头"村名多,这里的"头

206

村"应是带"头"的村庄。王兴亚《明初迁山西民到河南考述》文引用了两通碑，一通是刘统勋撰《黄岗令敬修畅君墓志铭》，内记："先世籍山西阳城县，明初奉诏东迁河南卫郡之新乡。"一通是刘郁膏撰《清故获嘉县教谕朱亭张先生墓表》，内记："先生始祖讳信，山西沁水县窦庄人，明初迁太康。"碑中记载的是阳城、沁水的外迁民，可知晋城外迁范围之广。

除迁民之外，还实行军屯。设在晋城的宁山卫当时就是以屯田为主的军事机构。

山西明初大移民，泽潞与平阳、太原是三个主要地区。平阳、太原历来是山西人口大镇，而地处太行山区的泽、潞为何成为人口外迁的主要地方之一呢？这需要从元末动乱时的形势来分析。

元至正十一年（1351）五月，北方红巾军发动起义。起义军初期主要活动于鲁、豫、冀、陕等地。十八年，红巾军势头大盛时，元军统帅察罕帖木儿不得不收缩兵力，将重兵屯于太行，"营垒旌旗相望数千里。乃日修车船，缮兵甲，务农积谷，训练士卒，谋大举以复山东"（《元史·察罕帖木儿列传》）。他分兵防守关隘，苦心经营后方基地。从至正十八年到至正二十一年，上党地区始终没有发生太大的战役。起义军屡攻上党，在关隘处即被击退。察罕帖木儿遇刺身亡后，扩廓帖木儿继续经略上党。清顾祖禹《读史方舆纪要》："扩廓守平阳关（即天井关），保据泽、潞二州。"后由于得罪皇太子被削职后又退守上党。就连孛罗帖木儿南犯时，也未把战火引到泽潞。朱元璋明军纵横河南、河北、山东，也未攻击上党。直到攻陷元大都之后，方由冯胜夺取天井关，平定泽潞。

这样，使泽潞地区在战火连绵的动荡时期，保持了相对的稳定，有利于当地生产力的发展，加之邻近的河南、河北有大量难民涌入，形成了人口稠密的状况。泽州虽然地脊土薄，但手工业相当发达，尤其是冶炼业十分兴盛，可以吸纳流民。明初就在全国一片荒凉、人民流离失所的背景下，泽州之地又大动土木工程，泽州重建知州署，并开始用砖砌城墙，陵川、阳城、沁水等县纷纷重修县署，学校、监狱、寺庙等也都在修建之中。那些逃难而来的人，除了垦田之外，还可以在炼铁炉和其他工地上找到活干，不至于饿死荒郊。由此可见，泽州在当时是一个相对富裕、比较安定、人口集中的地方。这就是明初泽潞大移民的重要背景。

明初大移民，在中国历史上产生了深远影响。通过移民，促进了迁入地人口的增长和经济的发展。如裕州,"洪武二十四年,只有户824,口4820。通过永乐元年迁山西泽、潞民于此后,永乐十年,该地户为2161,口12324,在这21年间,户数增加了2.62倍,人口增加了2.56倍"①。移民时间不长,作用就显示出来了。洪武二十五年十二月,后军都督府都督詹事李恪、徐礼报告,彰德等7府移民598户,"计今年所收谷粟麦三百余万石,棉花千一百八十万三千余斤,见种麦苗二千一百八十余顷"。朱元璋高兴地说:"如此十年,吾民之贫者少矣。"(《明太祖实录》)距洪武二十一年八月徙泽、潞民到彰德等地,仅仅4年时间。在文化、民俗等方面的影响也较大。如流行于郓县、菏泽、定陶一带的山东梆子也叫"泽州调",就是因为是晋城人带过去的。由于外迁人口所占比例大,对方言的影响更大。如明季豫北方言"就是在山西泽潞二州方言的基础上,融合原有土著方言形成的。换句话说,明季豫北方言基本上是山西泽潞二州方言"。尤其是原属"泽州的晋城、阳城的方言,与豫北西部各县市方言相同之处更多一些"。②

移民之后,对人口迁出地的农业也并未产生多大影响。王国光、张学颜《万历会计录》载,山西田只有河南的三分之一,可税粮贡献量却是北方之冠。反之,移民使人多田少的状态得到缓解,腾出的土地可以发展桑、果等业。晋城明代时大力发展桑蚕业,成为北方著名的桑蚕之乡和丝绸织造中心。

明末农民军攻破泽州

明末动乱,晋城之地硝烟四起,烽火连天。陕北农民军转战山西,36营齐聚晋城。行将灭亡的明王朝,从各地抽调精兵强将,开赴晋城,开始

①王兴亚:《明初迁山西民到河南考述》,《史学月刊》,1984年第4期。
②裴泽仁:《明代人口移徙与豫北方言——河南方言的形成(一)》,《中州学刊》,1988年第4期。

了镇压农民起义军的血腥行动。从崇祯四年(1631)到六年,晋城成为主战场。在明末农民起义军的历史上,晋城之战占据了极为重要的一页。

明朝末年,陕北连年灾荒,饿殍载道,加之疫疾肆虐,死人甚多,而明王朝不但不减免租税,反而不断加派赋役。崇祯元年,农民王嘉胤率饥民揭竿而起,公开打富济贫,与官兵对抗,从而揭开了明末农民起义的序幕。王嘉胤起义后,响应者蜂拥而至。白水王二、安塞高迎祥、宜川王佐桂、绥德王自用等纷纷来投。一二年间,农民起义遍及陕西全境,并发展到晋、宁、甘等地。明朝廷调兵镇压,王嘉胤率义军入山西,在黄河两岸忽东忽西,接连攻城略地,起义队伍不断壮大,作战能力也大为提高。在河曲,义军共推王嘉胤为王,王自用为左丞相兼军师,白玉柱为右丞相,统领起义队伍。高迎祥、张献忠也被封以官职。

崇祯四年四月,朝廷命曹文诏等大将率军围剿。为了保存实力,王嘉胤且战且退,东渡汾水,经安泽入屯留、长子,进军晋城。牛、曹二总兵统万军在长平驿拦截,不让其南下高平、泽州二盆地。义军避开锋芒,于五月二十七日越过山脉峰巅,沿海子河来到沁水固县村一带,又进入阳城县北乡,随后屯兵南山,利用复杂的地形与官兵展开周旋。

义军屯兵南山,打败追杀的官军,连赫赫有名的官军名将尤世威和他的儿子尤人龙也吃了败仗。在官军一筹莫展之际,被称为"明季良将第一"的曹文诏进行了策反。他用高官厚禄等手段,收买王嘉胤新娶妻子张氏的亲弟弟张立位当奸细,在义军中秘密进行策反工作,并伺机行刺。当年六月二日夜,张立位和义军叛将王国忠把王嘉胤灌得大醉,乘机将其杀死。官军随即发起进攻,义军猝不及防,损失惨重。

王嘉胤牺牲后,紫金梁王自用代为首领,同时联络36营义军,继续同官军抗衡。张道浚在《兵燹琐记》中所记36营是:"紫金梁其首也,余八大王(张献忠)、扫地王、邢红狼、黑煞神、曹操(罗汝才)、乱世王、闯将(李自成)、撞塌天(当即闯塌天刘国能)、满天星、马守应、李晋王、党家、破甲锥、八金刚、混天王、蝎子块、闯王(高迎祥)、点灯子(赵胜)、不沾泥(张存孟)、张妙手、白九儿、一阵风、七郎、大天王、九条龙、四天王、上天猴(刘九思)、丫头子、齐天王、映山红、撺山虎、冲天柱、油里滑、屹烈眼(当即革里眼贺一龙)。"各路义军首领共推王自用为盟主,统领义军号称20万。一时,起义的烽火燃遍了泽州大地,晋城、高平、阳城、沁水、陵

郭峪古城

川各县都有义军活动,泽州成为当时起义军的重要活动区域。

在起义军纵横泽州时,明末富甲一方的大镇郭峪,先后遭到张献忠部的4次占领。几经劫难后,郭峪人痛定思痛,才在富豪王重新的带领下,重筑了郭峪城堡。自古以来号称山西第一镇、以富庶著名的大阳,也先后3次被农民军占领。马守应部在第三次攻占时,遭到激烈抵抗,苦战八昼夜。正在家中的山东右参政、转运使张光奎与其兄守备张光玺、千总刘自安都在激战中丧生。当时,泽州各处寨堡多被义军攻占,但窦庄堡始终未被攻破。窦庄是沁水望族张氏一门的堡垒,起义军因此要拿窦庄开刀。窦庄堡早在义军到来之前就已筑起。由于张五典精通数学、测量和建筑,寨堡修建得巧妙而坚固。崇祯四年六月初,赵四儿攻打窦庄时,张五典已死,其儿子张佺也战死边关,其孙道浚、道泽在外做官,只有张佺妻霍夫人在家。霍夫人临危不惧,亲率家中僮仆和村人上城防卫。义军攻打了4天,没有得手,只好退兵。到了六月底,第二次攻打窦庄,仍未拿下。王肇生上疏褒扬"夫人城",皇帝赐"燕桂传芳"匾额。次年八月，义军第三次攻打窦庄。紫金梁亲率3万人马包围了窦庄，恰遇大批官军来救，义军内部出现争执，使窦庄又免一难。

崇祯五年是起义军在晋城活动最为频繁的一年，晋城也成为明王朝镇压农民起义军的主战场。陕西的农民起义一时沉寂了下去，而进入山西的起义军却越战越强。他们像决堤的洪水一样，冲入明帝国的腹心地区，把农民革命逐渐推向高潮。从王嘉胤率数百人入晋城，到王自用为盟主时的20万人，而崇祯五年人数最多时近百万。当时在家休养的朝廷重臣张慎言，目睹了"邑四境几无隙地，后先集贼众且不啻百万"的场面（张慎言《邑令杨公生祠记》），也看到了"沁之南及邑东西，贼建号树帜者不一足，或以万计，或数千。既揭竿，胁从者十五六"的现象（张慎言《冀南道兵备副使王公平寇碑》）。十之五六，的确是个不小的比例。一年多的时间里，义军发展的速度竟如此之快！如果细加分析，不难发现，除各地义军向晋城集结外，当地百姓参加义军的人数极多。这是自古以来晋城人都加以回避的问题。晋城虽然富裕，但大量的财富集中在极少数人手里，贫富悬殊要比我们想象的严重。就连沁河流域富得流油的润城、白巷，在王自用到了那里时，竟有数千人随去。正如王臣直所说："始之寇晋者，秦人也；今寇晋者，半晋人矣。二三月间，从贼者十之一，六七月而从贼者十之三，至今冬而从贼者十之五六矣。"（《存恤良民以揖流寇议》）。农民军力量的陡然增长，同当地的农民以及中原涌入晋城的饥民大量参加起义队伍是有密切关系的。在"河之北苦旱，千里赤地；河之南苦水，一望白波，饥民已不聊生矣"的情况下，出现"绿林啸聚，日不绝闻。民穷而盗易起，盗起而饥民附之"的现象是很自然的事情（范景文《范文忠公全集》）。尖锐的阶级对立已至极点，来自陕西的义军不过起了一种催化作用而已。起义军所到之处，就有大批破产农民涌进了起义队伍，像滚雪球一样越滚越大。

崇祯五年九月，山西重镇泽州城被农民军攻破。泽州地处山西要冲，历史上发生过无数次攻守之战，然而被"流贼""草寇"攻占还属首次。这次，官军重兵在沁河流域围剿义军，泽州城防守空虚。李自成部趁此机会，攻破泽州城。接着，起义军在陵川打败官军。十一月，又向阳城县城展开攻击。县令杨镇原临危不惧，利用西洋炮防守。又恰遇总兵尤世禄来救，县城未被攻破。起义军转而攻打高平。总兵猛如虎率军火速赶来救援，方解高平之围。这年秋冬，起义军不仅活跃于沁水、阳城、高平、陵川等县，而且还以晋城为中心，不断向四周拓展。起义军采取游击战战术，避开官军的重兵，相机出击，使官军处于被动挨打的境地。

义军在晋境的活动，尤其是泽州城陷，三晋大震，也惊动了朝廷，"乃罢巡抚宋统殷，以许鼎臣代之，与宣大总督张宗衡分督诸将"（《明史·李自成列传》）。张宗衡丝毫不敢怠慢，火速赶到晋城。朝廷调集各路兵马云集晋城，围剿农民军。参加晋城"剿匪"的除宣大总督张宗衡，山西巡抚宋统殷、许鼎臣之外，还有先后任过总兵的曹文诏、左良玉、邓玘、尤世威、尤世禄、猛如虎、虎大威、高杰，以及著名将领艾万年、李卑、王肇生、曹变蛟、曹文耀、尤人龙、汤九州、白安、祝万龄等。战死的明朝将官有薛天禄、张光奎、张光玺、刘自安、吴开先、杨遇春、芮琦、猛忠等。在这些将领中，斩杀义军人数最多、停留泽州时间最长、建立战功最大的当数曹文诏。

沁水窦庄村尚书府

在各路官军加紧围剿起义军的时候，朝廷听从河南巡抚樊尚璟的建议，令左良玉坐镇晋城，扼住晋、豫咽喉，四面为援兵，"有急则秦兵东，豫兵西，左良玉从中横击"（《明史·左良玉列传》）。左良玉坐镇晋城，对扭转晋城乃至整个山西的局势起了至关重要的作用。陵川、河南、河北的义军西行，遭到左良玉的拦截，只好北退，又遭到晋军追击。阳城、沁水一线的义军遭到曹文诏的进剿，向东行进，遭到左良玉堵截，只好南下河南，又遭到豫军拦击。左良玉像一只猛虎，静匿泽州城中,若稍有风吹草动,便窜出来猛咬一口,使义军东西不能会合,南北无法相连。自从左良玉到了晋城后,形势向有利于官军的方向发展。次年正月,朝廷为了加强各路官军的协调配合,诏令曹文诏节制山、陕诸将进行围剿。各路官军加紧向义军进攻。义军为了避开强敌,实行了分兵转移。一部分南下河南,活动于济源、清化、修武一带;一部分北走河北,与河北义军合营;一部分继续留在晋城,牵制官军。重重围攻之下,起义军却出人意料地打下了沁水县城。

崇祯六年七月辛丑日,泽州西翼的沁水县城被义军攻破。这是起义军从晋城撤退前的最后一次攻城之战。沁水县城在晋城诸县城中并不是太坚固的,但由于知县焦鳌守城有方,官军派兵协防,救援及时,义军先后4次都未攻下。但这一次却未能幸免,城池失陷,县令战死。光绪《沁水县志》记曰:"鳌督士民,婴城固守,力屈死之。"大敌当前,知县能够临危不惧,亲率士民守城,最后"力屈死之",也不得不让人敬佩。

就在官军全面围剿义军的时候,一场瘟疫铺天盖地而来,义军队伍中被感染者也日益增多。为了生存,义军分期分批退出了泽州,在济源一带的山中活动。直到崇祯六年冬,起义军渡过黄河后,晋城方趋于平静。自此10年内,晋城再没有大的战事发生。

铁货丝绸行天下

晋城古代传统手工业门类很多,产品中最出彩的是铁货和丝绸。

美国学者摩尔根曾言:"熔炼铁矿的技术乃系发明中之发明,与它相比,其他一切发明和发现均处于从属的地位","人类智力的高速进展是从冶铁的发明开始的。"在晋城,让人不由得发出这样的感想:晋城的脊梁,是用铁铸就的。冶铁是一个让晋城人倍感骄傲的产业。

晋城炼铁业的历史非常悠久。早在春秋战国时期,晋城就开始了铁业生产,采用鼓风箱送风冶炼的冶铁技术。汉朝时,晋城的采煤、冶铁已颇具规模。北齐时设立七大冶炼局,其中在晋城就设有两局。唐代时,官府在泽州县金村镇龙化村设有管理煤炭生产的"乌政管",将民间采煤纳入了官府管理。晋城县的龙化、屋厦、大阳一带已用立井取煤的方式开采较深的煤层,开采出优质煤炭。这一革命性的变化,为大规模使用煤炭奠定了基础,进一步促进了冶铁业的发展,晋城成为上党地区的铁器交易中心。所产铁器品类众多,尤以锅鼎著称。宋代是晋城铁业的快速发展期,泽州大广冶是当时的一个重要产铁区,"其输市中州者,惟煤与铁日不绝于途"(《泽州府志》)。泽州和晋州是我国北方著名的铁钱铸造地。在冶铁上,以石炭(煤炭)为燃料,并对炉子进行了改进,采用"小元炉"炼铁。这种炉子呈梨形,上口小,上部炉墙内倾,有利于保存热量和加速还原、熔化过程。炼炉的基本形态与近代的土高炉已很接近。元时设立了益国冶,管理晋城的铁冶事宜。在相当长的历史时期,晋城是我国重要的冶铸基地。

到明、清时期,晋城已成为中国铁业生产中心之一。晋城铁货日进

铁器作坊雕塑

斗金,红极一时,曾占据了中国北方的大半个市场,使中国几亿人离不开晋城的铁。清同治九年(1870)初,德国著名地质学家李希霍芬来到晋城,对晋城的煤、铁进行了认真考察。考察结束后,于同年六月写给上海总商会主席米琪的信中说道:"在欧洲的进口货尚未侵入之前,是有几亿的人从凤台县(今晋城城区和泽州县)取得铁的供应的。"

明季,晋城铁业的规模、产量、技术,都超过了以往任何朝代,成为当时中国冶铁生产最为发达的地区之一。泽州的晋城、高平、阳城都是山西产铁大县,陵川、沁水铁产量也较可观。当时有《打铁花行》小诗称:"并州产铁人所知,吾州产铁贱于泥。"晋城的铁由于加工成了"炒钢",被朝廷大量调往边疆,用于制作兵器,然后以盐交易。这种"以铁易盐"的做法,使晋城铁的利润很高,当时晋城的豪商大多数是靠此发展起来的。

清代,山西是我国手工制铁业最发达的省份,而山西手工制铁业中最发达者当属晋城。除"平铁""好铁"需要上解外,大量生铁用于深加工,以生产民用铁器为主,这也是当时的形势逼出来的。随着铁产量的增加,以及"以铁易盐"制的取消,铁的利润大幅下降。晋城人不得不把目光放在了提高产品的附加值上,把原材料转换成生产和生活用品。这是一次脱胎换骨的转换,把冶铁业带入了一个新的发展阶段。铁制品种类繁多,从小小衣针、铁钉、顶针到硕大的军锅、硝锅,从一般的生活用品到工艺难度极高的铸钟、铸像,应有尽有,铁器品种多达3000多种,形成了规模庞大、品种齐全、质量上乘的晋城铁器。当西方列强用大炮打开中国国门,向我国大肆倾销洋货时,虽然衣针、铁钉之类的产品遭受到几近毁灭性的打击,然而犁铧、犁镜之类产品,却丝毫未受影响。晋城锅鼎更是让他们一筹莫展,并且走出国门,进入他们的国度。清朝晚期和民国初年,晋城铁产量约占全国土铁产量的30%,可谓十分天下有其三。足以证明晋城在山西乃至全国冶铁史上的重要地位。

丝织业是晋城仅次于冶铁的第二大产业。晋城曾是中国北方著名的桑蚕之乡,明清时期成为中国北方的丝绸织造中心。

晋城养蚕缫丝历史悠久,是我国养蚕发祥地之一。从有文字记载的历史开始,晋城的桑蚕业就出现在史册中。商周时期,晋城就出现了"桑林"的地名。西汉时丝绸已经通过丝绸之路走向了西域。东魏、北齐时的

高平开化寺壁画"织布图"

织造水平已相当高。据《隋书》记载,隋代时期,古冀州31郡中,长平郡、上党郡的桑蚕业尤为兴盛。唐时,曾在上党寓居三年多的著名诗人李贺,目睹了泽、潞丝织的全过程,写下一首《染丝上春机》:"玉罂汲水桐花井,蒨丝沉水如云影。美人懒态燕脂愁,春梭抛掷鸣高楼。踩线结茸背复叠,百袷玉郎寄桃叶。为君挑鸾作腰绶,愿君处处宜春酒。"说明唐代时的上党地区,不仅普遍流行采桑养蚕,而且纺织水平已经很高,图案也非常精美。宋代时,用"好紧薄绢"制作的"泽州油衣",风靡汴京,成为上流社会追逐的防雨用品。晋城丝绸的辉煌是在明清时期。明代时,丝织业发达地区,除江浙外,以山西潞、泽地区最为驰名,所产潞绸闻名天下。除潞绸之外,晋城生产的丝、绫、帕都很著名。"泽州手帕"不仅是实用品,也是大家闺秀把玩、欣赏的艺术品。于谦把它列为晋城地方的三大名品之一,"泽州手帕店"遍布各地,清代中前期,在北方养蚕业日益萧条的时候,晋城却出现另一番景象。绫绸生产集中在凤台、高平两县,交纳的贡品中有上解户部的潞绸,上解工部的绫、绢,以及由朝廷调拨给新疆的双丝织绸。

明清时期,潞绸确实有着超乎寻常的辉煌。潞绸不是一般的粗绸,而是供皇帝使用的绸中精品,并且所贡数量很大。据有关专家考证,明代时高平县和长治县每年向明王朝进贡的潞绸达5000匹至10000匹,仅次于江、浙两省。潞绸与杭缎、蜀锦,成为全国最为著名的丝绸产品。罗贯中初编《说唐》、冯梦龙的《醒世恒言》、翟九恩的《万历武功录》、沈瓒的《近世丛残》、方逢时的《大隐楼集》、青心才人的《金云翘传》、袁于令的《隋史遗文》、李清的《明珠缘》等书中都说到潞绸,而创作于明万历年间的《金瓶梅词话》中,竟有17处提到了潞绸。可知潞绸影响之深远。潞绸当时除进贡之外,还销往全国各地,甚至出口到日本、印度、东南亚、地中海东部沿岸国家及阿拉伯国家。清代时凤台县和高平县所生产的双丝泽绸,是朝廷调拨给少数民族地区的"王府绸"。这是根据少数民族的爱好,将潞绸工艺与织缎工艺结合起来所创造的一种丝绸新品种,也是当时丝绸产品中技术最为复杂的品种。以其织工精细、光洁艳丽、品种繁多、质地紧密等特点,博得了新疆地区各族人民的喜爱和欢迎。除了朝廷调拨之外,大量的双丝泽绸是以民间贸易的形式而走。通过丝绸之路源源不断走向西北,并通过新疆走向西亚及其他地区,使阿拉伯和欧洲商人惊羡不已。通过以物易物,换回了成群的西域马,为晋城造就了一批批规模庞大的驮队。晋城乌绫、乌纱、头帕、手帕、腿带、丝线等,也都畅销全国。

范铸活化石:阳城犁镜

阳城犁镜冶铸工艺,是我国以生铁冶铸之早期发明与广泛应用为突出特点的钢铁技术体系的代表作,是古老优秀的民间文化之遗存,也是晋城先人智慧的结晶。

阳城生产犁镜的历史,从对犁面生产遗址的考察来看有上千年的历史,而民间传说则始于明末。从20世纪60年代就开始研究阳城犁镜的山西理工大学李达教授,在《阳城犁镜冶铸工艺的调查研究》中云,阳城犁镜的生产,据说是在明末由山西省晋城犁川传到河南境内的新安县白沙镇,再传至济源北部太行山区。其后因木炭供应不足和为省却运输费用,又迁到阳城南部太行山区。"犁镜铸造传至晋城之说较为可信。而阳城之最终成为犁镜的生产地,是由于该处资源配套和充足,盛产易于开采的富铁矿(俗称'窝子矿'),有江木、千荆木等适于烧炭的广阔山林,又有优良的耐火材料坩子土和石英砂可供使用"。

犁镜用低硅矿石,几何曲面科学合理,耕作中省力而碎土效果好,镜面光洁又不宜磨损,当地农民爱之如宝,誉之为"翻地虎""金不换"。时间一长,引起了外地客商的注意,犁镜很快成为外销的重要品种。但是,古代犁镜的生产与经营者,一直都是河南省济源县人。两县相邻,只有一山之隔。起初,阳城农民利用冬闲到山里挖矿、烧木炭,然后运到济源,卖给那里的犁面生产厂家,以增加自己的收入。在很长一段时间内,阳城是济源厂家的主要矿石、木炭供应地。后来,济源人感到运输成本高,阳城人也想靠山吃山,于是两家商议,在阳城桑林村建起了犁炉,开辟了犁面生产基地。阳城人多是担负采矿、运输、烧木炭等辅助工作。夏收时节,济源人回家收麦,所产犁面也被运到河南怀庆府(今沁阳)销售。故名怀庆犁面。不过,当时的产量并不大,远远满足不了市场的需要。直到晚清,阳城犁镜才摆脱了为他人做嫁衣的局面,以自己独立的品牌走向全国,并且生产量大幅度增加。

这应归功于

浇铸犁镜雕塑

阳城犁镜

上芹村李氏发明的"加减沙"法。铸造犁镜改用的铁范,对阳城犁镜而言意义非同一般。简单作业就可完成通常铸造模具的复杂工艺,便于多规格、多型号生产,且工艺精湛,一具铁模就可浇铸3万余次,使用寿命十几年。这样一来,既减轻了劳动强度,又大幅度提高了产量,还让阳城人有了发言权。犁面不再以沁阳之名出售,而是以阳城犁镜的独立品牌展现在世人面前。

铁范起始于战国,秦汉时已广泛流行,是我国古代三大铸造技术之一。铸型材料从泥、砂改用金属,从一次型、多次型发展为"永久"型,在铸造技术的历史发展上具有重要意义。阳城犁镜从泥范翻制铁范,再用铁范铸造犁镜,具有自成体系的完整的工艺规范,堪称中国式铁范铸造的"活化石"。自从李氏恢复铁模铸造技术后,阳城犁镜产量大幅提高。清光绪《阳城乡土志》载:"犁面则远商驻买于本境,每年二十万有奇。"阳城犁镜很快走向长江南北,使各地原产品难以与之抗衡。犁镜品种多达二百六十多种,远销全国各地,甚至出口到越南、朝鲜、日本等国家。

阳城犁镜属于一种连铸工艺。它不需要把铁矿石炼成铁,再化铁进行浇铸,而是一次性完成,既节省了能源,又避免了再次污染。阳城犁镜的铸造工艺,是我国冶铸技术的一项重大发明创造,对社会经济的发展起到了重大推动作用。20世纪,外国人在解决推土机的粘泥问题时,通过认真研究阳城犁镜的制作工艺，方解决了这一难题。2006年，阳城犁镜被列为国家级非物质文化遗产。

泽州商帮

明清时期，泽州商帮是晋商队伍中的一支生力军。明人沈思孝在他的《晋录》中说："平阳、泽、潞豪商大贾甲天下，非数十万不称富。"泽州商帮发迹之早，商号之多，资财之巨，门类之繁，义举之著，在山西商人中可谓是出类拔萃。

晋城有着悠久的重商逐末的历史传统，泽商是山西起步最早的商帮之一。

晋城田少山多，人口稠密，粮食生产是其软肋，但地下资源丰富，手工业发达，因此自古形成了经商习俗。商人早在战国时就已出现。晋城隋唐时以富裕著名，手工产品很多，煤炭、铁器、土盐、硫磺、火硝，以及麻布、蚕丝、中草药都很有名，尤其是五代时战争所需的物资更是抢手的紧俏品。各国都采取了积极的措施，发展商业贸易，一批商人也就应运而生。后唐时长期生活在晋城的杨氏，其富名扬天下。《旧五代史·唐纪》载："杨氏治家善积聚，设法贩鬻，致家财百万。"北宋时，晋城是当时手工业的区域中心之一，商业也快速发展。除煤、铁、铜之外，还出现了油衣、饧、墨、颜料、澄泥砚、陶瓷等名品。商人将这些产品源源不断运向汴京和中州等地。王安石变法时实行的市易法，客观上对晋城的手工业和商业发展起了巨大推动作用。以商税来看，变法前晋城地区6县共纳7794贯，到熙宁十年（1077），除陵川未纳外，共计17770贯373文，为变法前的2.3倍。其中作为"紧县六十七"之一的晋城县（包括今泽州县和城区）达11159贯582文，成为山西商税最多的县邑之一。金代时泽州仍是金统治区的富裕地区，专门从事长途贩运的人已经很多。泽商队伍在元代中后期已颇具规模。黄头村移风寺元至治二年（1322）《创建三灵侯庙记》中就说："水东管里社曰黄头,聚落百家,务本之余,多从商贾,优游丰备。"可见元代时晋城经商的人数甚众。到了明清时期,泽州商帮迅速壮大,商业字号像雨后春笋般冒了出来。从周村明清两代遗留下来的碑碣记载看,有店铺、商号700余家,且门类齐全。清乾隆五十五年《补修周村堡垣记》中记载的就有厂、炉、窑、坊、店、铺、楼等各类工商业字号。大东沟现存的清乾隆五十五年《徐庄镇大庙山门告成记》碑中记载的字号有160多家。泽商队伍中,涌现出一批商界巨鳄,泽州商帮也成为著名商帮。楸木山庄王氏家族,字号"泰来",从贩盐起家,到做茶叶、丝绸、煤炭、铁货生意发家。经过几代人的努力,与平阳亢氏成为山西首富、晋商旗舰。清萧奭《永宪录》载:"王廷扬,泽州人,富甲山右。康熙六十年曾助饷二十万,自运军前。'泰来',其懋迁之字号,各处有之……查其家产,现银一千七百万有奇。"家财之多,可谓富可敌国。难怪清代著名文学家蒋士铨称其"富盛轶乎前古"。

泽州商人是以实业为依托的,这是与晋中"票号"商人的明显区别。

晋城地上地下资源丰富,手工业历来兴盛。而传统手工业的发展,又带动了商业的繁荣。这是泽商崛起的关键。杜正贞、赵世瑜在《区域社会史视野下的明清泽潞商人》一文中将泽潞商人定位于"借经营盐铁、丝绸等物起家的商人群体",是比较准确的。在传统手工业中,泽州地区骨干产业的带动尤为明显。冶铁业的繁荣,带动了采煤、挖矿、运

王泰来画像

输、销售等产业迅速发展。丝绸业的兴盛带动了栽桑、养蚕、缫丝、纺织、印染、销售等产业迅速发展。这两条产业链,使得泽州地区商品经济发展的速度一直处于全国各区域商品经济发展的前列。泽州商人的商业活动与本土的手工业发展尤其是与制铁业的发展有密切关系,丝绸"也在一段时间内成为当地商人的主要贩卖货品"。①他们将本地犁镜、铁锅、钢针、锄头、镰刀等铁器,以及手帕、头帕、丝线、绫绢等丝绸产品,源源不断地销往全国各地。阳城白巷里(今上中下三庄)李思孝就是以铁致富的。元、明时期,李家很早就开始做铁的生意。思孝继承家业,继续经销铁货,"在河南周口、开封、安徽亳、泗、寿、颍州和山东曹州等地均设有店铺,家累巨万"(《阳城县志》)。在不同时期,当地的煤炭、硫磺、桑皮纸、线香、皮金、玻璃、琉璃、土布、药材、酒醋等都成为商人的贩卖品,甚至相当一部分商家走的是亦商亦工、生产与销售一体的路子。晋城著名商号三义公、天长久,都是以生产皮金为主的,在我国皮金生产中具有举足轻重的位置。其生意范围包括上海、苏州、杭州、常州、扬州、镇江、福州、汉口、成都、北京、广州、郑州、徐州、包头、绥远等地,足迹遍及大半个中国。从现存资料看,"与天长久在全国各地有着比较牢固关系的著名字号有50多家"(乔欣《天长久商业信函集》)。有一些商家除了当地的产品向外销售外,为了减轻运输压力,还把企业办在了外地。

泽州商人在历史上以"义"著名,被誉为"大义泽商"。

泽商中的大鳄多出自当地的文化望族,或者官宦世家,被称之为儒商或绅商。他们把"诚信""重义"视为经商的重要原则,奉行诚信为本,表现为诚实经营、信守承诺;强调宁舍利取义而不见利忘义,所开办的商号买卖公平、童叟无欺,获得了长久而良好的商业信誉。当资本积累到一定程度后,他们又大做公益事业。在古代,泽商重义,有口皆碑。泽州楸木山庄的王氏家族,就是杰出的代表。数代人"轻财好义,无所悭惜"(《泽州府志》)。蒋士铨以"用财如泥沙"来形容其义行,康熙皇帝用"义高北岳"赞其义举。整修太行道是"泰来"商号一大壮举。太行道从河南常平镇开始,到晋城、高平接壤的界牌岭,此段总长120多里,而王氏家族自己花钱修了100多里。为修好这条路,楸木山庄主人王璇,靠着

---

① 杜正贞、赵世瑜:《区域社会史视野下的明清泽潞商人》,《史学月刊》2006年第9期。

泰来商号的强大财力,"不惜工费,开凿补砌"(佟国珑《楸木王氏城东修路记》),决心将羊肠变为坦途。他不幸病逝后,长子王廷抡又接着修建。不料时间不长,王廷抡也突然去世。正在京都为官的王廷扬,听到噩耗,马不停蹄赶了回来。办理完兄长的丧事后,他立即上了工地,挑起了修路的担子,终于成就了这不朽的功德盛事。整个工程耗资巨大,全部都由王家承担。除在本地修太行路、沁阳桥、城北楼、玉皇庙、城隍庙、珏山石梯等外,还在福建、浙江、江苏、山东、河北、河南、陕西、上海、安徽等地广有善举。雍正二年(1724),杭州西湖淤塞,是王家出钱进行了疏浚。该工程所需开支"共计银四万二千七百四十余两……部议动支藩库,盐驿道王钧以世受君恩,愿捐资助浚"(《浙江通志》)。杭州《开浚西湖碑记》亦记述其事:"议成,动需帑金四万二千有奇。会泽州王副使任两浙转运盐驿使,因举浚湖事属之副使。曰:'民之事,君事也。予受君恩深,每愿有所报效,请如所直,独成其事。'"康熙朝西陲用兵,王家先后捐赈助饷"至数十钜万"。第一次大小金川之战,王家又"请出家财助饷"(《泽州府志》)。出资救灾助赈之事,更是数不胜数。如康熙辛未(1691),晋地郡县发生蝗灾,王家出钱"数十万令人捕瘗之","饥复赈给,人多赖以生";雍正元年,太原等郡发生饥荒,"复蠲银八万助赈";郡邑旱歉,"运谷数千担散给,贫乏乡邻则计口授资,俾谋生以保全之"(《泽州府志》)。王家义举,名扬四海,震惊朝野,"温纶嘉予,奖以'义高北岳'四字"(《泽州府志》)。

与王家齐名的还有卫氏家族。卫家建文华书院,修迎旭桥,赈济灾民,在家乡广办善事。在他乡,也是义字当先。根据《泽州府志》和《天津府志》记载,康熙二十八年(1689),沧州一带大旱,民多乏食。正在沧州的泽州商人卫其杰,捐出万金助赈。邻邑饥民听说此事,也都蜂拥而来。遍设粥棚,也分发不及,又按人头每人给粟一斗让其各自熬粥。又多置棉衣和棺木,以救济道间寒冻者及安葬饿死者。巡抚于成龙大受感动,他奏闻朝廷,授卫其杰光禄大夫。沧州人民将这位救世"菩萨"供入忠义祠,世世代代来祭祀。

阳城巨贾王重新,虽然自己平时生活很俭朴,但对于救贫扶困和公益事业却非常慷慨。根据《阳城县志》、《古村郭峪碑文集》等资料记载,平时乡里"死不能棺者,病不能医者,嫁娶不能具礼,赋税不能如期者",

只要找上门来,王重新都热情资助。郭峪城内外几十处建筑设施,有半数以上的银两是他捐输的。明末动乱时,王重新一下出资7000两白银,并亲自组织督工修建城堡。有资料可考者,他在阳、沁两邑为公益事业捐输的银两达38000两。可以毫不夸张地说,郭峪丰厚的历史文化遗产,与王重新从数省积聚来的资本有着重要关系。

泽州商人曾有过自己辉煌的过去,但进入晚清之后,逐渐走向了衰落,而这时正是晋中商人大显身手的时候。泽州商人的衰落是有多方面原因的。西方列强对中国的掠夺,对以产业为基础的泽州商人造成了重挫;罕见的"丁戊奇荒",对以雇佣当地劳动力做工的泽州商人造成无法想象的打击;从泽商的自身上找原因,缺少一种生气勃勃的创新精神是其衰落的重要原因。

沁河古堡

悠悠沁河水,缓缓地流淌过美丽富庶的晋城大地,在这里孕育了繁荣的沁河文化。耸立在沁河两岸的一座座古城堡,宛如一串闪闪发光的明珠,形成了一条漫长的遗产长廊,成为名震全国的古城堡群。

沁河古堡群是军事文化的遗存。在明末动乱、陕北农民军转战泽州时,晋城的富商和官宦人家纷纷修寨筑堡以自保。据《明史》记载,在这一时期,仅沁河流域的阳城、沁水和泽州三县就兴建了54座城堡。可谓三里一堡、五里一寨,寨堡之多、建筑之坚,令人咋舌。这些古堡或依山而建,或临水而居,个个气势恢宏,壁垒森严,防御功能十分明显,是中国乡村独具特色的古代建筑群。历经岁月沧桑,这些古城堡大多已毁或残缺不全,但也有一批古堡比较完整地保留下来,如国家级重点文物保护单位柳氏民居、湘峪、郭壁、窦庄、砥洎城、郭峪、皇城相府等。撇开其丰富的人文内含不说,仅从建筑本身来讲,就是一道亮丽的风景线。

皇城相府是清代名相陈廷敬一族的宅第。整个建筑枕山临水,随形

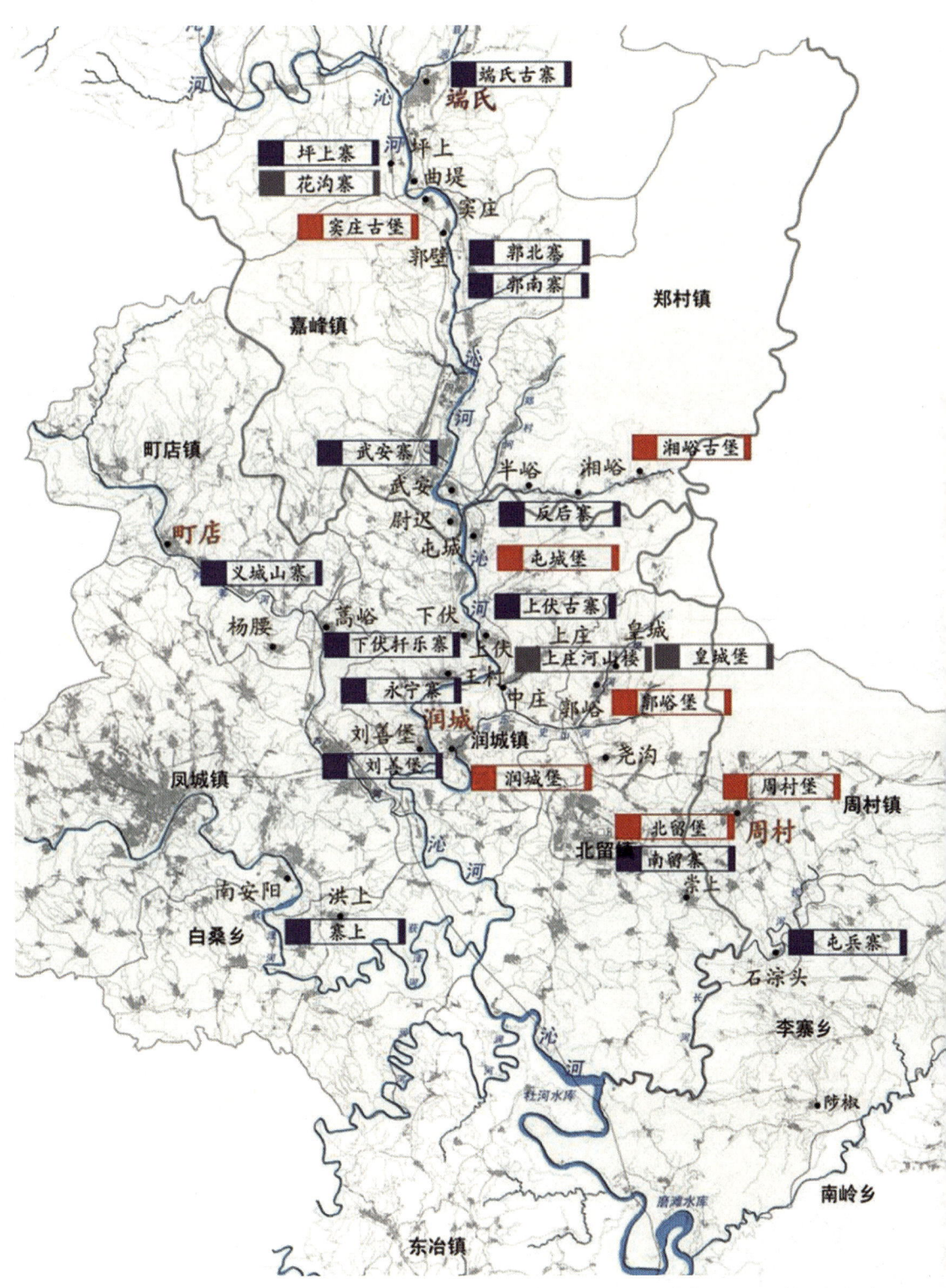

沁河流域古堡分布图

皇城相府

生变,层楼叠院,错落有致,别具特色。其城堡由内城和外城两部分组成,内城为陈廷敬伯父陈昌言于明崇祯六年(1633)所建,主要建有树德院、世德居、御史府等8座大型院落以及藏兵洞、河山楼、春秋阁、文昌阁、陈氏宗祠等。河山楼高达百米,全部用砖石砌成,青砖厚墙,高耸入云,可容纳百人避难。楼内备有水井、石碾、石磨等生活设施,并有暗道直通城外,是战乱时族人避敌藏身之处。与河山楼毗邻而建的是125间藏兵洞,洞洞相连,层层递进;聚甲藏弩,攻防兼备。皇城相府的外城,又名"中道庄",为清康熙年间所建,建有御书楼、冢宰第、内府、点翰堂、小姐院、管家院等,因别于以防御为主的内城,外城建筑则显得雅致宜人、风格别样。外城有高达8米的御书楼,康熙帝御赐的楹联"午亭山村"石刻匾额及对联"春归乔木浓荫茂,秋到黄花晚节香"至今保存完好。如今皇城相府已成为国家5A级旅游区。

在樊河对岸,与河山楼遥遥相对的是郭峪古堡。村内建筑精致的"陈家老狮院""王家十三院"等古民居,被我国著名古建专家罗哲文先生称赞为"中国民居之瑰宝"。古堡最醒目的建筑还是它的防御工事。村庄原有古寨,明末大贾王重新捐资并组织乡民重新构筑新城。新筑的城墙平均高度为12米,周长1400米,城堞450个,城楼13座。城墙的背后同样有藏兵洞,但这里的藏兵洞与众不同,走廊式和串珠式的兵道相

郭峪古堡城墙

得益彰,显示出它的灵活性和实用性。638孔窑洞用青砖砌就,上下左右错落有致,随城墙的高低逐渐递进至三层或递进至一层。这种匠心独运的建造,既减少了人力物力的投入,提高了建造速度,又便于屯兵和战时物资储备。全城开有东、西、北三个城门,因排洪需要还有两个水门。为了完善城堡的防御功能,崇祯十三年(1640)二月,王重新又出资在村中央建起了"豫楼",取"豫则安,不豫则殆"之意。豫楼高达7层,另外还有地下两层,防御性极强。郭峪城以其雄伟壮观和博大,被专家赞誉为"中国乡村第一城"。

砥洎城建在紧邻沁河东畔的一块天然巨石之上,只有南面连接陆地,另外三面被沁河围绕。远望砥洎城,如砥柱中流,而砥洎城外的这段沁河在明清时期又被称为"洎水",砥洎城因此得名。砥洎城的最大亮点在于"铜墙铁壁",外城墙用青砖,内城墙用废弃的炼铁坩埚和青砖混砌,经久耐用,别具风格。城设有水、旱二门,旱门向东南,走轿马,通往润城村。水门向西北,直面沁河,供舟船摆渡。城内共分十大街坊,摆布井然有序,高低错落有致。坊与坊之间又通过横跨巷道的过街楼连接。民居大多为单进式二进院,每坊之中院与院相互连接,四通八达。城墙上筑有望楼、炮口、女儿墙、藏兵洞等防护设施。城内建筑门类齐备,有庙宇、厅堂、宅院、花园、水井等,各种设施齐备,一遇兵荒马乱,城门一关,自成一体,攻不可破。如今,砥洎城的一些建筑物已经遭到毁坏,但它依然被称作是"华北地区现存较好的明代民居代表,建筑史上的稀缺实物资料"①。

柳氏民居位于沁水县土沃乡西文兴村,该村柳氏家族系柳宗元后人。这是一座典型的明代城堡式庄园建筑。它依山而建,故名"环山居"。为了使府邸院落更安全,东边砌筑了石券窑洞,以窑作墙;周围72孔砖窑,采用两层叠式法,窑门前有封闭型的防护花墙,外看层层叠叠,内行路路相通。在第二层的窑顶前檐建有垛口式的环山防带,垛口内有石条铺砌的宽敞走廊。这样依山建起的高大坚固的防护网,加之西文兴河环绕堡寨,形成了一座严实的城堡般的府第建筑。宅院建筑防卫森严,可谓九门九关,关关连环。柳府各种配套设施相当齐备,各府第的后院,上

---

①《砥洎城/"蜂窝城墙"坩埚筑》,《旅游时代》2012年第10期。

有铁丝网覆盖,下有地道家家相连,号称"天罗地网",并配有警铃、防火墙等。"河东世泽"宅院的大门,共有12道门栓,软栓、硬栓各半,即使是身处院内,不知情者也不容易打开此门。柳府布局之考究,建筑之奇特,防卫之森严,在我国堡寨式民居中实属罕见。柳氏民居现存仍具规模的明清院落12座,比较完整的7座,全是清一色的两进两院的双层四大八小式四合院。民居建筑精美,蕴藏着丰富的文化内涵。那些精美绝伦的木雕图案、千姿百态的石雕作品、生动活泼的动物形象、趣味盎然的花卉图案,凝聚成一种具有穿透力的美。

湘峪古城竣工于崇祯七年,由孙居相、孙鼎相兄弟主持修建,孙居相曾担任过户部尚书、监察御史,孙鼎相曾为都察院右副都御史,均为朝廷重臣。走进城内,可以看到一排排整齐的砖砌窑洞,这就是当年用于防卫城堡的藏兵洞。每个藏兵洞都设有拱形窗户,直面城外,密密麻

麻,有如蜂窝,民间谓之"蜂窝城"。藏兵洞洞体宽大,集兵营与仓库功能于一体,同时兼顾了抗击功能。除此之外,它还设有通道与城墙顶部的"帅府院"相连,以便于战时指挥和武力增援。湘峪城内的街巷为"五纵三横"的棋盘式格局,不过,这些街巷大多并不是笔直延伸、相互垂直,而是顺应地势的走向或是有意弯曲成一定的弧度,有些地方甚至连续出现两个九十度的拐弯,其军事防御目的非常明显。湘峪人以其极富创造力的设计及优良的建筑质量,使湘峪古城成为冷兵器时代防御工事的杰出典范,被有关专家誉为"中国北方乡村第一明代古城堡"。

郭壁村是沁水县的一个大村。该村背山面河,依势而建。整体建筑素有"三城""三寨"之说,南北长约2500米,一条古商贸街贯穿其中。昔日的街道上,曾有五道石牌坊,是文官下轿、武官下马的权威象征。主要建筑群有府君庙、镇行宫、古渡口、张姓与赵姓民宅群、三槐里等。古镇

湘峪古城

原为寨堡形,以阁楼寺庙加以城墙相连。虽然现在已经面目全非,但从现存的古代建筑中依稀可以看出原来的轮廓。村中现存明、清民宅3400余间,窑洞数百孔,庙宇7座、阁楼10座,有进士宅院13处,祠堂2处,古井18眼,集居住、商贸、文化、防御、祭祀等建筑于一体,建筑种类繁多,是一处明清时期乡村集镇的代表作。修建定陵的指挥官韩范,亲自参与了家乡的建设。其府第"进士第",设计奇特,做工考究,文化内涵丰富。

窦庄是沁水古代与郭壁齐名的村庄。因水运发达,经济繁荣,有"金郭壁银窦庄"之说。这里三面环水,一面临山,风光秀丽,是沁河的古渡口之一,因宋代大将军窦璘的后代迁居至此而得名。明天启年间,由前兵部尚书张五典主持兴建。窦庄堡仿北京格局修建,内外两城,九门九关,民间称之为"小北京"。墙头筑有城垛、炮台、瞭望口等。四角高筑五层雕楼。八面设窗,使楼外山水尽收眼底,如有来犯之敌,数十里外皆无所遁形。城外绕墙设置藏兵洞,每洞可容多人藏身。城内规划整齐,街市、庙宇、书房、讲堂一应俱全,甚至还设有公堂、地牢。

历经几百年的风风雨雨,沁河古城堡沉淀了一个个久远的故事,一砖一瓦、一檐一壁,都在诉说着历史的厚重;城墙、城楼、藏兵洞,以及那些官宅大院,无不凝聚着晋城先人的智慧。这是一笔珍贵的历史遗产。如今,沿岸村镇依托良好的生态环境,积极开发和利用古城堡的艺术价值和文化底蕴,大打旅游牌,使越来越多的人目睹了它们的风采。

王国光与万历革新

明朝万历年间,阳城县出了一位杰出的政治家、财政家——王国光,他是张居正实行改革的得力助手。

王国光1512年出生于阳城县润城镇上庄村。嘉靖甲辰(1544)中进士。先后任吴江和仪封二县知县,兵部、户部右侍郎总督仓场。后因病辞归。隆庆四年(1570)起为刑部右侍郎，调任南京刑部尚书。未上任，又改为户部右侍郎再督仓场。万历元年(1573)任户部尚书，在职3年辞归。万历五年(1577)起任吏部尚书，以考绩加太子太保，升任光禄大夫，任职6年。任户、吏二部尚书时，正值内阁大学士张居正主持朝政的十年之间，他竭尽全力支持张居正改革。张居正去世后，他被反对派弹劾而落职，后来皇帝念其功绩，令恢复原官致仕(退休)。

"国光有才智"(《明史》)，办事极为干练。初任吴江县知县，就裁减漕运消耗5万石。

王国光画像

邻县有了疑难案件，常向他征询意见，很快就能搞清。在任顺天尹时，免去不必要的捐税计银2000多两。"掌邦计时，多所建白"(《明史》)。在任职户部尚书期间，政绩卓著。当时簿籍文书名目繁多，手续复杂，从州、县上达户部有缮书、输解、交纳等各种费用，下层官员无不叫苦。国光上疏请求裁并，去掉繁文十分之三四，人称简便。户部13个司，自弘治以来，因公署地方狭窄，只有各司郎中一人办事，员外郎和主事只在拜官授职日才到一次。郎中精力有限，有事就委托手下官员来办，致使弊端日益增多。王国光令部属全部入署办公，使行政效率有了提高。边防开支不足，王国光请朝廷命令边臣核实，粮食损耗才减下来，他又筹划长久之策，让全国的抚按官督促下属官员把收入存欠实数全部上报户部通融合计，用剩余部分接济边防，这个办法被采纳。京城驻军向通州支派，等候艰难，他认为在通州只用通判官一人不顶用，就请派户部郎中去办理此事，名为"坐粮厅"(官名)，验收发饷不过3天，驻军称便。全国的钱粮散落在户部各司，无从核计，他建议实行归并责成法(如将京城

王国光故居

附近的府、州、县归福建司,南京归四川司,盐税归山东司,关税归贵州司,徐、淮、临、德等仓归云南司,御马、象房及 24 马房刍料归广西司)。由于行之有效,后来便形成定制。王国光在辞去户部尚书职务临行之前,把自己汇集的《万历会计录》呈上。皇帝称赞他留心国计,命令户部订正。书成后,下旨予以表彰。《万历会计录》是张居正推行"一条鞭"法、改变赋税制度的依据,后成为明清两代田赋的准则。在王国光起任吏部尚书后,提出了"采实政""禁投谒""别繁简""议调处""恤卑官""停加纳""责有司""禁捕官"等 8 条有关国家大计的建议,均被采纳。对于张居正,他同而能异。国光还特别注重地方官员的使用,推荐和选拔了不少人才。只是遵循张居正的旨意把吴中行等 6 个京官出为地方官,使荣誉顿减。

王国光善诗工书,游览所至,即题诗挥毫,遗迹甚多。他的诗和字给人以潇洒飘逸、卓然不群之感。著有《王疏庵率意稿》,今存。

清初能臣陈廷敬

皇城相府是国家5A级旅游单位,名闻遐迩,游人如织,是晋城市乃至山西省的文化品牌和著名旅游景区。皇城相府的主人公就是清初名相、《康熙字典》和《佩文韵府》的总阅官陈廷敬。陈廷敬官至相位,著述等身,始终以清廉为本。特别在其同乡亲家张汧贪腐案发后,他能妥善处置,出淤泥而不染。陈廷敬为官50多年,在清廷错综复杂的派系斗争中,在官场尔虞我诈的明争暗斗中,没有累及其身,做到了文章相业两辉煌,可谓能臣。

陈廷敬1638年出生于阳城县黄城村。他的先祖陈林于明宣德四年(1429)从泽州天户里(今晋城天户村)迁到阳城,廷敬天资聪颖,5岁就能在其母亲口授下背诵诗词,6岁进入私塾读书,9岁时曾赋牡丹,有"要使物皆春"的诗句,时人无不惊异。清顺治八年(1651)赴试潞安府,以"童子第一"入州学。顺治十四年(1657)中举,十五年(1658)中进士。他原名陈敬,因在京会试列榜时,有一个同姓名的人,顺治帝特命加"廷"字,以示区别。

陈廷敬初任庶吉士,经馆试御试均居第一,被任为秘书院检讨。康熙元年(1662),因供养母亲请假回家四年。后起任国子监司业,改任内秘书院侍读、翰林院侍讲学士、侍读学士和内阁学士。对于经史,他能深刻分析其中的含义,讲解颇为透彻。康熙二十年(1681),因母丧离职。再起任礼部侍郎,仍管书局之事。在礼部他拒绝请托,禁止送礼,使部属风气一时好转。不久改任吏部侍郎,仍兼任学士职务。后来,奉命监管财经法章,一洗以往积弊,克服了冒领财金的现象。康熙二十九年(1690),升为都察院左都御史。当时多数人主张八旗兵驻扎外城辅缉"盗""贼",御史李时谦上疏持异议,廷议否定了李的主张。陈廷敬据理为李力争,他针对官吏大都贪得无厌的现状,上疏力戒贪污浪费,请求详细制定官民

陈廷敬画像

的冠服婚丧制度。他提出不少有关国计民生的建议,多被采纳,他还纠察出云南巡抚所欠军用钱粮90多万两,那种严厉、威武的风度使京城内外官员望而生畏。廷敬由工部尚书、户部尚书而至吏部尚书。声望越来越高。他刚弹劾云南巡抚的时候,所有认识他的人都感到危险,但他无所顾忌。湖广巡抚案件发生后,办案者都因为对方亲戚关系牵连复杂,只好毫无所得而止步。廷敬因此引咎自辞,被免去吏部尚书职务,仍掌管书局之事。过了两年,又起任左都御史、工部尚书。当时,选拔人才时有鱼目混珠的现象。廷敬命令所属,让候选者首先送上文稿,再审核批准,以制止舞弊行为。康熙四十二年(1703)四月,拜文渊阁大学士兼吏部尚书。他办事审慎,严守机密。任职6年间,多次上疏辞职,均被皇帝慰留。康熙四十九年(1710)十一月,在他的恳求下,皇帝才予批准,但因编修御制文集未毕,留他在京办事。时隔半年,张玉书去世,他受命总领阁务,但不肯多领俸金,每写奏章一定在职衔上加"予告"二字。廷敬最终因积劳累疾,于康熙五十一年(1712)四月病逝。康熙帝赐给他紫杪棺木一具,发给千两银子助丧,亲作挽诗,派皇子临场祭奠,加祭一坛。谥文贞。令行人(官)护丧归乡。

陈廷敬生前,康熙帝对他极为器重,曾多次赐诗、赐联题字。在他致仕时,又为他亲书"午亭山村"匾额和"春归乔木浓荫茂,秋到黄花晚节香"的对联。

陈廷敬知人善任,在职期间曾举荐户部郎中王士祯、户部主事汪琬进入翰林院,提拔灵寿、清苑知县陆陇其、邵继尧为御史。多次任主考官,选拔了不少人才。

人们参观皇城相府,看到如此豪华气派的城堡建筑,真不知要花多少银两,总认为陈廷敬是个大贪官,这就太冤枉陈相国了。其实,其老家的房产土地都是祖上经商积累的财富,陈廷敬曾先后任过吏、户、工、刑、礼五部尚书,直至文渊阁大学士,成为康熙皇帝的宰辅重臣,始终保持不徇私、不枉法、不结党、不营私。他身居高位,不傲视同僚,能与各部朝官和衷共事,时人赞其"性尚含容,不立异,无与人门户意气之争,故能为人所容"。在礼部时,他曾立下规矩:"自廷敬始,在部绝请托,禁馈遗",使部属风气一时好转。在户部时,一洗以往积弊,克服了冒领财金的现象。在吏部时,为了抵制跑官、要官、买官的不正之风,给家人下达了违者必究的强硬命令:如发现来访者行为不端、送礼谋私、收受贿赂,坚决拒之门外,一概不许放入,否则将对放客人入内之家人予以严惩。湖广巡抚张汧贪污、行贿案发后,因张汧是陈廷敬的亲戚,陈廷敬深感自己有责,便引咎辞职。但康熙皇帝深信陈廷敬品行高洁,诏令免予追究。

对清廷内不少官员贪污受贿腐化、官场风气败坏的现象,陈廷敬深切痛恨。他向朝廷上疏:"贪廉这两方面,是做官是否合格的关键。然而奢俭这两者,又是造成贪廉的根由。要使官员清廉,就先要使他们养成

皇城相府冢宰第大门

节俭的品质。现在由于奢侈之风未除，以至贫穷的人办事节俭反受讥笑，富有的人铺张浪费而无人反对，使得大家竞相奢侈，成为一种风气。于是，贪污求利，触犯法律的事就跟着多起来，而且日趋严重。"他一针见血地指出："好尚嗜欲之中于人心，犹水失堤防而莫知所止。"康熙帝表示赞同，指出，今后"务须返朴还淳，格循法制，以副朕敦本务实、崇尚节俭之意"。

陈廷敬认为选择合格的人担任高级官吏对于国家治理尤其重要，而其合格的标准便是清廉。他说："现在最重要的事是总督和巡抚的人选要适宜。总督和巡抚不利欲熏心，才能以自己为榜样教育下级官吏。吏员不必整日想着如何曲意逢迎、巴结上司，而应留心为民办事。百姓就能够休养生息，奉行教化。"他还建议，应给督抚下一通令，凡保荐州府县官，必须考察他们有没有加派火耗、贪污受贿、干涉司法、剥削百姓等不法行为。对违犯者严加惩处，这就会起到以一儆百的作用。皇帝考察巡抚、总督，则要看他是不是廉洁奉公，为群吏做出了榜样。只有这样，"吏得一心养民教民为称职，庶几大法而小廉。"陈廷敬为官力除官场沉疴积弊，深为朝廷上下所敬重。

陈廷敬还是一代文学家和编辑家。他主持了《康熙字典》和《佩文韵府》的编纂工作，《康熙字典》的问世，促进了中华民族的融合和文化交流，是我国字书的一个重要里程碑，在我国文字史上影响深远。《康熙字典》的作用，世人皆知，而《佩文韵府》却知者不多，其实《佩文韵府》的价值并不在《康熙字典》之下。如果说《康熙字典》是一部字典的话，《佩文韵府》则是一部词典，《佩文韵府》对学习前人积累的词语以丰富文学思维，具有重要的参考借鉴作用，对词典的编修具有开拓和创新作用，为后人编辑词典奠定了基础。

陈廷敬还编修过《世祖章皇帝实录》、《太宗文皇帝实录》和《鉴古辑览》等，担任过《三朝圣训》、《政治曲训》、《平定三逆方略》、《皇舆表》、《大清一统志》总阅官。其主要著作是《午亭文编》五十卷。他的诗文受到当时著名诗人王士禛和著名散文家汪琬的赞赏。康熙认为他的诗"清雅醇厚，非集字累句之初学者所能窥也"，并称其"房姚比雅韵，李杜并诗豪"。其高雅风度可以和唐代名相房玄龄、姚崇媲美，诗歌可以同李白、杜甫相提并论。

第八章

全民抗战 民众支前
（抗日战争与解放战争时期）

■ 概述

1911年辛亥革命爆发，泽州府顺利易帜，进入民国时期。1914年废泽州府，所属各县归冀宁道。同年改凤台县为晋城县。1930年全省统一废道，抗战前晋城地区各县归属山西省第五专署。

晋城是革命老区。1926年初，晋城建立了晋东南最早的共产党组织，领导了晋东南早期的革命斗争。

抗日战争时期，晋城、高平、阳城、陵川、沁水五县分属于太行、太岳和晋豫抗日民主根据地。为便于发动和组织军民抗日，在各县边缘地区新设置了晋东县、晋北县、晋沁县、沁南县、陵高县、建宁县、阳南县、阳北县、士敏县等抗日县政府，根据地掀起了全民抗日的高潮。朱德、彭德怀、邓小平、李先念、陈毅、薄一波、陈赓、朱瑞等老一辈无产阶级革命家曾在这里领导指挥抗日战争和解放战争。根据地军民在中国共产党的领导下，建立抗日民族统一战线，与日伪军进行了艰苦卓绝的斗争。徐海东、黄克诚指挥町店战斗，国共合作抗日东坞岭大捷，赵寿山高平抗战、武士敏为国捐躯，多少抗日英雄在这里卫国杀敌，建立了不朽的业绩。抗战期间，日军对晋城根据地疯狂"扫荡"无数次，残害无辜百姓11万多人，晋城人民将永远记住日本侵略者的残暴罪行。

抗战胜利后,晋城全境解放,解放区人民积极参军参战支援全国解放。抗日战争和解放战争中,有1.1万多名晋城儿女为新中国的建立献出了宝贵生命。三年解放战争中晋城境内不足百万人,就有近10万人参加解放军,晋城县3天内就动员5000多名翻身农民参军;参战支前的民兵、民工达30万人(次),陵川县民兵由于作战勇敢,屡立战功,多次受到晋冀鲁豫军区的嘉奖。解放区人民参军参战,英勇支前;解放区干部北上南下,支援新区。晋城解放区先后选派2000余名优秀干部,北上东北,西进豫西,南下福建,从事新解放区的开辟和建设,为新中国的建立立下了不朽的功勋。

晋东南最早的中共党组织

1926年4月,在濩泽中学成立了中共晋城第一个党小组。这是中国共产党在晋东南建立的最早的党组织,并领导了晋东南早期的革命斗争。

1925年11月,中共太原地方执行委员会派晋城籍党员陈立志以晋东南特派员的身份到晋城进行建党活动。陈立志回到晋城后,走乡串户宣传马列主义和中国共产党的主张,介绍濩泽中学学生联合会负责人孔祥祯加入中国共产党。1926年初,又发展孙新、时逸之(赓昌)、陈荣先(跃庭)、王福裕(绰然)、靳澄、田运财、王耿光、翟玉山等人加入中国共产党。1926年4月,在濩泽中学成立了中共晋城第一个党小组,组长陈立志,成员有时逸之、陈荣先和王福裕。此后,靳澄、田运财在大德针厂,孙思孝在高都垂棘小学,王耿光在南马匠村,常文郁在东常村分别建立了中共党小组。此时,晋城共有中共党员20多人。5月,成立濩泽中学党支部,这是晋城第一个党支部,支部书记陈立志,组织委员时逸之,宣传委员孙思孝,属中共太原地方执行委员会领导。

1927年1月,晋城各地党组织在濩泽中学召开党员代表会议,决定成立中共晋城地方执行委员会,上属中共北方区委领导。执委会设有组织、宣传、工人、青年等工作机构,领导晋东南党的工作。大会选举陈立志为执行委员会书记,陈立志、时逸之、孙思孝为执行委员,陈荣先和王福裕为候补执行委员。下辖8个支部:濩泽中学支部,书记时逸之(兼);大德针厂支

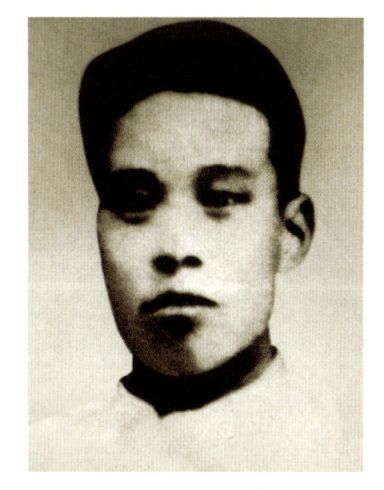

陈立志像

部,书记靳澄、田运财;南马匠村支部,书记常文郁;垂棘小学支部,书记孙思孝(兼);省立四师(长治)支部,书记孟克志;省立四中(长治)支部,书记孙思孝;屯留临时支部,书记罗灌中、罗连年。共有党员133人。

中共晋城地方执委成立后,于1927年4月领导省立第四师范(驻长治)学生掀起驱逐校长范炳文的学潮,进步学生王中青、赵树理、史纪言等参加;当年5月在晋城成立工会,由大德针厂支部负责人靳澄、田运财负责,领导当地的工人运动;6月时逸之、常文郁、赵树理等以学术研究为名,在晋城办起"晋山学社",成立"农民讲习所",宣传马克思主义;还成立了"东常村农民协会"领导早期的农民运动。中共晋城地方执行委员会领导着晋东南地区早期的革命斗争。

抗日根据地建设

抗日战争时期,晋城、高平、阳城、陵川和沁水5县分属太行、太岳和晋豫抗日根据地。当地军民为抗日战争的胜利做出了杰出的贡献。

早在抗战初期,毛泽东就根据对华北情况的判断,致电朱德、彭德怀,要八路军"展开于晋东南之太行、太岳两山脉中",创造游击根据地,进行山地游击战。1937年10月23日,毛泽东再次电示八路军驻晋办事处主任彭雪枫,指出"太行、太岳山脉之晋东南……虽然距敌尚远,然亦不可不于此时作适当部署"。薄一波率决死一纵进驻晋东南,并担任第三行政区主任,为晋东南抗日根据地的创建打下了良好的基础。

根据毛泽东和党中央分兵发动群众、迅速创建抗日根据地的指示,1937年11月13日,八路军一二九师在和顺县石拐镇召开干部会议,讨论了在晋东南创建抗日根据地的问题。会议决定派工作团分赴晋东南各县开展群众工作。临行前,刘伯承师长一再指示:晋东南是毛泽东选定的眼位,我们一定要把"眼"做起来。

决死第一纵队和八路军一二九师先后开赴晋东南对敌作战。为了配合部队作战,牺盟会向各地派出牺盟特派员,发动群众,建立地方武装,掌握抗日政权,实行合理负担,开展全民抗战。在牺盟会的大力宣传下,晋城各地迅速掀起了抗日救亡运动的高潮。

与此同时,一直在晋城从事秘密活动的基层党组织和共产党员,积极投身抗日根据地的创建工作。1937年9月,中共山西省工委派刘尚之到晋城开展党的活动。10月初,成立了中共晋城中心县委,负责晋城、高平、阳城、陵川、沁水等5县党的工作。在中心县委的领导下,各县党的组织迅速恢复和建立。是年底到1938年初,沁水、高平、陵川、阳城等4县先后成立了临时工委或工委,晋城县建立了6个区分委。党组织恢复建立以后,立即深入基层,宣传党的政策,领导广大人民投身到伟大的抗日洪流中。群众性抗日救亡运动的兴起,为建立抗日根据地奠定了重要的基础。

1937年底到1938年初,八路军一二九师给入侵晋东南的日军以沉重打击,对晋东南抗日根据地的建立起了关键作用。之后,徐海东、黄克诚率八路军一一五师三四四旅开赴晋城地区,与当地党组织、牺盟会共建抗日根据地。

1938年3月,中共中央北方局军委书记朱瑞在实地了解了晋东南、豫北抗日形势之后,致电毛泽东,提出以阳城县人民武装自卫队和县公安局的武装为基础,开展以阳城为中心的晋豫边游击战争。并以沁水、晋城等县为游击区域,组织晋豫边军政委员会,实行统一领导。毛泽东当即回电批复:"部署甚妥。"指出:晋豫边地区很重要,望有计划地布置沁水、翼城、曲沃、垣曲、济源、博爱、晋城地区的游击战争。根据毛泽东指示,朱瑞于当月在阳城下寺坪主持召开会议,代表中共北方局,决定成立中共晋豫特委。同年4月,晋豫特委正式成立,确定中心任务是整理与接收河东、晋城、曲沃等地党的关系,恢复政权机关和群众工作,建立共产党领导的人民武装。晋城、阳城、沁水和高平公路以西的党组织归晋豫特委领导(高平公路东和陵川的党组织归中共太南特委领导)。4月28日,以阳城人民武装自卫队为主组建的八路军晋豫边区游击队在河南省济源县黄栋树召开誓师大会,确定这天为游击队成立纪念日,正式建立了晋城特委领导下的人民武装。

晋东南抗日根据地的逐步形成,引起日本侵略者的极大恐惧,1938

年4月,日军出动3万余人分九路向晋东南大举围攻,妄图一举摧毁这里刚刚建立起的抗日政权,消灭八路军主力。针对敌人的阴谋,八路军总部特务团、一二九师、一一五师三四四旅、决死第一、第三纵队、晋豫区各游击支队以及部分国民党军队奋起抗击。经过半个月的反围攻作战,共歼灭日军4000余人,解放了晋城、高平、阳城、沁水等18座县城,从而保证了晋冀豫抗日根据地的顺利建立。

粉碎日军九路围攻后,中共中央电示邓小平、薄一波,指示今后晋东南的中心工作是从事抗日根据地的建设。根据这一指示,中共晋豫特委在阳城召开活动分子会议,确定今后的任务是:第一,以扩大党组织和对党员加强教育为中心工作。第二,扩大武装,巩固政权,加紧创建根据地工作。第三,广泛开展民运工作。会后,晋城地区认真进行了贯彻落实。党的组织迅速发展,党员数量急剧增加。仅晋城一县,党员由抗战初的50多人猛增至数千人。陵川县在1938年5月的"红五月"突击发展党员运动中,全县发展党员3600余名,是原来的数百倍。抗日武装不断扩大,各县均建立了人民武装自卫队,并为八路军输送了大批兵员。1938年,高平一县就为八路军一一五师三四四旅补充兵员1万余人。抗日政权得到巩固,撤换了一批顽固的县、区、村长,普遍建立了农救会、青救会、妇救会等群众抗日团体,改组了基层政权。实行了有钱出钱、有力出力的合理负担政策,团结了大多数力量,加强了统一战线工作。深入开展了群众性的对敌斗争,在阳城町店、沁水东、西坞岭和高平三甲等地毙伤日军3000余人,给侵犯晋城地区的日军以沉重打击。

从1937年底到1939年"十二月事变"前,经过抗日军民两年的艰苦努力,晋城地区在党的建设、政权建设、经济建设、武装斗争等方面都取得了显著成绩,成为抗击日本侵略者的大后方和坚固的根据地,有力遏制了日军的猖狂进攻,支援了正面战场的抗日斗争。

町店浴血战与东坞岭大捷

町店位于阳城县北部山区,芦苇河弯弯曲曲从村边穿过,形成数十里的芦苇河谷。一条沙石公路蜿蜒曲折沿河谷西行,这是晋城通往侯马的必经之路。公路两边山势险峻,森林茂密,地形复杂,是兵家必争的咽喉要地。1938年7月初,徐海东、黄克诚率八路军在这里伏击日军大获全胜。狠狠地打击了日军的嚣张气焰,极大地鼓舞了晋城军民的抗日斗志,增强了人民抗日必胜的信心。7月15日重庆《新华日报》以"町店浴血战"为题,作了专题报道,国民党中央通讯社播发了町店战斗的胜利消息。

1938年7月初,日军第二十五师团一个机械化联队,从陇海线北上山西,企图打通从晋城经阳城到侯马的交通运输线,把战争物资运往晋南。八路军第一一五师三四四旅旅长徐海东、政委黄克诚率第六八七、六八八团和新兵营组成一个加强支队,从长治出发,于7月1日到达町店一带。徐、黄等实地观察了地形,制定了作战计划。一二九师七七二团也接受了阻击任务,晋豫边区游击队从驾岭出发到圪针树腰一带配合行动。2日晚,日军二十五师团500余人乘四五十辆汽车,从晋城向阳城开来。在沁河东岸河头岭用重炮向下孔寨和小河口猛轰,当晚用汽艇把汽车渡过沁河,到达芦苇河下游。3日上午11时许,日军两辆汽车沿河而上,先行探路。12时许,返回原地,然后引全部汽车行进。这时早已埋伏在柏山树林中和柳沟的战士冲出来,向敌车队发起猛攻,用刺刀与敌搏斗。敌全部枪支被夺。同时,八路军从五龙沟、义城、八里湾、南堂廖杀出来,分段包围了正在河中洗澡的赤身裸体之敌。敌仓皇应战,死伤大半,顿时河水殷红,尸体横七竖八漂浮水面。残余的日军夺路而逃。日军退到下孔,把一些尸体和重伤员在河滩烧掉,又窜到王家庄渡口,准备用木船渡河,被八路军六八七团三营切断退路,多次强攻硬渡都未得逞,便从小河口退回清水磨顽抗,又有两连八路军战士从云拱寺沟出击,把企图逃窜之敌全歼。7月4日,日军数架飞机在下孔、八甲口等地反复轰炸和扫射。9时许,敌十五师团骑兵队数百人由西顺河而下,向町店扑来。八路军第六八七团一、二营在町店以东的美泉南岸高地策应,一个连在三官庙西北树林里伏击,防止日军逃窜和阻击东路援兵。第六八八团也迅速将下黄岩的敌骑兵包围。晋豫边区游击队在上黄岩把口,不让敌人逃出并阻击援军。日军被围在上黄岩至美泉的河槽里乱作一团,敌骑兵很快就被第六八八团和新兵营歼灭。町店一带的敌人受到八路军打击,死伤惨重,组织残兵复攻,又被八路军击退到南岸。黄昏时,敌企图突围,夺路而逃,又遭到晋豫边区游击队的沉重打击,负责阻击东路援兵的第六八七团三营激战到深夜,打退敌人多次进攻。日军全线失利,带着伤员、尸体,向晋城溃退。7月6日,日军在炮火的掩护下,从东西两路窜至町店河,沿河只留少数部队收拾尸体,其余集结于大宁、町店、上孔等地,分三路进攻第三四四旅指挥部驻地苏甲岭、张山一带。八路军迅速安全转移。

町店战斗共毙敌约800人,打伤敌人约300人,俘虏4人,缴获重机枪3挺,机枪30余挺,步枪900余支,掷弹筒110门,八二炮15门,六〇炮18门,战马130匹,大刀200余把,击毁敌汽车30辆。

坞岭,位于沁水、翼城两县交界处。界东称东坞岭,距沁水县城20公里,属沁水;界西为西坞岭,属翼城。两岭对峙,海拔1391米。曲高(曲沃至高平)公路沿东坞岭山

町店战斗烈士纪念碑

势盘旋而上,穿过隘口,才能下山,山高坡陡,地势险要。这里是曲高公路之咽喉,是重要的战略要地。

日军在阳城町店打了败仗后,改变了作战部署,又从沁水县城集结兵力向临汾开进,准备与晋南的日军会合。为阻止日军西进,国民党三十三军第十师旅长陈华力主与日军作战,认为这是歼灭这股日军的最好机会,于是就将这一计划上报集团军司令李默庵,李认为这是天赐良机,不能延误。通过和山西决死三纵队第七、第八总队协商,决定利用东坞岭天险,伏击西进日军,两军协力把敌人消灭在东坞岭上。

两支抗日部队联合勘察地形,制定战斗方案。将三十三军第五十八团、五十九团分别埋伏在固镇至关帝坡一线的公路西侧,五十八团为主攻团。决死三纵队第七、第八总队分别埋伏在公路以北,控制了近5公里长的山谷公路。指挥所设在路南距隘口不足一公里的地方。

1938年7月29日凌晨,日军从沁水县城出发,气势汹汹地向翼城方向开进。战士们设伏在预定位置,直到太阳升起来了,仍不见敌人动静。有的战士看到公路上冷冷清清,毫无动静,就有点不耐烦了,不时抬头张望,

东坞岭抗日纪念碑

还抱怨鬼子怎么还不来。指挥员们不时叮嘱同志们冷静观察,没有命令谁也不能打草惊蛇。

10时左右,东南公路上突然腾起一股尘土,接着,隐隐约约传来马达声。战士们都揭开手榴弹盖,准备战斗。等敌人进入伏击圈后,只听指挥员枪声一响,顿时步枪和机枪一齐狂叫起来。突击连伸入到公路边,无数手榴弹飞向汽车。在炮火支援下,敌人被拦腰截成两段。山谷里敌人乱作一团,晕头转向,犹如一条伤蛇,停在公路上不知所措。

日军遭到这迅雷不及掩耳的袭击后,半天才清醒过来,纷纷捂着脑袋从车上往下跳,有的还没跳下来就丧了命。日军整顿了阵容,集合火力开始反扑。陈华旅长立即集中兵力打退敌人的进攻,保住了阵地,把敌人限制在公路上。

第二天凌晨3时左右,敌人乘战斗间隙,悄悄将隘口处挖断的公路,用石头填起,日军车队争相向隘口冲去。有四五辆汽车冲过隘口。决死纵队的炮火立即向隘口转移,密集的炮弹将冲上来的汽车炸毁,堵住了敌人的去路。紧接着,日军车队后部的汽车、弹药车、汽油车被炮弹击中,爆炸声响成一片,堵住了日军后退之路。至此,敌人前进不能,后退不能,陷于绝境。

第三天,日军下决心作最后的垂死挣扎。日军大佐亲自指挥,向五十八团阵地进行疯狂反扑。我抗日部队也调集兵力,北山除留五十九团

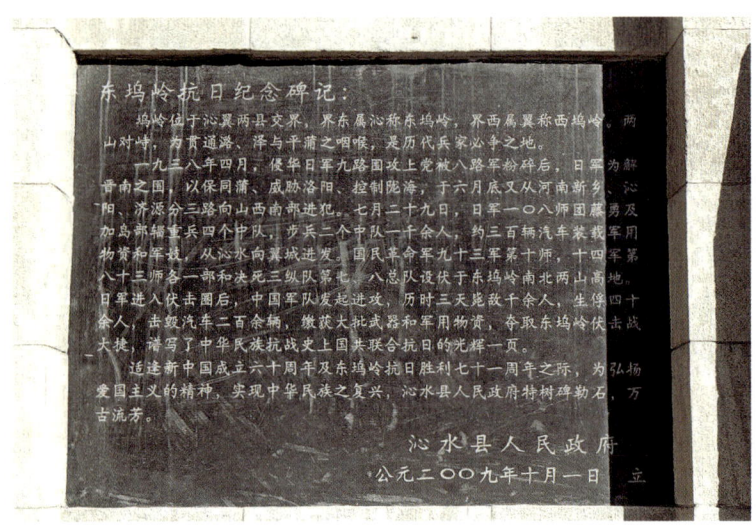

东坞岭抗日纪念碑记

一个营死守隘口、一个连堵住敌人向沁水县城逃窜外,其余兵力全部集中南山,分3道防线进行阻击。首先是机枪阻击,其次是手榴弹杀伤,最后是准备拼刺刀。此时,机枪向冲击的敌人雨点般地扫射,一颗颗手榴弹在敌群中开花,日军像发了疯的饿兽,嗷嗷乱叫,多次反扑,都未成功。抗日战士们跃出战壕,与敌人展开激烈的白刃战。阵地上的喊杀声,敌人的嚎叫声,刺刀的碰撞声,混作一团,震荡着整个山谷。日军伤亡惨重,只有小部突围。

东坞岭大捷是抗日战争时期发生在晋城境内的一次较大战斗,也是国共合作抗日的一次成功范例。《新华日报》报道这一胜利消息:"沁水西窜之敌约两千余,于上月29日至本月2日与我军在沁水以西五寨镇与东坞岭激战三昼夜。一部三四百突围西窜,……其余全部被我歼灭,共毙敌千五百余,夺获汽车300余辆,装甲车4辆,迫击炮7门,轻重机枪30余挺,步枪500余支,及其他军用品甚多。"这次战斗的胜利,在中国人民抗战史上写下了光辉的一页。

"十二月事变"在晋城

抗战进入相持阶段后,国民党实施溶共、防共、限共、反共的方针。阎锡山召开反共的秋林会议,与日军密商配合,进攻晋西和晋东南地区的八路军和山西新军,制造了"十二月事变",掀起了抗日战争以来的第一次反共高潮。晋城是"十二月事变"的重灾区,境内共产党建立的抗日民主政府全被摧毁,遭残害的抗日干部达500多人,抗日部队损失4000余人。

1939年12月,阎锡山集中6个军的兵力,攻击晋西隰县、孝义一带的抗日决死队二纵队和八路军晋西独立支队,制造了"晋西事变",同时在晋东南制造了"晋沁阳事变",统称为"十二月事变"。

1939年12月4日,阎军驻晋东南的第八集团军总司令兼第三行署主任孙楚指派阳城县三青团骨干分子上官凌云，带领一伙武装暴徒袭击了阳城牺盟会《新生报》社，肆意抢劫各种物资器械，绑架编辑王良，"晋沁阳事变"从此开始。8日，国民党十四军八十三师主力配合孙楚的各种特务组织，袭击了阳城县抗日政府及其下属的区村公所、牺盟分会，捆绑吊打抗日干部群众1000多人，杀害200余人。在阳城活动的中共晋豫地委、晋豫边游击支队以及阳城县委、县抗日政府、牺盟会、各抗日团体的工作人员先后撤离县城。阎军八十三师政训处主任李英樵夺了抗日县府政权，自任阳城县长。12月18日，沁水三青团组织伙同当地地痞劣绅，在国民党十四军和九十三军指使下，同时向沁水县抗日政府、县牺盟会以及一些区、村公所发起攻击，80多名干部群众被捕，9人遇害，县长杜伦、牺盟特派员卫佐周、保安连指导员师小帆等人撤出沁水。12月19日夜到20日晨，国民党四十七军及卢有年保安队、阎军独八旅向晋城县抗日政府、公安局、牺盟会、各抗日群众团体及决死三纵队晋城独立第三营发动突然袭击，逮捕抗日干部百余名，杀害十余人，收缴公安局、决三营枪400余支。同月下旬，陵川、高平二县的抗日政府、牺盟会分别遭到国民党四十军和二十七军的进攻，党组织及各抗日群众团体损失惨重，被迫转入地下活动。

1939年底，从晋城、阳城、沁水三县撤退出来的抗日干部转移到晋城高会、土岭一带。1940年1月2日，在晋豫地委领导下成立了中共晋沁阳三县联合工委和晋沁阳三县联合办事处。1月4日，国民党四十七军五二三团及卢有军、孙瑞琨等部，向三县联合工委和办事处驻地土岭发动了突然袭击，抗日军民仓促应战，虽经顽强抵抗，终因力量悬殊，除部分突围外，80余人不幸被捕，晋城牺盟特派员丁文法等人英勇牺牲。造成了骇人听闻的"土岭事件"。至此，晋、高、阳、陵、沁五县的抗日政府都被摧毁，基层党组织、牺盟会陷于瘫痪，党政干部被杀害者达500人以上，晋城军民经过两年辛苦开辟的敌后抗日根据地惨遭顽固派"血手毁坏"。

与此同时，阎锡山加紧调兵遣将，同时采用收买、拉拢等手段，企图一举消灭积极抗日的新军决死队。1939年12月23日至28日，决死三纵队有一个营被消灭，有一个总队司令部、一个旅部、三个团、一个营先后叛变，共计损失4000余人。

事变发生后，朱德、彭德怀当即向国民党当局提出强烈抗议，并派陈赓率三八六旅主力和总部特务团进驻太岳区，同薄一波统一指挥太岳区部队，坚守阵地，反击国民党的进攻。八路军第三四四旅、晋豫支队、独立游击队和决死三纵队也连续重创孙楚的独八旅及其他反动武装，恢复了在事变中失去的部分阵地。随后，太南、晋豫地区各部队，组成八路军第二纵队，左权兼任司令员，黄克诚任政委，进一步加强了对这一地区八路军各部的指挥，粉碎了反共顽固派的进攻。

朱总司令在晋城

　　抗日战争时期，八路军总司令朱德，率领八路军东渡黄河，开赴山西抗日前线。他在太行山指挥抗战期间，多次到晋城检查指导工作。其运筹帷幄、决胜千里的大将风度，平易近人、朴实无华的战士品格，在群众中广为传颂。

　　1938年7月12日，朱总司令、左权副总参谋长从沁县来到端氏镇，在三四四旅视察工作，住在距端氏镇10华里的古堆村。朱总司令住在村中的农家小院里，向群众介绍全国的抗战形势，讲解中国必胜、日本必败的道理。朱总司令还让房东阎文德带路，到村里贫苦农民家庭走访，结识了村里的许多困难户。朱总司令还戴着草帽带领战士们帮助缺少劳动力的困难户锄地，晚饭后到附近的山坡上、小河边散步，同战士们一起唱抗日歌曲。村里阎青山等几个小青年，最爱听朱总司令讲抗日形势和打仗的故事。这几个青年人后来成为村里的抗日骨干，阎青山还加入了中国共产党，成为金峰村第一任农会主席。

　　朱总司令在端氏镇召集黄克诚、徐海东、崔田民等参加的三四四旅高级干部会议上，表扬三四四旅在长子县张庄、高平县丹朱岭、阳城县町店三战三捷的战绩，通报了三四四旅挺进豫北的命令，还同旅领导一起研究了挺进豫北的作战计划。接着，又召开了连以上干部大会，总结在反九路围攻中的经验教训,宣传毛主席刚刚发表的《论持久战》,明确指出:抗日战争是持久的,最终胜利属于中国。

1938年8月初的一天,朱德总司令率领部队从垣曲出发,途经阳城东西哄哄、李圪塔、董封等村,一路风尘到达阳城县城。中共晋豫特委以及阳城县委、县政府组织群众,热烈欢迎朱总司令一行。在县牺盟会的具体组织下,欢迎朱总司令的群众队伍足有二三里长。翘首以盼的欢迎群众,终于迎来了朱总司令一行。战士们迈着整齐的步伐,从欢迎的人群中穿过。可是,部队全过完了,却没辨认出哪一位是人们心目中的朱总司令。谁也没有想到,这位名声显赫的总司令,同普通士兵一样,身着灰色的军装,脚踏一双草鞋,与背着行军锅的炊事员同行,欢迎的群众望穿双眼也难以识别。

8月17日,朱总司令在阳城视察工作,住在西池。当晚,他不顾旅途劳累,听取了晋豫特委书记聂真、组织部长薛迅以及阳城县委书记的工作汇报。他指示特委要建立群众武装,积极主动地开展游击战争;放手发动群众,坚持持久抗战。在谈到党的建设时,朱总司令说,要积极慎重地发展党员,壮大党的组织。明确指出:"凡是过去入党后因各种客观原因失去组织关系的老党员,经过认真审查,只要没有自首、叛变等问题,应恢复关系,让其在工作中充分发挥作用。"为解决一些在大革命时期、土地革命时期入党的老党员脱党问题指明了方向。

朱总司令在沁水视察期间,为推动国民党军队的政治进步,主动会见国民党将领,着力做他们的转化工作。他以东路军总指挥身份,召集国民党驻晋城各部及山西新军决死三纵队、八路军三四四旅等各个部队的将领,在古堆村召开军事防务会议。会上,朱总司令同各个部队协商军事部署及部队给养问题等。朱总司令指出晋城、沁水、侯马一线是国共两党军队防区,要精诚团结,共同防守,利用有利地形,消灭敌人的有生力量。他同意了国民党友军制定的方案,利用东坞岭险要地形阻止日军向晋南进犯。结果决死三纵队配合友军,使东坞岭阻击战取得重大胜利。为了贯彻减租减息法令,朱总司令会见了沁水地方士绅。在端氏镇贾府(贾景德住处)召集贾景德(时任省政府秘书长)的族兄弟贾进德等士绅10多人进行座谈,向他们宣传合理负担、减租减息和改善人民生活的政策,动员他们募捐钱粮,支援抗日前线。经过朱总司令的工作,端氏的大部分士绅都主动向抗日部队捐出粮款,有力地配合了抗日斗争。

1939年底,国民党顽固派发动了第一次反共高潮。阎锡山充当这次反共高潮的急先锋,策动旧军向新军进攻,制造了骇人听闻的"十二月事变",在阳城和晋城交界处的土岭村,发生了杀害抗日干部的"土岭事件"。事变中朱总司令对《新华日报》记者发表谈话,向顽固派发出了严正警告:阳城等县所发生之同室操戈反进步事件,本人认为系抗战中之莫大不幸事件,如继续扩大,实为坚持抗战、坚持团结之碍。为了营救在土岭事件中被俘的83名干部,晋豫地委立即向朱总司令报告了事件经过。朱总司令接到报告后,致电国民党第一战区司令长官卫立煌,对四十七军无理抓捕八路军战士、破坏抗日统一战线的行为感到不安。八路军副总司令彭德怀也向四十七军军长李家珏写信,国民党终于释放了全部被俘干部。

太岳烈士陵园纪念亭

1940年4月,朱总司令准备亲自赴洛阳,同国民党第一战区司令长官卫立煌进行谈判。4月26日,朱总司令赴洛阳谈判路过陵川,住在平城镇南坡村。国民党二十七军军长范汉杰率部迎接朱总司令进入陵川县城。朱总司令住在南关一座四合院内,同范汉杰进行了长时间谈话,劝告他要坚持抗战、团结、进步,反对投降、分裂、倒退,枪口一定要对准日本强盗。在陵川期间,朱总司令还到国民党举办的党政干部训练班上作了抗日统一战线的报告。当他得知陵川县监狱里关押着10多名牺盟会干部后,立即同陵川县当局进行交涉,提出要到监狱里看看他们是不是八路军。在监狱里,随行人员向他们介绍说,这是八路军总司令朱德,谁是八路军可以说出来,跟总司令走。于是王发枝等10多名被关押的同志被释放。

朱总司令登上太行之巅,高瞻远瞩,极目千里,欣然命笔,写下了豪迈诗篇《出太行》:

群峰壁立太行头,天险黄河一望收。
两岸烽烟红似火,此行当可慰同仇。

武士敏沁水殉国

抗日战争时期,国共合作形成抗日民族统一战线。国共联合在晋城境内对日作战,有许多成功的战例。许多抗日英雄牺牲在这块红色的土地上。国民党第九十八军军长武士敏率军抗战就是典型的事例,他在沁水以身殉国,英烈豪气长留天地之间。

武士敏 1892 年出生于河北省怀安县柴沟堡镇。青年时代的武士敏,是一个有理想、有见识、有胆略,献身民主革命的热血青年。1915 年,袁世凯复辟帝制,当时山西五台人郭宗道,因为反袁被逮捕,武仗义疏财,四处奔走营救。郭宗道获释后,武士敏便随同郭参加了声势浩大的护国讨袁运动。1918 年,武士敏随续桐溪(定襄人,续范亭叔父)赴陕西参加靖国军,结识了于右任、胡景翼、杨虎城等人。这期间,他受靖国军的委托,到广东谒见孙中山先生,他的革命活动深受孙中山先生的嘉许。

1924 年,冯玉祥组织国民军起义,他受任联络胡景翼、孙岳等部。起义成功后,胡景翼请他出任河南省警察厅长,他婉言谢绝。武士敏不为名利所动,耗尽家资,又奔走于绥远、察哈尔一带,组织流散各部,在保定组成国民军第二军骑兵一支队,从此,他开始了戎马生涯,转战直、鲁、豫,与北洋军阀多次搏战。1925 年,国民军分攻冀、鲁,武出兵沧州,截断津浦路,有力地配合国民军攻取了天津,显现了他的献身精神和军事才能。翌年,国民军受挫,他和共产党人南汉宸等,赴苏联学习考察,潜心深造,以待时机。

1927 年,武士敏从莫斯科回国,应杨虎城之邀,到西北军先后任第一师第二旅旅长、第七十一师二一一旅旅长、第四十二师一二四旅旅长兼任潼关警备司令。西安事变后晋升为第一六九师师长。从 1927 年到

1936年，武士敏深受杨虎城进步思想的影响，同时，也经受了如火如荼的政治风暴的洗礼，在极为错综复杂的矛盾斗争中，思想认识有了很大提高。他爱憎分明，赞成中国共产党"停止内战，一致抗日"的正确主张，反对蒋介石积极反共、对日妥协投降的政策，支持张、杨的革命义举。西安事变发生时，武士敏正在南京军事学院学习，当即为国民党亲日派所扣押。

武士敏像

卢沟桥事变后，武士敏怀着报效国家的决心，率部出陕西，过黄河，开赴山西、河北，直奔徐水、满城、井陉、平山、石家庄、娘子关前线，与敌人展开激战，阻击日军南进西犯。嗣后，他协同八路军一二九师，先后在正太路沿线七亘村、黄崖底、广阳坡等地，打了一系列伏击战，重创日军，有力地牵制了敌人。同年11月，形势急转直下，太原、安阳相继陷落，国民党大批军队争先向西向南撤退，以保存自己的实力，而武士敏则积极配合八路军，率部与敌人周旋于太行山、太岳山上。

1938年，八路军总司令朱德和副总司令彭德怀分别就任东路军总指挥和副总指挥后，统一领导在太行山坚持抗日战争的各部队。根据战事发展和军队中存在的问题，朱总、彭总及早召开了各部将领会议。与会各部队将领深感在第一期抗战中，由于指挥不统一，军事上遭到重大失利。会上，武士敏结合自己的体会，认识到在全民族的抗战中，打破军队体系的门户之见，互相配合，顾全大局，协同作战等，对于取得战争胜利有其重要意义。此后，在粉碎敌人"九路围攻""八次包剿"的战斗中，他屡建战功，尤其是1939年下半年，阎锡山发动了"十二月事变"，掉转枪口，屠杀共产党、八路军和决死队，而武士敏将军始终与八路军保持了友谊和合作，常常在官兵中宣讲"抗日高于一切，坚持抗战到底"的道理，模范地执行了精诚团结、一致抗日的正确方针。

武士敏是一位有远见卓识的军人。他平易近人、廉洁守法、生活朴素，对自己要求很严。身为高级将领而不带家眷，这在国民党的军队中是非常少见的。他严于治军,重视军队与人民群众的关系,尤其是不允许部下官兵有打骂老百姓的行为。一次,有个班长去武乡涌泉采买粮食,因为运输缓慢而毒打村长。他知道后,立即处分了那个班长。为了提高部队的政治素质和战斗力,他分批派出自己的部属几十人,到八路军的部队里,学习战时政治工作、民运工作、敌军工作、游击战术等,特别注意学习八路军政治工作的具体实施办法,收到了很好的效果。

1938年4月,日军调集3万多兵力,分九路合击,妄图一举摧毁太行山抗日根据地。在紧急关头,武士敏率部扼守要隘子洪口。当由太谷出发,沿白晋路进犯太行山根据地的日军一〇九师团到达盘陀、东西团城铺附近时,武部全体将士,英勇出击,奋力拼杀,敌人虽在武器上占优势,炮火异常猛烈,而武部始终坚守阵地,阻敌于东西团城铺以北地区,使日军不能再前进一步。经数昼夜激战,捣毁敌军军车10余辆,击毙日军一名联队长,歼敌数百人,迫使日军弃尸溃逃,很久不敢再犯。

1939年7月,敌人再次以一〇九师团独立第九旅团为主力,向驻防太岳区的武士敏一六九师合击。武士敏机动灵活,于沁源天神山设伏,当日军进入伏击圈时,突然给敌人以迎头痛击,与敌人血战数日,终将敌人击溃。战斗结束后,武士敏将军由一六九师师长晋升为第九十八军军长。此后,武部驻防于中条山沁水县东峪、西峪一带。

武士敏将军墓

1941年5月，日军集结临汾、长治、晋城5万多兵力，分14路合击中条山。中条山战役爆发后，武士敏率九十八军驻防在沁水至阳城的东北线上。5月7日晚，日军向武士敏驻军发起进攻，武军长率领所部拼死抵抗，在阳城董封一线与敌激战，多次击退日军进攻。其时，驻防中条山的国民党部队20多万，由于无作战准备，战时庞大的后勤机关又不易疏散，部队无法展开战斗，损失惨重。中条山大战的结果是，国民党军队2万多人投降，4.5万人被俘，万余人牺牲，其余10多万军队则撤至黄河以南，唯武士敏率部转入敌后，历经艰难和八路军一道与日军周旋于中条山。其时，日军对武部多次劝降，均为武所拒。同年9月下旬，敌又集数倍于武部的兵力，再度向武部驻地东、西峪合围。武将军亲临马头山前线指挥，与敌人拼搏冲杀，阵地几易其手，伤亡极为惨重。9月29日武士敏将军于突围时，不幸头部中弹，为国捐躯，时年49岁。

武士敏将军牺牲的消息传开后，晋冀鲁豫边区政府为他召开了追悼大会，号召大家向他学习，并在武将军牺牲的地方——沁水县东西峪、端氏一带，建立士敏县以表纪念。《新华日报》华北版写了新闻报道和社论悼念文章，日本报纸《读卖新闻》也刊登过武士敏将军阵亡的消息。左权将军为他题写挽联："尽忠于民族国家，努力团结进步，磊落奇才一世如君有几？坚持在敌后抗战，英勇杀身成仁，感怀将军数年知己情深。"给了武将军很高的评价。由于武将军尸体被日军运走，直到1984年5月才在长治市南城墙脚下找到了他的遗骨，当年9月20日山西省人民政府在太行太岳烈士陵园建武士敏将军墓，11月20日隆重举行迁墓安葬仪式。

高平阻击战

高平的丹朱岭、老马岭一线，是高平与沁水、长子的界山。这里山势险峻，是一夫当关万夫莫开的战略要地。日军对晋东南抗日根据地发动九路围攻时,八路军和国军十七师在此阻击日军,粉碎了日军的围攻。

1938年初,日军调兵遣将,对晋东南抗日根据地发动九路围攻。八路军副总司令、东路军副总指挥彭德怀于2月下旬亲临高平进行作战动员和部署,并有陆军第十七师师长赵寿山协同指挥。

3月8日,日军第十四师团石黑支队出动装甲车百余辆,由沁水出发,沿曲(沃)高(平)公路向东进犯,行至高平关外的老坟沟时,遭到十七师官兵的英勇阻击,十七师独立营于虎头山正面阻击敌人,其他官兵则占领老马岭、吾神山、搭鸡坡等高点,从左右两侧策应。从早到晚,浴血奋战8个多小时,击溃入侵之敌,打死打伤日伪军300余人,炸毁装甲车12辆,缴获山炮3门、轻重机枪15挺、步枪150余支、各种弹药50余箱。第十七师某连连长李登先及4名士兵牺牲。

4月3日,日军千余人由长子南下,侵占高平县城,并与晋城北上之敌合兵西犯驻高平县康营村的第十七师师部。八路军一一五师三四四旅与十七师协同作战,共同打退了入侵之敌,十七师九十七团沿山路截击北撤之敌。4月7日,日军被迫撤退。4月25日、26日,日军复至。第十七师用两个团的兵力于丹朱岭、金峰寺、汤王头、回山、界牌岭一线与日军迂回作战,先后打死打伤日军600余人,击毁敌人汽车、装甲车、马车200余辆。

4月26日,进犯长子以北的日军受挫后向南逃窜,八路军一一五师三四四旅政委黄克诚率六八七团、六八八团由沁水县赶至高平境内的丹朱岭下,占领1130高地,把向南逃窜的千余名日军截为数段。中段日军受阻后收缩集结于张店,以守待援。八路军组织六八八团二、三营强攻。将要攻下张店时,战局发生变化,两头日军往回收缩,使八路军腹背受敌,八路军奋战一天一夜,击退日军多次反扑,歼敌数百人,29日奉命撤离。

4月27日,十七师九十七团,配合八路军三四四旅六八七团、六八八团、决死一纵队和游击二团在丹朱岭1130高地侧击由长治沿白晋公路南犯日军一〇八师团1000余人。此次战斗打得非常激烈,毙伤敌600余人,炸毁汽车、马车210余辆,缴获大量武器、弹药、被服、器材等。日军南逃至高平县城附近,又遭九十八团截击。至界牌岭又遭十七师独立营和抗日部队五二九旅的打击,日军伤亡惨重。至此,日军实施九路围攻晋东南的计划被彻底粉碎。

1938年6月22日，赵寿山为了纪念在高平抗击日本侵略军阵亡的官兵，在驻地高平窑则头村建起了一座十七师阵亡烈士纪念碑，碑身正面刻"陆军十七师抗日晋东南各战役阵亡烈士纪念碑"，由赵寿山亲笔题写。解放战争时期，赵寿山脱离国民党军队，任解放军西北野战军副司令员；新中国成立后历任青海省人民政府主席、陕西省省长、全国人大常委会委员，国防委员会委员等职。

抗战名曲《在太行山上》

"红日照遍了东方，自由之神在纵情歌唱，看吧：千山万壑，铜壁铁墙，抗日的烽火燃烧在太行山上，气焰千万丈。听吧：母亲叫儿打东洋，妻子送郎上战场。在太行山上，山高林又密，兵强马又壮。敌人从哪里进攻，我们就要他在哪里灭亡。"这首抗战名曲《在太行山上》就诞生在太行之巅的陵川，以其激昂的旋律，恢宏的气魄，坚定的意志和不屈的精神感染着中华民族，唱响了大江南北。成为太行精神的象征和主要符号！

《在太行山上》词作者桂涛声，是云南省沾益县人，生于1901年。1937年7月，卢沟桥事变爆发后，桂涛声参加了八路军工作团，于11月底到达陵川。

1938年初，日军对晋东南开始了"九路围攻"，长治、晋城相继沦陷。中共长治特委指示，在陵川、壶关两个未被日军占领的县建立游击支队。陵川县长王耿人（共产党员）决定把陵川县人民武装自卫队、陵川公安局武装警察和由共产党员陈冰之从河南带来的"十三军游击队"，组建为"第二战区行营游击队第一支队"。王耿人任支队长，桂涛声任政治代表，县公安局长李谊暄任副支队长，陈冰之任政治部主任，卫逢祺任政治部副主任。

在《太行山上》曲作者冼星海是广州人，1905年出生于澳门。他于1938年春，从河南北上来到陵川参加抗日工作。他在陵川县的主要活动是培训文化干部教唱抗日歌曲，宣传抗日思想。一位文学家和一位音乐家相会在太行之巅的陵川。在中华民族生死存亡的历史关头，两位文化巨擘的见面，必然要奏出历史的最强音。

1938年前后的陵川，是山西唯一一个没有被日军占领的完整县。在这里云集了国共双方党政军机关和要人，共产党人和国民党人都可以以公开身份开展各种抗日救亡宣传活动。一批一批的文化精英在这里汇聚，一批一批的陵川子弟从这里奔向抗日前线，小小陵川成为一个风云际会、精英云集的地方。

在太行之巅的陵川，每当旭日东升，一轮红日喷薄而出的时候，太行山以壁立千仞的气概，在太阳光辉的照射下，闪耀着古铜色的光芒。桂涛声、冼星海站在千山万壑之间，教唱救亡歌曲的伟岸和傲然，就如一尊自由女神，给人以无穷的力量。激情催生了《在太行山上》创作的灵感。一首抗战名曲就这样诞生了。

当时陵川的许多青少年都参加了桂涛声、冼星海等人组织的陵川抗日儿童宣传队，并在佛山排练演唱《在太行山上》。1938年春，桂涛声、冼星海带领陵川儿童宣传队在佛山即兴创作并试唱《在太行山上》，下山以后仍不断排练演唱。随后，冼星海、桂涛声相继前往武汉，当时武汉已成为一个抗日救亡的中心，周恩来等在武汉领导抗日宣传工作。桂涛声从陵川动身去武汉时，将词曲初稿寄给了陵川民众小学的老师李曼，创作这首歌最初的目的是让李曼教唱陵川儿童宣传队。

1938年7月前后，为了举行纪念抗战一周年的宣传活动，武汉掀

抗日战歌《在太行山上》诞生地陵川佛山

起了抗日救亡的新高潮,回到武汉的桂涛声把《在太行山上》的歌词誊抄给冼星海,冼星海对曲谱进行了二度创作,使之成为一首当时国内不多见的二声部的大合唱经典曲目,并在武汉开始演唱。1938年10月,桂涛声将在武汉修改后的《在太行山上》曲谱,寄给了太行山剧团的负责人洪荒,洪荒组织了排练和公演。从此,《在太行山上》这首英雄的战歌,唱遍了太行山,唱红了全中国。

英国友人艾伟德在阳城

英国友人艾伟德,在中国抗日战争期间,带领100多名孤儿穿越太行山、中条山,避开日本飞机的轰炸,从山西阳城跋涉到西安。此举不但在中国产生了巨大影响,也轰动了国际社会。1958年美国将其事迹拍成电影,片名叫《六福客栈》,由著名影星褒曼主演,由于影片故事感人,艺术精湛,该片获得当年奥斯卡导演奖提名。

艾伟德全名格蕾蒂斯·艾伟德,1902年2月24日出生在英国伦敦郊区。因为家境贫寒,作为侍女,去照顾年迈作家扬何斯本爵士夫妇。侍女,伦敦称为"客厅女仆",在中国叫保姆。在1930年初的一次聚会中,艾伟德听说在中国有位老传教士珍妮·劳生,已经73岁,想退休,没有人肯去接替她。艾伟德立即写信希望接替她。几个月后,珍妮回信欢迎她前来,并告诉她,只要到达中国天津,会有人去接她到山西阳城。

1930年10月,经过简单筹备,艾伟德用打工获得的积蓄购买了一张从伦敦到荷兰的船票,从港口乘船到荷兰海牙。欧洲人到中国,当时最好的路线是选择坐船到天津,但是费用要比陆路贵两倍。为了省钱,艾伟德选择了铁路。她的旅行路线是:沿铁路东行,穿越东欧,经过西伯利亚后,进入中国,再转由中东铁路南下,由大连乘船到天津。本来是计划直达中国东北的,但事与愿违,火车被迫转道莫斯科后,才在辽阔的西伯利亚荒原上旅行。一天夜里,火车突然停了下来,原来这列三等车只载劳改犯到当地,要继续东走,必须自带行李,翻山越岭步行到下站一个叫赤塔的地方。艾伟德踏着冰雪覆盖的荒漠,抵达赤塔时,发现车站到处是荷枪戒备的军人,还能听到稀疏的枪声。后来才知晓苏联与日本对峙,中国满洲铁路又在日本控制下,所以苏联的列车无法直达。她被迫留在当地的旅馆里。

在旅馆里,一个懂英语的妇女在仔细看过她的护照后,为她解了谜。她指着护照的工作栏说:问题出在这里。原来"宣教士"被误写成"机械师"。由于当时苏联非常需要机械师,所以当地官员就粗暴地把她强行扣留了。

几经周折后,艾伟德抵达苏联的最东端——符拉迪沃斯托克(即海参崴),旅资已经所剩无几。在当地人帮助下,她终于登上一艘停泊在港湾里的日本商船,船长被其精神所感动,答应免费载她去日本神户。几天后,才乘船辗转到达中国天津的"宣教中心"。

艾伟德在天津休整了几个月。其间,靠着宣教中心,她熟悉了有关阳城的情况,知晓从天津到那里,少说也有1700里,还要翻越高峻的太行山脉。1931年春,一个路姓的基督徒商人要去山西晋城,答应带艾伟德前去。艾先乘火车越过华北平原,又沿着崎岖狭窄的山间小路徒步穿

艾伟德(右)

越太行天险。

艾伟德千辛万苦到了山西阳城,这里是太行山中的一个小县城。教会工作的条件比艾伟德预想的还要差,教堂租住着一处民房,位于县城东门外的大道上,运货的骡队从这里来来往往。安顿好后,珍妮向她透露了一个想法,借这个闲置的院落开一间客栈,接待骡夫住宿,厨子老杨正好可以给他们供应饮食。这样,既可以向当地人传福音,还能筹措传教经费。艾伟德连连称好。珍妮透露,准备将客栈取名八福客栈(音译误为六福客栈)。如今,八福客栈只剩下一个井。

客栈办起来了,珍妮让年轻的艾伟德站在门口,看到经过的骡队,就想方设法把他们拉进来。渐渐地,偶尔也有骡夫下车来看,当看到客店整洁,饮食可口,而且收费便宜时,就动心了。艾伟德试着向他们学习本地方言,还给旅客讲圣经故事。随着天长日久,客栈常常爆满,连骡棚里也是骡子满员。过了一段时间,住宿的这些山野骡夫起了变化,不再酗酒、高声喧哗,不再说脏话和哼唱黄色小调。

艾伟德来到阳城一年多后,即1932年11月,珍妮·劳生去世了。艾伟德成为八福客栈的新掌门,她的管理水平也在练习中得到提高,中国话也基本能够运用了。有一天,连当地县长都光临八福客栈了。他打算在当地推行"天足运动"(解放妇女的缠脚),请艾伟德代表政府挨户宣传检查,以正风气。县长还发给她薪水,提供出行用的骡子,并派两名卫兵保护。这样一宣传,阳城一带都知晓来了个矮个子的英国女人。后来,就连附近的典狱官都来找她。原来是监狱突发暴动,形势极为紧张,双方僵持不下。狱方想出一招,请她来平息对峙。艾伟德就以"人道身份"请出暴动领袖,要求他交出武器,并保证不再加罪。这样,监狱骚乱就平息了。

艾伟德还在阳城收养孤儿,从事慈善事业。一次,她在阳城街上走路时,看见路边有个妇人,要出卖一个病弱的小女孩,标价两个银圆。经过一番讨价还价,艾伟德把身上仅有的九角钱掏给了妇人,而后领着那个瘦弱的女孩回到了八福客栈。此后小女孩被称作"九毛",学名叫"美恩"——九毛钱就能买一个女孩。后来,她收留的儿童、难民愈来愈多,就筹划建立一个饥民收容站。

1938年春,中日战争从华北平原蔓延到了僻远的太行山区。不幸的是,一天下午,两架日机轰炸了县城,投弹 24 枚,其中一颗炸弹竟然炸中了城边的八福客栈。正在房间中祈祷和平的艾伟德被压在瓦砾堆下,一下失去了知觉。幸运的是,等她被救出时,仅仅受了点轻伤,其他人则安然无恙。随后有信息传来,日军马上就要占领阳城了。面对日军的步步紧逼,为了避开战火,艾伟德带着孤儿和几名基督教徒,转移到了山区的北柴庄。她利用一孔窑洞及仅有的几样急救药品,建立了一个临时"医院",不断地救治军民中的伤患者。等到日军离去,她和难民们才又回到小城,艾伟德的这种人道主义精神深深感染了阳城当地的军民。

1939 年 2 月,艾伟德听说日军主力已经暂时撤离晋城,回到大城市过冬去了,于是长途跋涉到晋城去看望同仁,代为看守宣教站。一天夜里,几名醉酒的留守日军,闯进宣教站,在那里狂喊乱叫撒酒疯。艾伟德去交涉时,不想头部被一日本兵用枪托重重击中,当场就昏倒在地,半天后才醒来——这是日军对她的第二次伤害。

几天后,卫立煌的国军进城希望借住宣教站,艾伟德以"中立"为由拒绝。当时,教会的政策是严守中立。前来拜访的是一名情报军官,叫林南。林南向艾伟德指出日军是恶的象征,而中国的抵抗是"义战",劝她助善拒恶。还有一个人让她改变了中立立场,这就是欧洲人雷鸣远将军。她在深入山地时遇到了这位富有传奇色彩的游击领袖,让她惊讶的是,雷将军原是天主教神甫,而现在却持枪成为抗日英雄。抗战爆发后,雷鸣远极力主张抗日,率领教友 600 余人,组织战地服务团、救护队,在太行山和中条山一带抢救伤兵,救济难民,教育失学儿童。林南的劝说和雷将军的经历让她受到了触动。此后,她全力支持抗日战争。

暂住晋城期间,艾伟德接受了美国《时代》杂志记者的采访。艾伟德回答记者说:宣教团体是中立的,但她憎恨日军暴行。除了公开表明自己的观点外,她还把所知的日军情报秘密传递给国军,她说她是中国人,虽然鼻子高,但心是中国人的,不能无视日军暴行。

不久,日军又侵占了晋城,艾伟德带着一批孤儿和难民转移到了阳城八福客栈。在晋城、阳城一带,她先后收容了 200 余名孤儿和 1000 余名难民。

有一天,一个不好的消息传来。情报员手里拿的一张告示让她震惊,上面用中英文写着:悬赏"捉拿小妇人艾伟德",赏金100美元。艾伟德不禁有些紧张。这时,身边还有100多名孤儿,她要设法把这些孤儿转移到西安救助站去。当她把带100多个孤儿去西安的想法告诉县长时,县长觉得这简直是在做一件傻事,但艾伟德坚持说,这100多个都是她的孩子,一个也不能丢下。县长见无法阻止,就派几个人,扛上几袋小米,送他们一程。很快,这支特殊的队伍就走出太行山行进于中条山了。队伍前后由成年人压阵,小孩子们互相搀扶着,最小的孩子由几个成人用箩筐担着,而艾伟德前后视察着,还不停地抱着疲累的孩子赶路。为了避开日军,他们不敢走大路,只能在当地人带领下在崇山峻岭间踽踽而行。疲倦了就集体休息,饿了就取下些小米熬粥,晚上就地宿营。孩子们的鞋磨破了,脚也磨肿了,他们的衣服破烂,就像一群小叫花子。

艾伟德带领孩子们在大山里行走了十多天,终于走出中条山,到了黄河边上。宽阔的黄河横在眼前,却没有一只渡船。足足等待了3天,从河南岸划来一只木船,而后下来几名国军士兵。他们观察这些小难民,已经有好几天了。在发现没有危险后,才过来帮忙。只见一名少尉,从包里取出一面大镜子,借着阳光向对岸闪照了几下;对面也用相同方式回应。很快,就有一艘较大的木壳渡船驶来。孩子们开始叫嚷、欢呼起来,而艾伟德此刻连欢呼的劲也没了。

借助这艘大木壳船,这百十人分3次渡过了几百米宽的黄河,等到艾伟德最后一批上岸,她才如释重负,她知晓这里是国军一战区的防区,现在已经脱离险境了。

经当地军人的帮忙,孩子们在豫西搭上了运货的火车,可以由陇海线直抵大后方西安。火车走走停停,速度很慢,孩子们时常根据火车的节奏下车去救济站吃饭。在一个小村边,因为桥梁被炸毁,火车不能再前进了,西去西安的路只能是继续徒步。半个月的步行,他们的体力消耗已经达到极限,许多孩子累得哭着坐在地上不走了。望着瘫软的孩子们,艾伟德心力交瘁,躺在路边也不想管了。同行的仅有几个成年人,他们一手也救不了几个人。她不禁哭了起来,孩子们也跟着哭。于是,哭声震天,哭过后,艾伟德带着孩子们还得挣扎着继续往前走。历尽磨难,终于到达西安。

1949年春,艾伟德回到英国,英国广播公司很快把她的故事写成书,她成了家喻户晓的英雄,还受到英国女王接见。1958年,美国把此事拍成电影。

抗战胜利　晋城全境解放

抗日战争时期,晋城、高平、阳城、陵川、沁水分属太行、太岳抗日根据地,在八年抗战中根据地军民与日军进行了艰苦卓绝的斗争。从1944年3月29日沁水县全境解放,消灭了县境内所有日伪据点,到1945年6月22日高平全县解放,一年多时间内,晋城全境获得解放,是敌后最早的解放区之一。

1942年2月,中共晋豫区党委随太岳部队南下,支队进驻阳城,重新开辟晋豫根据地。晋城人民在党组织的领导下,积极开展对敌斗争,

晋城各县解放时间

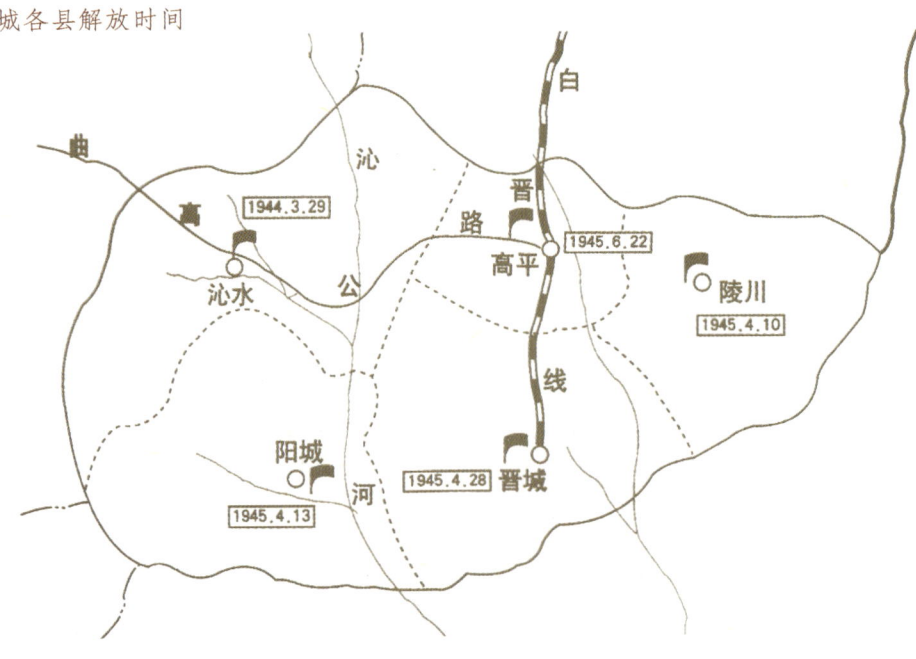

采取机动灵活的游击战术,粉碎了敌人一次次"蚕食"扫荡,镇压肃清了大股土匪、汉奸武装,先后建立起沁南、士敏、阳南、阳北、晋东、晋北、高平、陵川等15个抗日民主县政府。在政权建设方面,实行"三三制",巩固和扩大了抗日民族统一战线,许多国民党员和民主人士称赞"三三制"政权是"各阶层团结之旗帜"。各级政府实行精兵简政,裁减了行政人员,充实了乡村干部和小学教师队伍,节约了经费和粮食,减少了人民负担。同时,在各级机关开展了整风运动,提高了各级干部的政治思想素质,增强了战斗力。在生产建设方面,各县抽调大批干部深入基层,发动群众开展减租减息运动。1943年1月18日,阳城县寺坪、横河、水头、劝头等村3550名群众参加斗争大会,斗争千峰寺、铁盆嶂寺恶僧,没收他们长期霸占的土地,迅速推动了阳城以及全区各地减息运动的开展。

减租减息运动调动了广大农民以及开明地主、富农的抗日积极性,巩固了基层统一战线。党组织和政府又发出"不荒一亩地、不闲一个人,不歇一头牛,肥要上得多,地要耕得深,种要种得细,保证每亩地增产粮食三升"的号召,大力倡导发展农业生产,全区掀起了农业生产热潮。1943年,全区遭受百年不遇的旱灾和蝗灾,政府号召人民大力抗灾灭蝗。军民一致开展大生产运动,有力地粉碎了敌人的经济封锁。

1942年至1943年是根据地最困难时期。日军在占领区内网罗汉奸搞"维持",大肆"清乡",在我"游击区"和根据地疯狂"扫荡",实行野蛮的"三光"政策,但每次都遭到可耻失败。1943年10月,日军第六十九师团越过曲高公路,从阳城、晋城、高平合击清剿,实施"铁滚扫荡"。抗日军民在反"扫荡"中不断打击敌人,11月中旬,日军被迫退出中条山区,"铁滚扫荡"宣告失败。此后,日军又被迫放弃大部分占领区,退守一些重点城镇和交通沿线据点,再无力对根据地发动大规模"扫荡"了。

1944年,根据中共北方局"坚持抗日根据地,积蓄力量,准备反攻,迎接胜利"的指示精神,晋城军民在加快根据地建设的同时,对日军进行了局部反攻。3月29日,太岳军区二、四分区部队向日军发动进攻,一举收复沁水县城,并将沁水境内的日伪据点全部拔除,自此,沁水人民获得解放。4月30日,太行八分区一部向陵川寺郎岗发动进攻,毙伤日伪军百余人,俘虏200多人,攻克了这一带全部敌据点,敌人被迫龟

晋城人民庆祝抗战胜利

缩于县城。太行八分区部队随即包围县城,并在各地设伏,阻击消灭前来增援的日伪军数百人。

1945年4月10日,太行军区四、八分区主力一举收复陵川县及附近9个敌据点,全部肃清了陵川境内的敌人。4月7日开始,阳南、阳北地方武装和民兵围攻阳城县城和县境内的白桑、封神庙、安阳、黄龙庙、后则腰等据点。中共阳南二区区委书记苏克只身进入安阳伪军炮楼,向伪军晓以民族大义,使30多名伪军反正。民兵英雄"夜明珠"李银宝率领的战斗班在不断突袭西关、南关的战斗中大显神威,伪一区区长以下30多人被迫投诚。阳南四区、阳北二、三区民兵和部队千余人包围封神庙,县独立营包围黄龙庙,迫使两据点敌人夺路而逃,白桑和后则腰敌伪也闻讯逃窜。伪警备队一、二中队由崔永法率领宣布起义,调转枪口向日伪军反击。四面楚歌的日军被迫于4月13日弃城而逃,阳城宣告解放,阳南、阳北连成一片。收复阳城后,军民乘胜向晋城进逼,相继收复周村、东沟、东大阳、柳树底等日伪据点,并与晋南、晋北独立营、士敏独立团及太行区地方武装配合,加紧了对晋城敌人的围攻。4月27日,困守晋城的敌人逃往河南博爱,晋城宣告解放。5月中旬,太岳部队与高平县大队向盘踞高平之敌发起进攻,收复马村、河西、米山等据点。6月22日夜,太行、太岳部队包围高平县城,守敌突围北窜,我军奋力追击,相继攻克三甲、五龙庙、北王庄、赵庄等据点,高平全县解放。

至此,盘踞晋城7年之久的日军全部被驱逐出境,晋城全境获得解放。

太岳区领导机关移驻阳城

1945年全国抗日战争胜利,太岳抗日根据地得到了巩固和发展。1946年1月,太岳区领导机关移驻阳城,在这里领导和指挥了本区的解放事业,支援了全国的解放战争。

太岳区领导机关在抗战时期长期驻扎沁源县涧寨一带。1940年1月,中共太岳地委改称为中共太岳区委,区委书记安子文,组织部长王一新,宣传部长顾大川。1940年6月,太岳军区成立,由八路军一二九师三八六旅兼管,陈赓兼任司令员,王新亭兼任政治委员,周希汉兼任参谋长。1941年9月,晋冀鲁豫边区政府太岳行署成立,主任牛佩琮,副主任裴丽生。1942年12月,太岳区党政军机关移驻安泽县桑曲、碱土院一带。1942年10月至1943年3月太岳区和晋豫区合并,称为太岳区,区委书记薄一波,副书记聂真。1944年10月,太岳区领导机关移驻士敏县郎必、郑庄地区。1946年1月,太岳区领导机关移驻阳城县城,区委书记先后为王鹤峰、顾大川,行署主任牛佩琮,军区司令员先后为王新亭、刘忠、曹普。

太岳区党政军领导机关进驻阳城后,阳城成为太岳区首府,成为全区政治、军事、经济、文化的中心。1948年1月,阳城县从太岳四地委划出,成为太岳区直属县。太岳区首脑机关在这里为全区党的建设、武装建设和政权建设运筹方略,指挥和领导全区军民保卫胜利果实,肃清残余匪特,投入解放战争,为开展土地改革和进行经济、文化教育建设做了大量艰苦的工作,使太岳革命根据地于1947年下半年起,进入了发

太岳区文工团

展的鼎盛时期,成为领辖47个县(市)、423万人口,辖区面积达4.5万平方公里的大解放区。在太岳区的土地上,完成了新民主主义革命的历史任务。

太岳区为支援全国的解放战争,于1947年和1949年两次派遣干部3000余人,南下河南、福建等地建设新的解放区;先后派遣干部1000余人支援东北新区建设;有1000多名干部随太岳兵团渡黄河挺进豫西。全区共有5000多名党政干部随解放大军奔赴全国各地,参加新解放区建设。全区有10多万翻身农民参加解放军,组建随军作战的民兵连130多个,直接到前线参战的民兵达60多万人次,参加各项支前工作的群众达300多万人次。太岳区军民为全国的解放战争建立了不朽的功勋。

1949年8月,太岳区完成了其光荣的历史使命,奉命在阳城驻地宣布撤销。8月23日,太岳区领导机关和阳城人民举行告别大会,中共太岳区委负责人郭钦安、军区司令员曹普和秘书长卫逢祺代表太岳区党政军领导讲话,他们在讲话中追述了太岳军民的光辉业绩,号召拥护新成立的山西省委、省政府、省军区的统一领导。会后,太岳区领导机关撤离阳城。

李先念率部晋城休整

1947年2月,中原军区突围部队在司令员李先念、政委郑位三率领下,由湖北转战陕南。按照中共中央的部署,经陕南潼关,在河南渑池渡黄河,经山西阳城到达晋城休整。从1947年2月来晋城到8月离开,他们和晋城人民度过了难忘的半年时间,中原军区部队与晋城人民建立了深厚的情谊。

2月中旬的一天,李先念、郑位三率领中原健儿浩浩荡荡开进晋城。中共晋城县委、县民主政府组织全县群众集会,敲锣打鼓列队欢迎中原解放军。中原部队分别驻在城内的西关、西街、西巷、驿后,城关的后河、晓庄,五区的黄头、刘家川、武庄、司徒、七岭店等村庄,司令部设在南石店村。晋城人民刚翻身解放,对革命事业满怀激情,把解放军当亲人来招待,各村民兵连组织民兵,白天黑夜为部队站岗放哨、执勤,群众送菜,送猪羊肉,送红枣、花生的络绎不绝,战士们很受感动。南石店村干部得知司令部住他们村,更是忙得不亦乐乎。李竹生母子不仅把堂屋让李司令住,还把土改时分得地主的罗汉床也抬给李司令用。李焕新夫妇把结婚的新房让给陈大姐(陈少敏)住。李达来兄妹把郑政委拉到自己家里住。中原解放军受蒋介石的围追堵截,挨饿受冻,几个月没吃过一顿饱饭,连鞋子也穿不上。一下子来到晋城老区,真有久离亲娘又投入母亲怀抱那样一种温暖、幸福的感觉。能吃上香喷喷的小米饭,穿上暖融融的棉军装,黑夜能睡个安稳觉,真是高兴极了。

晋冀鲁豫边区政府教育厅长晁哲甫代表边区党委和边区政府来到晋城,慰问解放战争的首战部队,还带着边区文工团在南石店大庙进行慰问演出。接着,太岳区、太行区和晋城县领导也带着慰问团、文工团,先后到南石店慰问演出。

部队驻晋城期间,帮助百姓担水、扫地、磨面、碾米、施肥、种庄稼、

晋城李先念故居

抢收麦子,还帮助群众治病,解决生活困难,搞生产自救。李司令、郑政委和各部队领导,带领干部战士上山开荒,附近的磨石坡、五谷山、武庄岭、大岭头坡到处都留下了指战员的足迹。同时,部队还筹集资金在城内办起了德泰油房、裕华商店、皮革加工厂、副食加工厂,生产质高价廉的香油、豆油、皮革和各种方便食品,方便了群众,活跃了晋城市场。部队还给南石店村借款800元现洋,开办了两盘炼铁高炉,还买了几头骡子跑运输,解决了群众的急需。通过大生产运动,更加密切了军民关系,晋城青年踊跃报名参加解放军。中原部队从来时的6000余人,扩充到12000多人,通过半年军事训练,增强了部队战斗力。

1947年7月底,中原解放军接到中共中央、毛主席的命令,中原军区配合刘邓大军渡过黄河挺进中原。8月4日,中原军区部队在南石店东大庙召开誓师动员大会。大会由李先念司令员主持。会场布置得庄严肃穆,主席台两侧悬挂着中原部队"六二六"宣化店突围的死难烈士名单,主席台前后摆放着晋冀鲁豫边区、太岳区、太行区和晋城县各界送来的花圈和挽联。主席台正中央写着"打回中原去,为死难烈士报仇"12个大字。李先念司令员和郑位三政委作战前誓师动员,战士们同仇敌忾,斗志高昂。为不惊动当地老百姓,8月5日凌晨,中原军区部队恋恋不舍地离开晋城,开往中原。

晋城干部支援全国解放

晋城作为中国共产党创建较早的重要革命根据地,在抗战胜利后,成为全国解放战争的大后方,除了在人力、物力、财力上大力支援全国的解放战争,支援解放军的内线、外线作战外,还抽调出大批干部奔赴全国各地,为开辟和建设新解放区做出了贡献。其中较大规模的集中抽调先后有4次。

1946年初,各县党组织动员、抽调一批干部,随同由太岳军区组成的东北支队,北上参加开辟东北根据地的斗争。这是晋城首次集中向外地派送干部,各县抽调的干部较少,且以东北籍干部为主。

1947年3月,阳城县抽调240名县、区、村干部,在宣传部长陶彭带领下,到夏县、万泉等县开展工作。沁水、士敏两县抽调100余名县、区、村干部,到乡宁、襄陵开展工作。陵川县抽调一批干部到豫北新区工作。晋城、高平县也抽调了一批干部到新解放区工作。

1947年8月,境内各县抽调了一大批县区干部,随同陈谢兵团挺进豫西。其中晋城县抽调了以县长杨辛克为首的干部50多名;高平县抽调了以八区区长张效程、四区区委书记阎海为首的干部79名;沁水县抽调了以士敏县委书记焦祖函为首的干部80余名;阳城县先后共抽调出干部540余名;陵川县抽调了干部8名。这些干部经过培训,随军渡过黄河,到豫西鲁山县报到,再由太岳区党委副书记裴孟飞、太岳军区副司令孙定国率领,随陈谢兵团开赴伏牛山及豫陕鄂边区,从事发动群众、建立政权、剿匪反霸、安定社会秩序等工作。

1948年9月,人民解放军实施战略决战,解放战争进入取得全国胜利的前夜。中共中央华北局根据中央的战略部署,决定在太行、太岳区抽调一批得力干部,随军南下,有计划地接管新开辟的解放区。1949年3、4月,太行、太岳两区共抽调南下干部4100余人,其中太岳区抽调的1700余名干部配成3个地委、24个县委、75个区委的整套班子。太岳四地委抽调的干部组成一个地级班子和6个县级班子,地级班子为南下六地委(即长江支队第六大队),地委书记王毅之,组织部长李步云,宣传部长董奥林,武装部副部长曹胜功,秘书长刘哲;专员康润民,副专员梁栋初,公安局长苏奋。晋城县抽调了县委书记郑思远(被确定为南下地委组织部长)、县长李建标等干部180人;阳城县抽调了县委书记李敏唐(被确定为南下地委组织部长)、县长王世清等干部108人;高平县抽调县委书记李步云等干部117人;沁水县抽调了县委书记师建昌等干部106人;陵川县抽调县长杜锷生、组织部长郑国栋等干部59人。3月16日,境内各县被抽调的南下干部在太岳区党委领导刘尚之、刘裕民、侯振亚等的带领下,赴长治集中。17日,太岳区党委、太岳

长江支队纪念碑

行署在长治召开欢送大会。22日,这批南下干部从长治出发到达河北武安县,在这里与太行区南下干部统一整编训练,番号为中国人民解放军长江支队,地委为大队,县为中队,区为小队。阳城南下干部称长江支队四大队一中队,晋城为六大队一中队,高平为六大队二中队,沁水为四大队四中队,陵川为五大队一中队。4月24日,经过一个月整训,长江支队随人民解放军挥师南下。在南下途中,他们以"打过长江去,解放全中国"的英雄气概和四海为家的革命胸怀,跨越千山万水,克服千难万险,经过四个月的艰苦跋涉,最后到达福建。到福建后,晋城县干部接管了福安县工作,李建标任书记,郭林任县长,部分干部被分配到周宁县;阳城县干部主要接管了长乐县工作,郭真任书记,王世清任县长,另有部分干部被分配到平潭县;高平县干部接管了宁德县,杨浩林任书记,梁栋初任县长;沁水县干部接管了福清县,书记高一清,另有一部分被分配到永泰县;陵川县干部主要被分配到云霄县和诏安县工作。

此后,各县还多次抽调干部到新解放区工作。如1949年4月,陵川县抽调8名优秀干部,同太行区其他干部组成一个地级班子,接管了湖南衡阳地区的工作。各县还抽调干部,随太岳行署主任牛佩琮到河南、湖南等地开辟工作。

人民作家赵树理

赵树理是从田野里走出来的农民作家,他一生写农村、写农民,是"山药蛋"派的代表人物,开创了文学史上一代新风,被誉为描写农民的"铁笔圣手"。他不仅是人民心目中的文学大师,还是一名为官清廉的党员干部。

赵树理,1906年出生于沁水县尉迟村。他从记事起,便跟着祖父念诵"三教圣道会"经卷、《三字经》、《百家姓》等,后入私塾就读。15岁便学会吹拉弹唱掌鼓板,成为"八音会"的全把式。

赵树理像

1920年夏，入沁水第二高小。1925年夏，考入长治山西省立第四师范，开始接触"五四"以来的新文化，读了布哈林的《共产主义ABC》等小册子。第一次大革命的浪潮席卷全国，赵树理积极参加长治四师的学生运动，上街游行、讲演、贴标语……被选为全校10名学生代表之一。1927年春，经常文郁、王春介绍，加入了中国共产党，是沁水县最早的共产党员。

1928年春，长治四师党组织遭到破坏。常文郁等党员同学相继被捕，王春约赵树理离校，先后到安泽、阳城、沁水和河南济源一带，行医为生，隐蔽活动。

1928年冬，赵树理在沁水西关模范小学任教。1929年4月26日，因共产党嫌疑被捕。不久，他被押解省国民党清党委员会，后关进山西"自省院"。期间又读到一些进步的文艺和理论书籍。他说："我认真和共产主义思想接触，是在这时候才开始的。"同时在《自新月刊》上发表了《悔》、《白马的故事》等小说。1930年5月，获释出院。几度寄宿在山西教育学院史纪言、王中青处，写点小东西维持生活。1931年，七言长诗《打卦歌》发表在《北平晨报副刊》。

1930年冬，阎、冯倒蒋失败，大批难民涌向太原，赵树理返乡。在沁水第四高小和太谷北洸小学执教，用"野小""黑丑""王甲土"等多种笔名，发表了许多杂感、随笔和文艺作品。创作了通俗长诗《歌生》、中篇小说《铁牛之复职》、长篇小说《盘龙峪》以及短篇小说《糊涂县长》、《有的人》等多篇。期间，他积极参加了"左联"掀起的关于文艺大众化的全国性大讨论，发表了《欧化与大众语》、《神经质的文人》等5篇评论，提出"夺取文化阵地""做地摊文学"的口号。

1934年1月，赵树理再度流落太原。生活无着，忧愤无解，遂投"海子边"自尽，幸被救起。1935年7月，入西北影业公司演员训练班学习，在影片《千秋万岁》中当演员，但此片未拍完，公司破产，赵树理即返沁水另谋生计。

1936年夏,史纪言、王中青主持上党公立简易师范,赵树理应邀来校担任国文教员,公开进行抗日救亡宣传。1937年卢沟桥事变,全民族抗日战争进一步激发起赵树理爱国、革命的热情,他在长治参加了牺盟会,积极投入抗战的洪流。这年冬,在阳城经要崇德和桂承志介绍重新加入中国共产党,并任阳城牺公联委会公道团团长、八区区长等职。

1939年初,调长治牺盟会中心区,任第五专署民宣科长,主要从事戏剧工作,编写《韩玉娘》《邺宫图》《做军鞋》等多种剧本。这年冬,任《黄河日报》(路东版)《山地》副刊编辑,他以《山地》为阵地,运用各种通俗文艺形式,给敌人以辛辣的讽刺和揭露,很受群众欢迎。1940年调到《新华日报》(华北版)社,先做校对,后编《抗战生活》杂志,并主编专向敌占区散发的通俗小报《中国人》(周刊)。

1942年1月16日,赵树理参加了一二九师政治部与中共晋冀豫区党委联合召开的太行山文化人座谈会。在会上赵树理讲了革命文艺大众化的必要性和迫切性。年底,即调北方局党校研究室,专门从事通

赵树理故居

俗文艺的编创工作。这年5月,毛泽东《在延安文艺座谈会上的讲话》发表,明确提出文艺为工农兵服务的方针。1943年5月,赵树理写成《小二黑结婚》,受到根据地广大群众的热烈欢迎。彭德怀亲自为其题词"像这样从群众调查研究中写出来的通俗故事还不多见"。很快被农村剧团改编演出。这是毛泽东《讲话》发表后我国新文学史上一篇里程碑性的作品。同年秋,赵树理调华北新华书店任编辑,相继写出《李有才板话》、《李家庄的变迁》、《地板》、《孟祥英翻身》、《邪不压正》、《催粮差》、《福贵》、《刘二与王继圣》、《小经理》、《传家宝》、《田寡妇看瓜》等,从各个角度反映了农民群众的生活和斗争。

1946年6月,晋冀鲁豫边区文协分会和文联成立,赵树理当选为常务理事。8月9日,郭沫若发表评论,盛赞《李有才板话》。接着周扬、茅盾等著名作家、评论家纷纷发表文章,高度评价赵树理小说创作的成就,指出这是"毛泽东文艺思想在创作上实践的一个胜利"。至此,赵树理成为誉满中外的作家。

赵树理创作大众文艺成果卓越,赢得了党和人民的爱戴。1949年9月,他以文艺家代表身份出席了中国人民政治协商会议,参加了开国大

赵树理文学馆

典。1956年9月,被选为中共八大代表,并当选为第一、二、三届全国人大代表。在第一、二、三届全国文代会上,他被选为全国文联委员,中国作家协会理事和中国曲艺工作者协会主席。1949年10月,他发起组织了北京市大众文艺创作研究会,任主席。创办并主编《说说唱唱》。1950年1月,出任文化部戏曲改进局曲艺处长。1956年9月,在中共八大作《供应群众更多更好的文艺作品》的发言。1957年2月,他主编的文学月刊《曲艺》创刊。同年6月,在《北京日报》发表《普及工作旧话重提》。1958年2月,在中国文联及各协会的大会上,呼吁改变文风,使新文艺真正接近老百姓。

在创作上,赵树理继续坚持大众化的方向,创作和改编出一批又一批通俗作品。1950年,他改编田间的长诗《赶车传》为长篇鼓词《石不烂赶车》。1953年创作小调《王家坡》。1956年写出秧歌剧《开渠》。《登记》曾被秦腔、豫剧、评剧等全国许多剧种和剧团改编为剧本《罗汉钱》,广为出版和上演。1955年出版了《三里湾》,这是全国反映农业合作化的第一部优秀长篇小说。

社会主义改造基本完成后,赵树理始终坚持实事求是的精神,发表了短篇小说《定定额》,并作《公社应该如何领导农业生产之我见》附信寄给《红旗》杂志。此后三年,他相继写出《套不住的手》、《实干家潘永福》、《张来兴》等歌颂务实精神的优秀作品。

1959年9月,全国开展"反右倾"运动,赵树理被定为中国作家协会的批判对象,但他仍然坚持认为自己的意见"基本是正确的"。1961年,《三里湾》改编成电影《花好月圆》,1962年改编剧目上党梆子《三关排宴》被搬上银幕。

1962年8月,赵树理参加作协党组在大连召开的"农村题材短篇小说创作座谈会"。作了5次较长的发言,重点批评了文艺创作中现实主义不够充分的问题,实践证明他的意见是正确的。大连会议重新肯定了赵树理,并称赞他是农村题材的"铁笔圣手"。

赵树理的文学作品已誉满全国,而他还是一位廉洁奉公的党员干部却鲜为人知。他奉调北京,任文化部曲艺处处长后,工资初定为行政8级。在一些人总嫌级别低时,他却认为自己级别定高了,无论如何不肯接受,最后定为10级。他认为:农民吃苦流汗,一天干十几个小时的体力劳动,收入不过几毛钱,我们干部们、作家们,坐在桌后,写写画画,一天就挣几十元,这种差别太大了。他不想增加人民的负担,自己少领点工资,人民就可以少些负担。

赵树理的创作为他带来声誉的同时,也为他带来一定的收入。出版《三里湾》,虽然他选择了出版成本最低的通俗文艺出版社出版,让老百姓买得起,但赵树理还是收到上万元的稿费。这让他很不安:"我挣着国家的工资,专门写作还得稿费,这双重待遇太过分了!"于是他决定不再拿国家的工资,成了作家中极少几个不领工资的人。他的稿费,多数也用来交党费和救济他人。当时他的月工资就有200多元,加上稿费,在那个时代的北京算是一个高收入者。他去世后,留下一个存折,上面只有6000元钱,这是他一生的积蓄。从20世纪50年代初,他的革命领路人、战友王春病故后,他每月都要给王春家30元救济。

赵树理不仅是不领工资的作家,还是一个不报销差旅费和医药费的干部。赵树理对待自己如此苛刻,在对待公益事业上却出手大方,他

赵树理墓

多次拿出稿费为家乡建果园、修水库、盖学校等；因作协人多房少，他先后三次将自己用稿费在北京购买的霞公府、香炉营、大佛寺三处房子无偿地捐给中国作协，令人们十分感动。

赵树理对子女要求非常严格。在北京时，接送他参加各种文艺活动的专车，他从不让爱人和子女坐，他们只好坐公共汽车，一家人常常是各走各的。为响应知识青年上山下乡的号召，赵树理多次做唯一的女儿赵广建的思想工作，甚至特意写信动员她到农村锻炼学习。女儿终于理解了父亲，回到家乡接受锻炼。随后，二儿子也同样下乡插队接受锻炼。后来，这封名为《愿你决心做一个劳动者》的信被收入中学课本里。

1964年5月，赵树理在陵川黑山底采访了女劳模董小苏，写成《十里店》，其主题锋芒仍然对准了干部特殊化和官僚主义。当年秋，全国文联协会再次整风，赵树理的作品被指为"写中间人物"的标本，再次遭到批判。面对提出来的问题，赵树理一边思考，一边下到农村寻找先进人物，希望发现新人，增加亮色。

1965年2月，赵树理调到山西文联工作，举家迁回太原，3月为体验生活任晋城县委副书记，直至"文化大革命"开始。

1966年4月，赵树理亲赴兰考采访，开始写剧本《焦裕禄》（只写出前三场），这是赵树理的最后一部作品。

1966年"文化大革命"开始，赵树理受到了错误的批判。9月23日晨，这位杰出的人民作家含冤去世。

1978年10月17日，党和人民为他平反昭雪。赵树理骨灰安放仪式在北京八宝山革命公墓礼堂隆重举行。1980年10月，工人出版社出版了《赵树理文集》四卷。

1986年9月24日，赵树理诞辰80周年之际，在沁水县尉迟村为赵树理立石建碑，部分骨灰由北京八宝山革命公墓运回故乡安葬。

参考文献

(汉)司马迁:《史记》,中华书局1959年版。
(汉)班固:《汉书》,中华书局1962年版。
(宋)范晔:《后汉书》,中华书局1965年版。
(晋)陈寿:《三国志》,中华书局1959年版。
(唐)房玄龄等:《晋书》,中华书局1974年版。
(北齐)魏收:《魏书》,中华书局1974年版。
(唐)李百药:《北齐书》,中华书局1972年版。
(唐)令狐德棻等:《周书》,中华书局1971年版。
(唐)魏徵等:《隋书》,中华书局1973年版。
(唐)李延寿:《北史》,中华书局1974年版。
(后晋)刘昫等:《旧唐书》,中华书局1975年版。
(宋)欧阳修、宋祁:《新唐书》,中华书局1975年版。
(宋)薛居正等:《旧五代史》,中华书局1976年版。
(宋)欧阳修:《新五代史》,中华书局1974年版。
(宋)司马光:《资治通鉴》,中华书局1956年版。
(元)脱脱等:《宋史》,中华书局1977年版。
(元)脱脱等:《金史》,中华书局1975年版。
(明)宋濂等:《元史》,中华书局1976年版。
(清)张廷玉等:《明史》,中华书局1974年版。
柯劭忞:《新元史》,中国书店1988年版。
赵尔巽等:《清史稿》,中华书局1977年版。
王轩等编纂:《山西通志》(清光绪版)。
傅淑训重修、郑际明续修:《泽州志》(明万历本)。
朱樟纂修:《泽州府志》(清雍正本)。
姚学甲纂修:《凤台县志》(清乾隆本)。

《高平县志》(清乾隆本)。
《阳城县志》(清同治本)。
《陵川县志》(清乾隆本)。
《沁水县志》(清嘉庆本)。

车吉心主编:《中国皇帝全传》,山东教育出版社1991年版。
田霍卿、郭树珍、闫思贤主编:《晋城大事记》,中国城市出版社1993年版。
晋城市地方志丛书编委会编:《晋城金石志》,海潮出版社1995年版。
中共晋城市委党史研究室编:《中国共产党晋城历史纪事》,中国言实出版社1997年版。
中共晋城市委、晋城市人民政府:《晋城历史文化丛书》,中华书局2010年版。
晋城市地方志丛书编委会编:《晋城人物传》,中国城市出版社1993年版。
乔欣编著:《历史名人与泽州》,山西人民出版社2004年版。
秦海轩主编:《晋城市志》,中华书局2011年版。
秦海轩、王守信主编:《晋城县志》,山西古籍出版社1999年版。
李纪元主编:《高平县志》,中国地图出版社1992年版。
刘伯伦主编:《阳城县志》,海潮出版社1994年版。
张振山主编:《陵川县志》,人民日报出版社1999年版。
田文高主编:《沁水县志》,山西人民出版1987年版。
刘金锋主编:《晋城文物通览》,山西经济出版社2011年版。
晋城地名志编纂委员会编:《晋城地名志》,中华书局2014年版。
山西省政协编集委员会、晋城市政协编集委员会:《晋商史料全览·晋城卷》,山西人民出版社2006年版。

后　记

在《三晋史话·晋城卷》即将付梓成书时,有必要就编撰过程予以简略的回顾。

晋城市是1985年新建立的地级市,区划为原晋东南地区的南五县,国土面积仅有9000多平方公里,人口200多万,在全省来说属于较小的市。但是,晋城可圈可点的人文历史可以上溯到距今两万年左右的下川文化时代。即以信史时代而言,春秋以降,自晋东南赤狄归晋以后,始终是三晋大地兵家必争之地。特别是明清时期,晋城文风大盛,仕宦人物众多。战争年代,晋城是革命老区,英雄模范人物辈出。史话是向大众传播历史知识的媒介,史话的体例要求是通俗性、故事性、真实性,不像通史那样,事无巨细、有史必录。面对如此丰富的历史资料,必须删繁就简,突出重点,突出故事性,把晋城各个历史时代最典型的人物、最精彩的事件交代清楚。这是本书编撰的基本思路。

为此,晋城市委宣传部多次组织专家就编撰提纲进行讨论,最后,经省专家组论证并确认。本书的古代史话大部分由乔欣先生执笔,近现代史话部分和明清人物由秦海轩先生执笔,总述和个别篇章由姚剑先生撰写。文稿初成,经省里有关专家审阅并提出修改意见,几经推敲,终至杀青。尽管如此,由于编撰者的水平所限和资料缺失,难免会有疏漏和谬误之处,敬请方家不吝赐教。

《三晋史话·晋城卷》编写组

编后记

2014年初,中共山西省委宣传部决定编撰《三晋史话》丛书,系统梳理山西地区及所辖各市的历史文化,从历史的、文化的、哲学的层面对山西的历史文化以及文明贡献进行回顾总结。为此,山西省委宣传部组织动员各市委宣传部及各地历史文化学者组成了百数十人的工作团队,力求在较短的时间内高质量地完成这套丛书。

为与已出版的通史类著作、地方志类著作有所区别、互不雷同,我们首先在编撰思路上进行了较大的调整。特别强调在基本勾勒出山西地区及各地历史文化发展基本脉络的同时,突出其在文明发展进程中的重大贡献。思考研究问题的视野不能满足于仅仅说清一时一地一事,还要联系文明发展的大历史进行分析对比,以突出其重要价值与意义。在文体上,既强调可读性,更注重严谨性;既要满足一般读者的阅读需求,做到通俗好看,又要具备历史学科的学术品格,言出有据,并使二者较好地结合起来。为此,特别聘请我省的专家担任学术顾问,全面参与到撰写工作之中。各地也高度重视,组织了本地具有较高学术水平的学者专家承担本地史话的撰写任务。

这套丛书的编撰,从提纲的设定开始就进行了反复研究讨论。首先由各卷的编撰者提出初步纲目,再组织丛书的学术顾问与大家一起讨论,提出修改意见,反复数次才基本确定编撰纲目。仅《三晋史话·综合卷》一书的提纲就修改了九次之多。编撰纲目基本确定后,各卷分头撰写。初稿出来后,由学术顾问组的专家进行审阅,提出修改意见,大部分书稿进行了三次以上修改。编撰工作完成后,再次请学术顾问组的专家进行审读。同时出版社进入审稿程序，以期能够最大可能地消灭不准确、不正确、不严谨的问题。

尽管我们付出了极大的努力，但是这套丛书仍然存在一些问题。首先是撰写风格不够统一。其次是由于同一事件涉及不同地区，各地在编撰中均有涉及，难免有重复叙述的现象。三是限于我们的水平、能力，还有许多地方分析得不够、不准。所以，希望读者能够提出批评指导意见，以期在日后进行修改调整。

胡苏平同志主持了丛书的编撰工作。杜学文同志具体负责丛书的组织工作。王灵善、高春平同志具体负责丛书的审读、出版协调事务。渠传福、李书吉、赵瑞民、王灵善、降大任、高春平、巨文辉同志为学术顾问，负责各卷纲目与书稿的审读研讨。崔力、武献民、谢振中、高小勇同志参与了纲目与书稿的审读，负责组织协调工作。各市委宣传部组织协调了本市分卷的编撰工作与图片提供工作。

《三晋史话》丛书编委会

图书在版编目（CIP）数据

三晋史话丛书.晋城卷/张志仁主编.--太原：山西人民出版社，2015.8
ISBN 978-7-203-09233-9

Ⅰ.①三… Ⅱ.①张… Ⅲ.①晋城市—地方史 Ⅳ.①K292.5

中国版本图书馆CIP数据核字（2015）第202086号

三晋史话丛书·晋城卷

主　　编：	张志仁
责任编辑：	翟丽娟
助理编辑：	张志杰
印装监制：	赵宏生　李佳音
出 版 者：	山西出版传媒集团·山西人民出版社
地　　址：	太原市建设南路21号
邮　　编：	030012
发行营销：	0351-4922220　4955996　4956039　4922127（传真）
天猫官网：	http://sxrmcbs.tmall.com　电话：0351-4922159
E－mail：	sxskcb@163.com　　发行部
	sxskcb@126.com　　总编室
网　　址：	www.sxskcb.com
经 销 者：	山西出版传媒集团·山西人民出版社
承 印 厂：	山西臣功印刷包装有限公司
开　　本：	787mm×1092mm　1/16
印　　张：	19.5
字　　数：	290千字
印　　数：	1-6000册
版　　次：	2016年5月　第1版
印　　次：	2016年5月　第1次印刷
书　　号：	ISBN 978-7-203-09233-9
定　　价：	86.00元

版权所有　翻印必究